정신과 의사에게 배우는

자존감 대화법

출판은 '사람과나무사이에서' 이루어지는 가치 있는 일입니다.
도서출판 사람과나무사이는 의미 있고 울림 있는 책으로 독자의 삶을 좀 더 풍요롭게 만들기 위해 최선을 다하겠습니다.

정신과 의사에게 배우는

자존감 대화법

문지현 지음

사람과 나무사이

저자 서문

말에는 사람을 살리고 관계를 회복시키는 '치유의 힘'이 있다

'말[言]'이 넘쳐나는 시대입니다. 인간은 지구에 사는 모든 생물을 통틀어 가장 정교한 언어를 사용하는 존재입니다. 인간의 정교한 '말'은 인간을 가장 고차원적인 존재로 만들어주는 결정적 요소라 해도 지나치지 않습니다.

개별 인간을 구성하는 수백 가지 신체기관 중에서 가장 중요한 기관을 하나만 말해보라고 한다면, 당신은 무얼 꼽으시겠습니까? 저는 '혀'를 들겠습니다. 왜냐고요? 혀에서 인간을 진정 인간답게 하는 정교하고 고차원적인 '말'이 만들어지기 때문입니다.

혀는 가장 중요한 신체기관이면서 동시에 가장 무서운 기관입니다. 거칠고 독한 혀를 제대로 다스리지 못하면 혀끝에서 나와 입술을 떠난 말이 두루 다니며 사람들에게 해를 입히고, 관계를 깨뜨리고, 다시 돌아와 그 말을 내뱉은 사람까지도 망쳐놓고 말기 때문입니다. 맹수는 날카로운 이빨과 발톱으로 다른 동물을 죽이지만 인간은 혀끝에서, 입술에서 내뱉은 '말'로 사람을 죽일 수 있습니다.

그러나 혀가 무섭기만 한 신체기관은 아닙니다. 당신이 어떻게 사용하느냐에 따라 혀는 가장 아름답고 사랑스러운 기관이 될 수도 있습니다. 물론 당신이 마치 독사처럼 혀끝에 독을 품은 채 말을 지어 내뱉으면, 혹은 말벌처럼 거칠고 험한 말로 다른 사람을 쏘아대면 그 혀만큼 두렵고 끔찍한 기관도 없을 것입니다. 그와는 반대로 당신이 혀끝에 꽃과 꿀을 품은 채 진심으로 배려하는 말, 아끼고 염려하는 말, 사랑하고 위해주는 말을 지어 내보내면, 그 혀만큼 사랑스럽고 아름다운 기관도 없을 것입니다, 그 말들은 절망에 빠진 사람이 희망을 품게 하고, 용기를 잃은 사람이 툭툭 털고 일어나 다시 도전하게 하며, 자기 목숨을 스스로 끊으려 하는 사람이 다시금 단단히 생을 붙잡게 할 수 있습니다. 이렇듯 혀끝에 독을 품은 말은 살 사람도 죽이는 치명적인 무기지만, 혀끝에 꽃과 꿀을 품은 말은 죽을 사람도 살리는 치유제이자 명의(名醫)입니다.

오랫동안 정신과 의사로 일하면서 말 한마디로 원만했던 관계가 깨지고, 평화로웠던 가정이 파탄 나고, 별 탈 없던 인생에 먹구름이 드리워지는 사례를 무수히 보아왔습니다. 또 반대로 말 한마디로 관계가 회복되고, 파탄 났던 가정에 다시 평화가 찾아오고, 절망스러워 보였던 인생에 먹구름이 걷히고, 한줄기 햇빛이 비쳐드는 기적적인 사례도 없지 않았습니다. 말 한마디로 인해 그런 기적과 재앙이 일어난다고 하면 지나친 과장으로 받아들일 수도 있겠지만, 그렇지 않습니다. 우리가 일상에서 무심코 내뱉는 말들에는 사람을 살리고 관계를 회복시키는 '치유의 힘'과 사람을 죽이고 관계를 깨뜨리는 '파괴의 힘'이 모두 들어 있습니다. 그러므로 우리가 자신의 혀를 어떻게 다스리고, 또 그 혀끝에서, 입술에서 어떤 말을 지어 세상에 내보내느냐에 따라 우리의 관계가 달라지고 인생이 달라질 수 있습니다.

혀와 입술의 열매는 '말'이고, 말의 씨앗은 '생각'입니다. 생각이라는 씨앗은 마음 밭에 떨어져 썩어 싹을 틔우고, 사방으로 뿌리를 뻗고, 잎과 줄기를 키우며 큰 나무로 자라갑니다. 그리고 마침내 나무의 높은 가지 끝에 열매가 맺히듯 혀끝에서, 입술에서 '말'의 열매를 맺습니다. 그러므로 당신의 혀끝에서, 입술에서 독을 품은 파괴의 말이 아닌 꿀과 꽃을 품은 치유의 말을 내고자 한다면, 그 말로 관계를 회복하고 좀 더 나은 인생을 살고자 한다면 마음 밭에 아름다운 생각의 씨앗을 심고자 노력하시기 바랍니다. 좋은 농부가 가을의 풍성한 수확을 위해 이른 봄에 쟁기로 땅을 갈아엎고, 잘게 부수어 땅을 부드럽게 만들고, 넉넉히 거름을 주어 농사를 준비하듯 당신의 마음 밭을 꾸준히 경작하시기 바랍니다.

칼과 총보다 말에 의해 더 많은 사람이 상처 입고 고통당하는 시대를 우리는 살고 있습니다. 이런 시대에 『정신과 의사에게 배우는 자존감 대화법』이 지혜롭고 사려 깊은 말로 다른 사람들과 좋은 관계를 유지하고, 좀 더 행복하고 풍성한 삶을 살고 싶어 하는 당신에게 작게나마 도움이 되면 좋겠습니다.

– 문지현

차 례

CHAPTER 01 입 밖으로 내뱉는 말과 마음속으로 하는 말

CHAPTER 02 내가 나에게 하는 말

CHAPTER 03 가족과 친구에게 하는 말

CHAPTER 04 연인과 배우자에게 하는 말

CHAPTER 05 타인과 세상에 하는 말

"아무리 사소한 말도
가장 중요한 말을 하는 것처럼 하라."
— 발타자르 그라시안

Talk
Talk
Talk
Talk
Talk
Talk
Talk
Talk
Talk
Talk
Talk
Talk
Talk

CHAPTER

01

입 밖으로 내뱉는 말과 마음속으로 하는 말

Counseling

01

분노를 풀기 위해 분노를 표현한다고?

내담자

분노를 삭이기 위해
분노를 적극적으로 표현하는 게 좋을까요?

정신과 의사

그렇지 않습니다. 달리는 자전거를 멈추게 하려면
페달에서 발을 떼야 하듯, 분노를 멈추고 싶다면
분노의 말부터 멈추어야 합니다.

"설거지하면서 욕하는 습관이 생겼어요."

"그러세요?"

"네. 처음엔 속상한 일들을 생각하면서 그 일에 대고 욕을 해줬더니 시원해지는 것 같더라고요. 근데, 문제는 욕을 하면 할수록 자꾸 느는 거예요."

"하하, 그렇죠."

"그러다가 이대로 가면 정말 안 되겠다 싶은 일이 있었어요. 어느 날 평소처럼 설거지하면서 혼잣말로 중얼거리며 욕을 하는데, 갑자기 중학생 딸내미가 이러는 거예요. '어, 엄마! 무슨 욕을 그렇게 해? 꼭 욕쟁이 할머니 같잖아!' 그 순간, 정신이 번쩍 들더라고요."

"그때 무슨 일로 그렇게 욕을 하셨는지, 혹시 기억나세요?"

"흠, 글쎄요. 잘 모르겠어요."

"정말 속상하고 화날 일이었으면 기억날 법도 한데……, 아닌가요?"

"그렇겠죠? 지금은 아무 생각도 안 나요. 그냥 욕한 생각만 나요."

“속상하고 분해서 화내고 욕하는 게 습관이 되셨을 수도 있겠네요.”

“아, 그것참 안 좋은 습관인데. 또…… 또…… 욕 나오려고 하네. 정말 습관이 되었나 봐요.”

그래도 이분은 다행입니다. 엄마가 자기를 욕했다고 딸에게 오해를 사지는 않았으니 말이지요. 혼잣말로만이 아니라 평소에 가족들에게도 습관처럼 욕하던 분이라면 그런 오해를 사기 쉬웠을 겁니다. 속상한 일이 있을 때 욕하는 건 이분 나름대로는 자신의 감정을 다루는 효과적인 방법이었습니다.

“속이 상했다”라는 막연한 표현을 조금 더 자세히 들여다볼까요? 그 안에는 ‘상처받았다’, ‘화가 났다’, ‘억울했다’와 같은 다양한 감정이 들어 있습니다. 그중에서도 가장 두드러진 감정은 ‘분노’입니다.

분노를 다루는 심리적 방법에는 여러 가지가 있습니다. 예전에 정신과 의사들은 베개나 인형 같은 물건을 집어 던지거나 그것을 실컷 때리는 방법을 권장했습니다. 그러나 요즘은 그런 방법을 권하는 의사들은 거의 없습니다. 왜 그럴까요? 물건을 던지거나 때리는 행위, 즉 분노를 표출하는 행위가 분노를 풀어주지 못하기 때문입니다. 복잡한 감정 문제를 해결하지 못하기 때문입니다. 아니, 분노를 풀어주고 감정 문제를 해결하기는커녕 오히려 더 큰 분노를 일으키거나 문제를 복잡하게 하기에 십상입니다.

이는 많은 심리학자와 정신과 의사들이 여러 가지 과학 도구를 이용해 사람의 심리 상태와 분노의 정도를 자세히 관찰하고 측정하여 얻은 결론입니다. 그 결과, 그들은 사람이 사물을 치거나 때리는 동안 화가 풀리고 마음이 진정되기는커녕 오히려 분노가 더욱 격렬해지는 경우가 훨씬 많다는 걸 알게 되었습니다. 실제로, 물건을 두들겨 부수고 종이를 찢고 하는 동안 심장박동 수가 올라가고 피부 긴장도가 증가하는 정도가 분노를 '풀어버린다'고 하기에는 다소 무리한 반응이었습니다. 게다가 그렇게 분노를 '발산하고' 난 뒤 안정 상태로 돌아오는 데에도 많은 시간이 걸렸습니다.

더욱 안타까운 것은, 그 사람의 마음속에 분노를 일으킨 실제 대상과 다시 맞닥뜨렸을 때 분노 반응이 더는 나타나지 않거나 덜 나타난 것도 아니었습니다. 이런 결과를 통해 우리는 분노를 풀기 위해 분노를 표현한다는 것이 얼마나 터무니없는 처방인지 명확히 알 수 있습니다. 마치 피부염으로 간지러움을 느끼는 사람이 잠시나마 가려움에서 벗어나고자 벅벅 긁는 것과 비슷하다고나 할까요. 몸을 긁으면 잠시 시원하게 느껴질지 모르지만, 오히려 점점 더 가려워지지 않습니까!

욕으로 표현되는 분노도 마찬가지입니다. 딸내미에게 '욕쟁이 할머니' 소리를 들은 일화의 주인공처럼 혼잣말로 하는 욕이라 하더라도 마음이 시원해지기는커녕 오히려 그 반대인 경우가 더 많습니다. 왜 그런지 이해하기 위해 공원에서 자전거 타는 사람을 상상해보시기 바랍니다. 그는 자전거를 타면서 동시에 열심히 페달을 밟고 있습니다. 상쾌한 바람과 적당한 햇빛이 즐겁습니다. 한참 신나게 달리다 보니, 잠깐 멈추어 쉬고 싶어집니다.

그럴 땐 어떻게 해야 할까요? 당연히 페달을 밟은 발에서 힘을 빼거나 브레이크를 잡으면 됩니다. 그런데 만일 그 사람이 자전거를 멈추고 싶어 하면서, 오히려 더 세게 페달을 밟는다고 상상해보세요. 그러면 자전거 속도가 느려지거나 멈출까요? 아니, 그 반대지요. 자전거는 점점 더 빠른 속도로 달리게 될 겁니다. '이제는 자전거를 좀 세워야겠는데!' 생각하며 아무리 마음속으로 간절히 바란다 해도 '페달 밟기'를 멈추지 않는다면 자전거는 정지하기는커녕 앞으로 계속 내닫게 마련입니다.

욕을 하는 것은 자전거 페달을 밟는 것과 같고, 화가 치미는 것은 자전거가 더욱 빠른 속도로 달리는 것과 같습니다. 제아무리 실컷 욕을 해도 화는 가라앉지 않습니다. 욕의 존재 이유(?)는 자기가 이만큼 화났다는 것을 보여주는 것입니다. 욕은 상대방을 공격하는 하나의 방법이므로 욕을 하면 할수록 더욱 화가 치밉니다. 공기를 불어 넣으면 불이 더욱 거세게 타오르듯 분노에 욕을 더 하면 분노는 더욱 커지고 끓어오르게 마련입니다.

분노를 멈추고 싶다면 분노를 쏟아내지 말고 자전거 페달에서 발을 떼듯 화내는 일을 멈추려고 노력해보세요. 화내는 말을 멈추도록 노력해보세요. 처음엔 쉽지 않겠지만, 끊임없이 연습하고 훈련하면 거짓말처럼 차츰 분노가 다스려지기 시작합니다. 돌멩이를 던진 연못에 처음엔 거세게 물결이 일다가, 한참 기다리면 잔물결로 바뀌고 시나브로 잔잔해지듯 우리의 마음도 마찬가지입니다.

Counseling

02

마음속 독한 말은 그 말을 품은 사람을 가장 먼저 상하게 한다

내담자

아무리 독한 말도 입 밖에 내지 않고
마음속으로만 하면 괜찮지 않을까요?

정신과 의사

아닙니다. 마음속으로 하는 독한 말은
자신을 가장 먼저 상하게 합니다.
독을 품은 뱀은 적어도 자신에게는 안전하지만,
독을 품은 사람은 안전하지도 건강하지도 않습니다.

혀끝에서 나오는 말들은 그 자체로 힘을 지니고 있습니다. 누군가를 욕하면 할수록 더 화가 납니다. 저주하면 할수록 더 기분이 나빠집니다. 겉으로 내뱉는 말만 그런 게 아닙니다. 입 밖으로 나오지 않고 마음속에만 머무는 말에도 힘이 있습니다. 물론, 당신이 마음속으로 하는 말을 다른 사람이 들을 수는 없습니다. 그러나 이 세상에 딱 한 사람, 당신 자신만은 그 말을 생생히 듣게 됩니다. 마음속으로 하는 당신의 말이 '꿀의 말'이라면 당신을 이롭게 할 것입니다. 그러나 그것이 '독의 말'이라면 당신을 상하게 할 것입니다. '마음속 말'을 화초를 가꾸듯 잘 다듬고 보살펴야 하는 것도 그래서입니다.

'마음속 말'의 메커니즘을 좀 더 자세히 살펴볼까요? 인간의 두뇌에 맺힌 각종 생각은 말이나 장면 등 다양한 형태를 띱니다. 이 생각들은 내용에 따라 각양각색의 감정을 불러일으킵니다. '맛있는 빵'을 생각하는 경우를 예로 들어볼까요? 기억 속에 남아 있던 맛있는 빵 그림이 머릿속에 그림처럼 그려지면서, 그와 동시에 온갖 감정들이 쏟아집니다. 만일 적당히 배가 고픈 상태라면 '아, 그때 맛있는 빵을 먹으면서 즐겁고 행복했지!'와 같은 생각과 함께 만족감과 행복이라는 감정이 올라올 것입니다. 너무 배가 고픈데 당장 무얼 먹을 수 없는 상황이라면 '대체 이 수업은 언제 끝나는 거지?' 등의 생각과 함께 답답함, 짜증 같은 감정이 올라오겠죠. 그런 상황에서 옆에 앉은 친구에게 말을 겁니다. "수업 몇 분 남았어?" 이런 식으로 머릿속에 들어 있던 생각이 말할 때 쓰는 근육들을 움직이면서 기도를 통과한 소리가 마침내 말이 되는 겁니다. 말은 이렇듯 입 밖으로 나감으로써 진짜 '말'이 됩니다. 그런 의미에서 마음속 말은 '말의 씨앗'인 셈입니다.

두뇌에서 생성된 모든 말이 입 밖으로 나가지는 않습니다. 어떤 말은 마음속에 그냥 머물러 있기도 합니다. 입 밖으로 독하고 악한 말을 내뱉으면 그 말이 독침이 되고 비수가 되어 상대방을 상하게 합니다. 입 밖으로 순하고 착한 말을 내뱉으면 그 말이 약이 되어 상대방을 이롭게 합니다. 여기서 중요한 점은, 순한 말이든 독한 말이든 그 말이 상대방에게 영향을 미치기 전에 그 말을 하는 사람에게 먼저 영향을 미친다는 사실입니다.

'마음속 말'도 마찬가지입니다. 순하고 착한 말의 씨앗을 심으면 그것이 사람을 이롭게 합니다. 반대로, 독하고 악한 말의 씨앗을 심으면 그것이 사람을 해롭게 합니다. 마음속에 품은 말에 독이 들어 있으면 그 말이 자신을 품은 사람을 상하게 합니다. 반대로, 마음속에 품은 말에 꿀과 향기가 들어 있으면 그 말이 자신을 품은 사람을 이롭게 하고 향내 나게 합니다.

입 밖으로 내뱉은 말은 상대방만 듣는 것이 아니라 그 말을 하는 사람도 같이 듣습니다. 아니, 좀 더 정확히 말하자면 듣는 사람은 그 말을 한 번 듣지만 말하는 사람은 말하기 전과 말할 때 두 번 듣습니다. 입 밖으로 나오지 않고 마음속에 머무는 말도 뇌로 듣고 해석하게 되기 때문입니다.

한 사람의 입에서 나온 말은 말한 사람과 듣는 사람의 두뇌에 동시에 입력되어 무슨 의미인지 낱낱이 해석됩니다. 그리고 그 의미에 따라 좋으면 좋은 대로, 나쁘면 나쁜 대로 각자 감정적인 반응을 겪게 됩니다. 반면 마음속에 품은 말, 즉 자신에게 하는 말은 그 말의 주체, 즉 화자만 들을 수 있습니다.

상대방에게 하는 말과 자기 자신을 향해 하는 말 사이에 본질에서 큰 차이는 없습니다. 상대방에게 하는 말이 말하는 사람과 듣는 사람을 모두 상하게 하거나 이롭게 하지만, 자기 자신을 향해 하는 말은 '말하는' 사람만 상하게 한다는 점이 다를 뿐입니다. 입 밖으로 내뱉든 내뱉지 않든 똑같은 내용의 말이 두뇌에서 분석되고 가슴에 새겨지기 때문입니다.

상대방에게 "죽여버릴 거야!"라고 위협하는 사람이 있다고 가정해봅시다. 오죽하면 그런 소리까지 하나 싶고, '참 힘든가 보다' 하는 생각이 들지도 모릅니다. 아무튼, 상대방에게 이렇게 험한 말을 쏟아내는 사람의 몸과 마음은 그야말로 누군가를 '죽여버리고' 싶을 만큼 엄청난 분노와 나쁜 감정들로 들끓을 것입니다. 자, 이번에는 이 사람이 그 말을 입 밖으로 내뱉지 않고 입술을 깨물며 참고 속으로만 외쳤다고 가정해봅시다. 이런 상황에서 그의 몸과 마음이 평안하기를 기대하는 건 아무래도 무리일 것입니다. 이렇듯, 이글거리는 분노와 온갖 불편한 감정을 지닌 사람이 입 밖으로 소리를 질렀든 속으로 생각만 했든 해로움을 끼친다는 점에서는 거의 차이가 없습니다. 아니, 마음속으로 하는 나쁜 말은 입 밖으로 내뱉는 나쁜 말보다 더 해롭고 치명적일 수도 있습니다. 왜냐하면 나쁜 말의 씨앗인 나쁜 생각이, 그리고 그 기운이 당신 안에 갇힌 채 사방으로 흩어지지 않고 고스란히 에너지를 유지한 상태로 당신을 공격하고 상하게 할 것이기 때문입니다.

자기 자신을 향해 내뱉는 독한 말들에는 '자기 비하'나 '한탄' 등이 있습니다. 예를 들면, 다음과 같은 말들입니다.

'내가 하는 일이 다 그렇지 뭐. 진짜 한심하다니까!'

'나는 정말 되는 일이 하나도 없어!'

'바보같이 이게 뭐람.'

자기 자신을 향한 이런 독한 말들은 당신을 상하게 하고 망치기에 십상입니다. 곰곰이 생각해보면, 당신은 전혀 한심한 사람이 아닐지도 모릅니다. 비록 지금은 운이 따르지 않아 일이 잘 안 풀리고 있지만, 잘 생각해보면 '되는 일이 하나도 없'는 건 아닐 수도 있습니다. 그리고 당신은 실제로 바보일 가능성보다 바보가 아닐 가능성이 훨씬 큽니다. 그런데도 당신의 부정적인 생각이, 마음속 험한 말이 당신의 머릿속을 한바탕 휘젓고 지나갑니다. 그렇게 되면, 그 순간만큼은 당신은 정말로 한심한 사람이요, 뭐 하나 제대로 되는 일 없는 운 나쁜 바보가 되고 맙니다.

제가 상담 진료한 분 중에 친한 친구가 자살로 세상을 떠난 뒤 엄청난 고통을 겪은 사람이 있습니다. 그분의 정신적 고통의 원인은 일종의 '죄책감'이었습니다. "그렇게 살 거면 차라리 죽어버려!"라고 자신이 홧김에 내뱉은 말 때문에 친구가 죽었다고 생각했던 겁니다. 과연 그럴까요? 그렇지 않을 겁니다. 틀림없이 그 친구는 죽음만이 유일한 해결책인 것처럼 느껴지는, 도무지 헤어날 방법이 없어 보일 정도로 크고 고통스러운 문제에 맞닥뜨려 있었을 겁니다.

그런데도 그는 자신의 경솔한 한마디 말 때문에 친구가 극단적인 선택을 했다고 끊임없이 자책했습니다. 그러다가 급기야 자신도 '같은 선택'을 해야 하는 게 아닌가 심각하게 고민하는 상황에 이르렀습니다. 과연 그의 친구가 그의 한마디 말 때문에 목숨을 버렸을까요? 단언하건대, 그렇지는 않을 겁니다. 그런데도 그가 느껴야 했던 죄책감과 마음의 무게는 상상을 뛰어넘을 정도였습니다. 지나친 죄책감에서 비롯된 부정적인 말은 몸과 마음을 상하게 하고 무너뜨릴 정도로 커다란 위력을 지니고 있습니다.

혀끝에서 나온 독한 말은 '자살폭탄'과 비슷합니다. 자살폭탄은 주위에 있는 많은 사람을 죽이고 다치게 합니다. 동시에 자살폭탄을 던진 사람도 반드시 죽거나 다치게 합니다. 사실 '폭탄 공격'으로 가장 큰 피해를 보는 사람은 다른 누구도 아닌 폭탄을 던진 사람 자신입니다. 같은 이치로, 혀끝에서 나온 독한 말도 상대방을 상하게 하기 전에 그 말을 한 사람을 먼저 상하게 합니다.

자신은 다치지 않고 다른 사람만 상하게 할 수 있는 '자살폭탄'이란 이 세상에 없습니다.

Counseling

03

혀끝에 독을 품고 산다면 살모사보다 나을 게 없다

“

내담자

상대방이 밉고, 싫고, 짜증 날 땐 한 번쯤
독한 말을 퍼부어줄 수도 있는 거 아닌가요?

정신과 의사

다른 사람에게 독한 말을 하지 말라고
조언하는 이유는
그 독한 말이 상대방을 해치기 전에
그 말을 한 사람을 상하게 하기 때문입니다.

”

독한 말로 상대방에게 치명적인 상처를 입히며 살 바에는 차라리 말을 하지 못하는 게 나을 수도 있습니다. 혀끝에 독을 품고 산다면 살모사보다 나을 게 없는 존재입니다. 사람은 살모사가 아닌데, 왜 말을 할 때마다 혀끝에 독을 품고 험한 말을 쏟아내어 상대방에게 상처를 줄까요? 분명히 알아야 할 것은, 그 독한 말이 상대방을 할퀴고 상하게 하기 전에 당신을 먼저 해친다는 사실입니다.

그러고 보니, 툭하면 독한 말로 남을 괴롭히는 사람은 살모사보다는 말벌에 가까울 수도 있습니다. 왜냐하면, 살모사는 그 독으로 다른 동물을 해치고 자신은 해를 입지 않지만, 말벌은 다른 동물이나 사람을 쏘고 나서 자신도 목숨을 잃고 마니까요.

정신과 의사로 일하다 보면, 지나치게 화를 내다가 상대방만이 아니라 자기 자신까지 곤란한 상황에 빠지는 사람들을 종종 만나곤 합니다. 그런 사람들을 보고 있으면 안타까운 생각도 듭니다. 그래서 저는 그런 문제를 안고 찾아와 상담을 신청하고 도움을 요청하는 사람들에게 다음과 같이 권유하곤 합니다.

"선생님의 혀를 다스리고, 입 밖으로 나오는 말을 다스리기 전에 머릿속 말과 마음속 말을 먼저 다스려보세요. 사랑스러운 강아지나 고양이를 쓰다듬듯 그 '말'들을 쓰다듬고 보듬어 보세요."

그렇습니다. 땅을 잘 갈아엎고 넉넉히 퇴비를 섞어 넣어 비옥하게 하지 않으면 그 땅에서 좋은 씨앗이 싹틀 수 없습니다. 그 씨앗이 튼튼한 나무로 자라 탐스러운 과실을 맺을 수도 없습니다. 사람의 말도 마찬가지입니다. 자신을 이롭게 하고 남도 이롭게 하는 긍정적인 말, 착한 말은 좋은 생각의 밭, 마음의 밭에서 나옵니다.

만일 누군가가 다른 사람을 위해, 대의명분을 위해, 공동체를 위해 자신을 희생하고 생명까지 바친다고 하면 그보다 놀랍고 존경스러운 일도 없을 겁니다. 그와는 반대로 그가 다른 사람도 망치고, 대의명분도 해치고, 공동체마저 파괴한다면 어떨까요? 그것도 남을 배려하지 않는 말 한마디, 경솔한 말 한마디, 독한 말 한마디로 말이지요. "말 한마디로 천 냥 빚 갚는다"라는 속담도 있지만, 실제로 말이 지닌 위력은 그보다 훨씬 큽니다. 자기 자신은 물론이고 다른 사람을 살릴 수도 죽일 수도 있기 때문입니다. 힘들지라도 당신이 당신의 마음밭을 잘 가꾸고, 마음속 말을 잘 보듬고, 입 밖으로 나오는 말을 지혜롭게 다스려야 하는 것도 그래서입니다.

하나 더 비유하자면, 독을 품은 말은 장전된 총과도 같습니다. 얼핏 보면 상대방을 겨누는 것 같지만, 결국 그 총부리는 당신의 뒤통수를 향합니다. 2008년 제작된 반전 포스터 〈뿌린 대로 거두리라(What goes around, comes around)〉는 세계 5대 광고제에서 무려 12개의 상을 휩쓸며 한국 광고계의 역사에 한 획을 그은 걸작입니다. 최단 기간, 최다 수상 기록 등 다양한 수식어보다도 강렬한 것은 포스터 그 자체입니다. 강력한 메시지의 힘입니다. 가로로 길게 펼쳐놓은 포스터는 기둥에 붙였을 때 비로소 진가가 드러납니다. 누군가를 겨눈 긴 총구가 기둥을 돌아 결국 자신을 향한다는 매우 강력하고 효과적인 반전 메시지가 이 포스터에 담겨 있습니다.

부부 싸움할 때 아내의 목소리가 갑자기 높아지면 남편은 혈압이 상승하고 심장 박동이 1분에 75회에서 95회 이상으로 급격히 빨라진다고 합니다. 물론, 반대도 마찬가지입니다. UC 버클리대 정신건강의학과 로버트 레벤슨(Robert Levenson) 교수가 발표한 실험 결과입니다. 그로 인해 남편(아내)은 판단력이 떨어져서 결국 아내(남편)의 말이 귀에 들어오지 않게 됩니다. 그러므로 목소리를 높여 이야기하는 것이 소용없는 일이 되고 맙니다. 역설적이게도, 고함치며 큰 소리로 이야기하면 오히려 아무 소리도 들리지 않게 되는 겁니다.

반전 포스터 〈뿌린 대로 거두리라(What goes around, comes around)〉
출처: 이제석 광고연구소 www.jeski.org

다카하시 아유무는 스물셋의 나이에 쓴 자서전『날마다 모험』과 세계 일주를 하면서 쓴 사진에세이『Love&Free』로 잘 알려진 인물입니다. 그가 하는 말에 잠시 귀 기울여볼까요?

> 누군가의 한마디에 행복을 느낄 때가 있다. 누군가의 한마디로 인생이 바뀌는 사람이 있다. 누군가의 한마디를 버팀목으로 일생을 사는 사람이 있다. 한 마디 한 마디에 사랑을.

말의 힘을 이보다 잘 표현해낸 글을 저는 아직 본 적이 없습니다. '누군가의 한마디로 인생이 바뀌다니!' 맞습니다. 당신이 내뱉는 말 한 마디 한 마디가 누군가에게 행복을 줄 수도 있고, 인생을 바꿔놓을 수도 있습니다. 누군가의 인생에 든든한 버팀목이 될 수도 있습니다. 이것이 바로 당신이 마음밭을 잘 가꾸고, 마음속 말을 잘 보듬고, 입 밖으로 나오는 말을 잘 다스려야 하는 이유입니다.

Counseling 04

수신제설 치국평천하

—삶이 편안해지는 순한 말 배우기

내담자

상대방이 제게 독한 말을 퍼부으면
저도 독한 말로 되받아주어야 하지 않을까요?

정신과 의사

독한 말은 더 독한 말을 낳고,
결국 모두를 파괴합니다.
혀끝에서 독을 빼고
친절하게 말하는 연습을 해보세요.
순한 말은 독한 말보다
힘이 세고 영향력도 크답니다.

"당신의 마음속 말을 순하게 하고 입 밖으로 나오는 말을 순하게 하세요."

이렇게 말하면 다음과 같이 반박하고 싶은 사람이 많을 겁니다.

"말을 순하게 하라고요? 지금 무슨 한가한 말씀을 하시는 거예요? 요즘 세상이 어떤 세상인데……. 조금이라도 더 크고 자신감 넘치는 목소리로, 탄탄한 논리로 상대방을 완전히 제압하지 않으면 오히려 당하기에 십상이라고요."

그러고 보니, 실제로 그런 세상인 것도 같습니다. TV에서 제공되는 시사 · 토론 프로그램은 말할 것도 없고 심지어 예능 프로그램까지 '독하게' 말 잘하는 사람이 대단한 인기를 얻고 있으니 말이지요. 또한, 그런 세태를 반영하듯 시중에는 온갖 '독하고 당당하게' 말 잘하는 기술을 전수하는 책들이 인기를 얻습니다.

그런데도 마음속 말과 입 밖으로 나오는 말을 순하게 하라고 권유하는 건 왜일까요? 말은 물처럼 막히거나 고여 있지 않고 자연스럽게 흘러야 하기 때문입니다. '순하다'라는 단어를 자세히 살펴보면 그 이치를 이내 깨닫게 됩니다.

네이버 국어사전에서 찾아보면 '순하다'는 "성질이나 태도가 까다롭거나 고집스럽지 않다", "기세가 거칠거나 세지 않다" 등으로 정의되어 있습니다. 그 밖에도 "맛이 독하지 아니하다", "일의 진행이 순조롭다", "사물의 진행 방향과 바람이 부는 방향이 같다"라는 뜻도 가지고 있습니다. 한자로는 '머리 혈(頁)'에 내 천(川)이 더해져 '순할 순(順)'이 만들어지는데, "물이 위에서부터 아래로 순리(順理)에 따라 흐른다"라는 뜻을 가집니다. 국어사전의 설명만 읽어도 왠지 마음이 놓이는 듯한 느낌이 드는 건 저 혼자만의 생각일까요?

요즘 세상 돌아가는 걸 보면 순하지 않은 것들, 거칠고 억센 것들로 가득해 보입니다. 온갖 독한 일들이 연달아 터지고, 온갖 독한 말들이 전쟁터에서 총알과 포탄 날아다니듯 날아다니고, 온갖 독한 사람들이 거리를 활보합니다. 그 물살이 어찌나 빠르고 거센지 정신을 차리기 어려울 정도입니다. 분명 내가 가고 싶은 인생의 방향이 있었는데, 파도처럼 휘몰아치는 사람들과 그들의 말과 행동에 휩쓸리다 보면 방향을 잃고 헤매기에 십상입니다.

이렇듯 순하지 않은 세상에서 순한 말을 하며 살아야 한다고 말하면 어쩌면 어불성설(語不成說)처럼 여겨질 수도 있습니다. 말에 관한 이야기를 하면서 정작 제가 말도 안 되는 소리를 한다고 비난하고 싶은 분이 있을지도 모르겠습니다. 하지만 독한 세상이기에, 갈수록 독해져만 가는 세상이기에 더욱 더 필요한 것이 바로 '순한 말'입니다.

순한 말은 독한 말보다 오히려 힘이 세고 영향력도 큽니다. 땅을 잘 갈아엎고 다듬어 기름진 땅을 만든 뒤 좋은 씨앗을 뿌리듯 마음 밭을 순하게 가꾸어 좋은 말의 씨앗을 뿌려야 합니다. 씨앗에 물을 주고, 햇볕을 쬐어주고, 거름을 주어 잘 자라게 하듯 마음속 말의 씨앗을 정성껏 다듬고 보듬어 입 밖으로 내보내야 합니다. 그 말이 '입술의 열매'가 되어 세상으로 나가 선한 영향을 끼치게 해야 합니다.

순하게 말하면서 삶이 순해지는 경험, 자신이 순해질 때 옆 사람도 더불어 순해지는 원리가 통용되는 것은 바로 우리가 '말을 하는' 사람이기 때문입니다.

'거울 뉴런(신경세포)'이라는 개념이 있습니다. 이 개념이 처음 발견되고 소개된 것은 원숭이를 대상으로 한 어느 연구에서였습니다. 거울 뉴런은 동물이 어떤 행동을 할 때, 그리고 다른 동물이 자신과 똑같이 행동하는 걸 볼 때 활성화되는 신경세포입니다. 거울 뉴런은 상대방의 행동을 거울처럼 반사해서 똑같이 행동하게 합니다. 사람이 원숭이를 향해 "메롱~" 하고 약을 올리면 원숭이가 똑같이 "메롱~" 하는 장면이

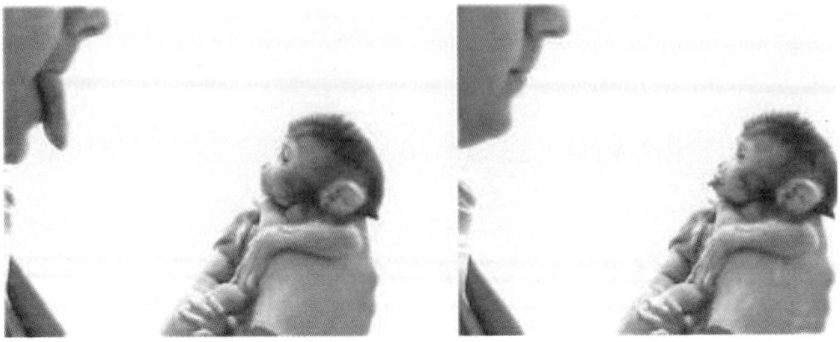

원숭이를 상대로 '거울 뉴런'을 실험하는 연구자

거울 뉴런 연구에서 가장 잘 알려진 이미지입니다. 한데, 이후의 연구 결과 사람에게도 그와 비슷한 뉴런 집합이 있다는 것이 밝혀졌습니다. 사람의 뉴런은 동물의 그것과 어떻게 다를까요? 거울 뉴런의 기본적인 역할인 '반사!'의 측면에서는 사람이나 동물이나 차이가 없습니다. 다만, 사람의 경우 거울 뉴런 혼자서 단독으로 작용하지 않고 수많은 신경세포가 모인 '체계(System)'로 작용한다는 점뿐입니다.

거울 뉴런 체계가 인간의 뇌 속에서 어떤 역할을 하는지는 아직 정확히 밝혀지지 않았습니다. 그러나 거울 뉴런의 특성으로 미루어볼 때 상대방의 행동이 어떤 의도에서 나온 것인지 이해한다거나, 학습을 촉진한다거나, 공감(共感, empathy)을 경험하는 데 어떤 역할을 할 거라고 추측할 뿐입니다. 학자들에 따르면, '나는 이런 사람이다'라고 깨닫는 자기 인식 과정에서도 거울 뉴런 체계가 작동한다고 합니다.

언어 역시 거울 뉴런 체계의 역할 가운데 빠뜨릴 수 없는 영역으로 보입니다. 사람의 뇌를 기능성 자기공명영상장치(fMRI, functional Magnetic Resonance Imaging)로 연구한 결과 원숭이의 거울 뉴런 체계와 비슷한 역할을 하는 뇌 부위가 언어를 관장하는 뇌 부위(좀 더 자세히 설명하자면, '브로카(Broca) 영역'이라는 이름으로 불리는 언어의 중추로 알려진 곳)와 매우 가까운 자리에 위치한 것으로 추측됩니다.

어린아이가 말을 배울 때 다양한 소리를 입으로 따라 하는 것을 누구나 한 번쯤 본 적이 있을 겁니다. 이런 과정을 "거울에 반사되듯"이라고 표현하는 것이 무리는 아니라고 생각합니다. 아이는 말이나 단어만 따라 하는 게 아니라 온갖 종류의 소리를 흉내 내며 어휘력을 늘려갑니다.

뇌 안에 들어 있는 작은 거울은 상대방이 당신에게 하는 말과 행동과 표정을 반사하면서 당신이 하는 말과 행동과 표정에 영향을 끼칩니다. 당신이 한 말 역시 상대방의 뇌 속에 자리 잡은 조그마한 거울에 반사된 채 당신에게 되돌아옵니다.

당신이 지금 서 있는 자리, 그 주변이 온통 거칠고 독한 것들로 가득하다고요? '세상이 다 그렇지 뭐' 하면서 무시하고 넘어갈 만큼 강심장이거나 무신경한 사람이라면 모르겠지만, 만일 세상의 거칠고 험한 파도가 튀는 것이 불편한 사람이라면 어떨까요? 사람마다 가진 무수한 작은 거울들에 지금까지와 다른 순한 말을 반사해보는 것도 나쁘지 않으리라 생각합니다.

당신이 세상에 내놓는 순한 말이 그 말을 듣는 사람의 거울 신경 체계에 가 닿아 반사된 뒤 다시 당신에게로 돌아옵니다. 이때 순한 말이 돌아올 수도 있고, 순한 표정과 순한 행동 같은 '말이 아닌 말'로 돌아올 수도 있습니다. 그래서 순한 말은 다른 사람이 아닌 당신 자신을 위한 말이기도 합니다. 당신은 소중한 사람이니 독한 말이 가까이 오지 못하게 해야 하고, 순한 말이 온몸을 둘러싸게 해야 합니다.

'수신제설 치국평천하(修身齊舌 治國平天下)'라고 하면 다소 거창하게 들릴 수도 있습니다. 거대해 보이는 말 뒤에 숨어 있는 잔잔한 의미들을 읽을 수 있다면 왜 이 말이 중요한지 짐작할 수 있을 겁니다. 본래 이 말은 "수신제가 치국평천하(修身齊家 治國平天下)"로, 사서오경 중 하나인 『대학』에 나오는 말입니다.

사전을 찾아보면, '수신(修身)'은 마음과 행실을 바르게 닦아 수양한다는 뜻입니다. '제가(齊家)'는 집안을 바르게 다스린다는 뜻이지요. '치국(治國)'은 나라를 다스린다는 뜻이며, '평천하(平天下)'는 천하를 평정한다는 뜻입니다.

여기서 '제설'을 '제가' 대신 두는 데에는 그럴만한 이유와 의미가 있습니다. 그게 무엇이냐고요? 우선, 마음과 행실을 바르게 닦아야만 혀를 제어할 수 있기 때문입니다. 집의 중심에 선 사람이 마음을 다스리고 혀를 다스려 제대로 말할 줄 안다면 가정은 제대로 돌아가게 되어 있습니다.

완력이나 강압으로는 도무지 움직이지 않던 사람들이 올바른 말에 차츰 제자리를 찾아갑니다. 그것도 누가 시켜서가 아니라 자기가 스스로 깨달아 움직입니다. 이로써 가정을 바로 세운 사람들이 나라를 제대로 굴러가게 하며, 세상은 작은 변화로부터 시작된 커다란 평화 가운데 제자리를 잡아갑니다. 진정한 변화는 언제나 작은 것에서 시작된다는 점을 기억한다면, 지금 당신이 순한 말을 배우기 시작할 이유는 그것만으로도 충분합니다.

Counseling

05

상대방을 이해하고 싶다면 그의 '말 없을 때' 표정과 몸동작을 살펴보라

내담자

'말 없음'을 통해 상대방의 말을
좀 더 잘 이해할 수 있다는 말이 무슨 의미인가요?

정신과 의사

대화와 소통은 '언어'만으로 이루어지지 않습니다.
표정, 몸짓 등 '비언어적 요소'들이 대화와 소통의
더 많은 부분을 차지하지요. 그러므로 상대방이 말하지
않을 때 그의 표정과 몸짓 등
비언어적 요소를 통해 상대방이 전달하고자 하는
내용을 좀 더 잘 이해할 수 있습니다.

누군가의 존재가 가장 빛나는 순간은 언제일까요? 그가 어느 공간에 없을 때 역설적으로 그의 존재가 빛을 발합니다. 다른 사람의 말을 잘 이해하는 일도 이와 비슷합니다. 상대방의 말을 잘 이해하고 싶다면 역설적으로 그가 '말이 없을 때' 어떤지를 살펴보면 됩니다. 그가 진정으로 당신에게 하고 싶은 바가 무엇인지 '말 없음'을 통해 좀 더 명확히 알 수 있습니다. '말 없음'을 통해 상대방의 말을 제대로 이해할 수 있다는 말이 언뜻 이해되지 않을 수도 있습니다. 이에 대해 좀 더 자세히 살펴볼까요?

귀로 들려오는 소리를 간파하고 이해하는 것은 뇌의 역할입니다. 순간순간 무수히 들려오는 소리 중에서 어떤 것이 아름다운 음악소리이고, 어떤 것이 의미를 담은 말이며, 또 어떤 것이 당신이 이해하지 못하는 외국어인지 당신의 뇌가 해석합니다. 그렇습니다. 뇌가 하는 일 가운데 가장 중요한 일의 하나가 바로 '언어를 이해하는 일'입니다. 좀 더 정확히 말하자면, 뇌의 여러 부분 중에서 귀 옆에 위치한 측두엽이 이 일을 담당합니다.

언어상실증 환자는 측두엽에 문제가 생겨서, 소리(Sound)를 듣기는 하지만 그 소리가 무슨 의미(Meaning)를 담고 있는지 모르게 된 사람입니다. 그런데 이들은 언어상실증을 앓고 있음에도 불구하고 다른 사람이 하는 말을 상당 부분 이해할 수 있다는 독특한 특징을 가지고 있습니다. 참으로 이상한 이야기지요? 언어를 잃어버린(상실) 사람들이 말을 이해한다니 말입니다. 이렇게 말하면 다음과 같이 되묻고 싶은 사람이 있을 겁니다.

"측두엽이 완전히 망가진 게 아니어서 그런 거 아닌가요?"

물론 그런 사람도 있을 수 있습니다. 그러나 놀라운 점은, 언어를 이해하는 데 필요한 기능이 거의 완전히 망가진 사람조차 남들이 하는 말을 어느 정도 이해할 수 있다는 점입니다. 어떻게 그럴 수 있을까요? 말하기는 언어만으로 구성된 것이 아니기 때문입니다. 시각적인 단서인 표정이나 몸짓 같은 것도 포괄적 의미의 말에 포함됩니다.

영상통화 보급 초기에 통신회사에서 만들었던 광고가 기억납니다. 길지 않은 광고가 흐르는 동안 "사랑해요"라는 말이 수없이 나옵니다. 그러나 말은 똑같아도 보이는 것은 너무나 달랐습니다. 눈물을 줄줄 흘리면서 말하는 "사랑해요", 용돈이 필요하구나 하는 생각이 금방 드는 장난꾸러기의 "사랑해요", 부모가 시키는 말을 이제 겨우 따라 하는 어린아이의 혀

짧은 "사랑해요"……. 여기에 상상력을 더해본다면 얼마든지 더 많은 "사랑해요"를 발굴해낼 수 있습니다. 자꾸만 사랑하느냐고 묻는 오랜 연인에게 귀찮아서라도 대답하는 "사랑해요", 뭔가 잘못을 저지른 자식이 부모에게 조금이라도 덜 야단맞기 위해 들이대는 "사랑해요" 등등.

'보이는' 말을 제한한다고 해도 언어 자체에 포함되는 온갖 단서를 제한하기는 어렵습니다. 말투, 목소리 높낮이, 억양 등이 여기에 포함됩니다. 우리 역시 낯선 외국어 드라마를 볼 때 그 언어를 전혀 이해하지 못함에도 불구하고 등장인물이 무슨 이야기를 하는지 대충 짐작할 수 있는 것도 같은 이치입니다. '저 사람들은 지금 싸우고 있구나', '저 남자는 저 여자에게 관심이 있구나', '저 여자는 화가 났구나' 등의 상황이나 상태를 그 언어에 능통하지 않아도 어느 정도 읽어낼 수 있습니다. 신경학 전문의이자 베스트셀러 저자인 올리버 색스가 자신의 책 『아내를 모자로 착각한 남자』에서 "발화(發話)는 입에서 나오는 음임은 틀림없다. 그러나 그것은 그 사람의 모든 존재와 의미를 담고 있는 음이다"라고 이야기한 것도 그래서입니다. 언어상실증 환자는 단어를 이해하는 힘은 잃었을지 몰라도 말하는 사람의 표정과 어조를 통해 그가 무슨 이야기를 하는지 대부분 이해할 수 있는 셈입니다.

사람이란 한 가지 감각을 잃으면 다른 감각이 더욱 예민해지고 민첩해지기 마련입니다. 언어상실증 환자는 단어를 이해하는 데 곤란을 겪는 만큼 사람의 표정을 읽는 힘이 상대적으로 강합니다. 그러므로 언어상실증 환자야말로 오히려 현란한 어휘에 쉽게 넘어가지 않고 그 말을 하는 사람의 본심이 무엇인지를 정확히 읽어낸다고도 합니다.

앞에 소개한 책에서는 대통령의 연설을 듣는 언어상실증 환자들이 폭소를 터뜨렸다는 일화가 등장합니다. 사실, 대통령의 연설 자체가 웃음을 터뜨릴 정도로 재미있거나 이상한 내용은 아니었습니다. 게다가 그들은 그 연설 내용을 제대로 이해할 수도 없었습니다. 그런데도 대통령의 표정과 억양을 '보고 들은' 그들은 현란하고 괴상한(언어상실증 환자들에게는 그렇게 보인다고 합니다) 말장난과 거짓 때문에 웃음을 터뜨릴 수밖에 없었다는 겁니다.

어떤 전문가들은 언어상실증 환자를 '강아지'에 비유하기도 합니다. 그들의 어떤 점이 강아지와 닮았을까요? 강아지는 당연히 인간의 말과 글을 알지 못합니다. 그러나 강아지는 본능적으로 주인의 감정 상태를 파악하고 그것에 맞게 행동할 줄 압니다. 주인인 인간의 감정과 의도를 결과적으로 이해한 셈이지요.

그와 마찬가지로, 언어상실증 환자도 상대방이 말하고자 하는 내용을 잘 이해하지는 못하지만 상대방의 표정, 목소리의 높낮이, 몸동작 등을 보고 거의 본능적으로 그의 감정 상태를 간파합니다.

그러므로 심리학자들은 다른 사람의 말에 현혹되지 않고 거짓과 악의를 간파해내는 일에 있어서 이른바 '정상인'(즉, 언어상실증이 아니기에 오히려 말에 현혹되기 쉬운 우리 모두)보다 언어의 진심을 간파하는 데 능한 언어상실증 환자와 강아지가 더 유리하다고 말합니다.

언어상실증 환자들을 빵 터지게 했던 대통령의 이야기를 읽으면서 무슨 생각이 들었나요? '정치하는 사람들이 다 그렇지 뭐' 하며 가볍게 넘기지 말고, 소통의 문제에 대해 진지하게 고민해보는 계기가 되기를 바랍니다.

우리는 모두 말을 하며 살아가는 존재입니다. 올바른 말을 위한 첫 단계를 어디에서 시작하면 좋을까요? '자기 마음을 들여다보는 일'로부터 시작하라고 권유하고 싶습니다. 자기 마음 안에 있는 것들은 어떤 모양을 하고 있는지, 그리고 어떤 모습으로 세상에 자신을 드러낼 준비를 하고 있는지 찬찬히 들여다보시기 바랍니다.

어쩌면 인간은 자기 자신조차 속일 수 있는 존재인지 모릅니다. 자기 주변에 있는 가까운 사람들에게조차 아주 오랫동안 자신의 진짜 모습을 보여주지 않은 채 속일 수 있는 존재인지도 모릅니다. 마음속에는 분노와 저주, 두려움과 미움이 가득한데도 마치 아무 문제가 없는 것처럼 연기하며 살고 있을 수도 있습니다.

진료실에서 사람들의 온갖 속사정을 오랫동안 들어온 경험을 토대로 깨달은 분명한 사실 하나를 말씀드리자면, 가슴속에 묻어놓은 것 가운데 저절로 사라지는 것은 단 하나도 없다는 사실입니다. 어쩌면, 언젠가 경험한 깊은 상처를 끌어안고 있을지도 모릅니다. 그 상처를 제대로 다룰 의지와 용기도, 능력도 없었던 당신은 남들에게 당신의 속마음을 드러내기 싫어서 그냥 넘어가기로 합니다. 그런데 그 상처는 아무리 오랜 시간이 지나도 사라지지 않습니다. 아니, 사라지기는커녕 두고두고 애를 먹이는 고질병으로 악화하여 당신 삶의 중요한 순간마다 훼방을 놓을지도 모릅니다.

당신의 가슴속에 언젠가 누군가를 향해 품게 된 미움이 자리하고 있을 수도 있습니다. '만일 당신이 이제 다 해결됐으니 괜찮은 거로 치고 넘어가자'라며 덮어둔다고 가정해봅시다. 당신은 정말 괜찮은 줄 알고 겉보기에 괜찮은 것처럼 지냅니다. 그런데 당신은 미처 모르고 있던 미움의 파장이 정작 미워하던 상대가 아닌 당신의 가장 가깝고 소중한 이들을 향해 번져가고 있었다는 사실을 뒤늦게 깨닫게 될 수도 있습니다. 당신과 그들의 삶이 모두 돌이킬 수 없이 뒤틀어지고 난 뒤에야 말입니다.

무엇보다 먼저 마음 밭을 갈아엎어야 하는 것도 그래서입니다. 겨울을 지난 밭은 딱딱하게 굳어져 있어서 아무리 좋은 씨앗을 뿌려도 뿌리를 내리기 어렵고 싹을 틔우기도 쉽지 않습니다. 무언가를 갈아엎는 일에는 인내와 끈기가 필요합니다. 당장 눈에 보이는 열매가 맺히는 것도 아니므로 '왜 이걸 해야 하나?' 싶을 수도 있습니다.

제대로 말하고 제대로 소통하기 위해서는 편견으로 가득 찬 마음의 흙덩이를 부수어 부드러운 토양을 만드는 과정이 필요합니다. 괜찮은 줄 알고 남겨두었던 해결되지 않은 문젯거리들이 당신이 더 나은 사람으로 성장해가는 결정적인 순간을 방해할 수 있기 때문입니다.

Counseling
06

상대방에 깊이 공감하되 당신이 상대방이 되지 않도록 조심하라

내담자

"그 사람의 상황에 서서 생각하되 그 사람이 되어서는 안 된다"라는 말이 무슨 의미인가요?

정신과 의사

상대방의 힘든 상황과 처지를 이해하고 공감하는 것은 좋은 일이지만, 지나치게 감정이입을 하며 당신을 상대방과 동일시해버리면 아무 도움도 되지 않는다는 뜻입니다.

공감이라는 말은 듣기만 해도 마음이 따뜻해지는 데가 있습니다. 공감이라는 말을 들으면 단어 자체가 솔직담백하다는 생각이 듭니다. '함께', 혹은 '같게 하다'라는 뜻을 지닌 공(共)과, '느낌' 또는 '마음을 움직인다'라는 의미의 '감(感)'으로 구성되어 있습니다. 그 뒤에 숨은 무언가가 전혀 없는, 있는 그대로의 의미가 드러나는 말입니다.

요즘은 공감이라는 말을 주위에서 곧잘 듣습니다. '공감'이라는 단어 자체로도 자주 쓰이지만, 다른 말과 결합하여 신조어로 등장하기도 합니다. '공감 음악', '공감 요리', '공감 수업' 등이 그런 예입니다. 왜 이런 말들이 우후죽순 생겨날까요? 아마도 공감이라는 어휘가 들어가면 왠지 더 호감이 가고 친근한 느낌이 있어서 그럴 수도 있습니다. 하지만 공감이 가장 중요하게 다루어지는 영역은 역시나 상담 현장입니다.

"상대가 생각하고 느끼는 것을 이해하는 것." 정신과학 교과서에서 정의하는 공감의 정의입니다. '생각한다'라는 것은 그 생각의 주체인 사람의 인지(認知)를 말합니다. '느낀다'라는 것 역시 그 주체인 사람의 감정 상태를 의미합니다. 여기에는 다른 아무런 단서도 없습니다. 좀 더 구체적으로, 그가 생각하는 것이 올바르다는 선제하에 공감한다거나, 그가 느끼는 것이 적절하다는 조건을 충족해야만 공감한다고 말하지 않습니다. 그저 그를 '이해한다'라고 말합니다.

정신과학 교과서 이야기가 나온 김에 좀 더 내용을 따라가 볼까요? 공감은 "듣는 사람이 자기 자신을 상대의 위치에 놓을 수 있으면서, 동시에 객관성을 유지할 수 있을 때만 가능"하다고 합니다.

정신과학 교과서를 읽는 사람들은 결국 상담을 진행하는 주체인 정신건강의학과 의사나 정신건강 관련 전문가들입니다. 상담하기 위해 찾아오는 사람들은 스스로 감당할 수 없는 생각과 감정들로 혼란스러운 상태에 빠진 사람들이기 쉽습니다. 누군가는 인생의 고통스러운 순간 가운데 '나는 이걸 도저히 견딜 수 없어'라고 생각하며 찾아왔을 겁니다.

실제로 그가 그 상황을 견딜 수 있을지 없을지는 둘째 문제이고, 일단 그가 그렇게 생각한다는 점이 중요합니다. 사실은 충분히 견뎌낼 수 있는 문제인데도 '난 안 돼' 하고 생각하면 정말 안 되는 게 사람이라는 존재입니다. 또 다른 누군가는 불안과 두려움, 절망과 우울함에 휘말린 채 수습할 수 없는 마음을 부여안고 찾아왔을 겁니다. 그런 감정을 느낄 만한 상황이든 아니든 그가 현재 그렇게 느끼고 있다는 점이 핵심입니다.

상담자(상담을 이끌어가는 사람)는 내담자(상담을 받는 사람)가 어떻게 생각하고 느끼는지에 관심을 두고 귀 기울이는 동안 자신을 상대방의 처지에 놓을 수 있습니다. 그러나 이때 상담자가 절대로 놓치지 말아야 할 것이 있습니다. 그것은 바로 자신이 마치 내담자가 되기라도 한 것처럼 그와 '동일시(同一視)'해서는 안 된다는 점입니다.

'그 사람의 상황에 서서 생각하고 느끼되 그 사람이 되어서는 안 된다니, 이게 대체 무슨 말인가' 하며 조금은 의아한 생각이 들 수도 있겠습니다. 그러나 이 부분을 놓치면 고통의 늪에 빠진 내담자도 표류하게 되고, 상담자도 덩달아 생각과 감정의 홍수 속에서 허우적거릴 수 있습니다.

좀 더 이해를 돕기 위해 약간은 극단적인 예를 들어볼까요? 어떤 사람이 정신증으로 고생하면서 온갖 잡다한 생각들에 시달리고 있다고 해봅시다. 최근에 그 사람을 힘들게 하는 생각은 '나를 죽이기 위해 정보기관에서 각종 전술을 쓰면서 올가미를 죄어 오고 있다'라는 것입니다.

당연히 이런 생각에 사로잡힌 사람의 마음은 고통으로 가득할 것입니다. 자기가 뭘 잘못했는지, 정말 죽을 죄를 저질렀는지 그런 건 그에게 중요하지 않습니다. 그 사람을 짓누르는 고통스러운 생각들은 온갖 끔찍하고 두려운 감정들을 경험하게 할 것입니다. 그러므로 그 사람을 상담하는 사람은 그의 처지에 서서 생각하고 느끼도록 노력해야 합니다. "에이, 말도 안 되지요. 정보기관이 한가한 사람들도 아닌데, 애꿎은 사람을 왜 잡아 죽이려고 하겠어요?" 하고 말하는 순간, 어렵게 자신의 고통을 털어놓은 이 사람은 마음의 문을 굳게 닫아버리고 말 겁니다.

상담자는 그 사람의 위치에 서서 생각하고 느끼려고 노력해야 합니다. 이런 생각을 하는 동안 그의 마음이 얼마나 힘들고 괴로울지 짐작해보려고 애써야 합니다. 그러나 그와 동시에, 실제로 이런 일이 일어나기는 매우 힘들다는 현실적인 문제에서 발을 떼어서는 안 됩니다. 정보기관을 대상으로 멀쩡한 사람 괴롭히지 말라고 민원을 넣거나 하는 식의 행동은 아무에게도 도움이 되지 않습니다.

정신증 환자의 경우는 위에 언급한 바와 같이 매우 극단적이라서 비교적 이해하기 쉽습니다. 그렇지만 우리가 삶에서 맞닥뜨리는 대부분 사건이나 상황은 정신증 환자의 사례처럼 흑과 백으로 명확히 나뉘지 않습니다. 시어머니 때문에 고통받는 며느리와 상담하다 보면 시어머니가 마치 악마의 화신이라도 되는 것처럼 들릴 때도 있습니다.

그러나 막상 만나보면 그 시어머니도 별다를 것 없는 평범한 사람인 경우가 많습니다. 내담자인 며느리의 고통에 공감하는 것은 좋은데, 상담자가 자칫 그와 자신을 동일시해버리면 오히려 내담자에게도 상담자 자신에게도 도움이 안 됩니다. 왜냐하면, 그 며느리는 자기 힘으로 이 문제를 해결하지 못해 여기까지 왔는데, 상담자가 내담자의 처지를 이해하고 공감하려다가 그 며느리와 자신을 동일시해버리는 바람에 문제는 전혀 해결되지 않은 채 그대로 남아버리거나 오히려 상황이 더욱 악화할 수도 있기 때문입니다.

끼리끼리 모여서 신세 한탄하고 하소연하는 것이 간혹 도움 될 때도 있지만, 반대로 독이 될 때도 적지 않은 것은 바로 그 때문입니다. 그 사람의 처지가 되기는 하면서도 그 사람이 되지는 않아야만 객관성을 유지할 수 있고, 상대방에게 필요한 도움을 줄 수 있는 법입니다. 그러므로 객관성을 유지하는 것은 공감의 필수 요소 가운데 하나입니다.

Counseling

07

당신의 소통과 인간관계에 '공감'이라는 엔진을 장착하라

내담자

'공감 듣기', '공감 대화'를 잘하려면
어떻게 해야 하나요?

정신과 의사

상대방이 하는 말에 모든 관심과 에너지를 집중해서
들으려고 노력해보세요. 그가 하는 말이 무엇이든,
공감 듣기를 하기로 마음먹었다면 모든 마음의
에너지를 그에게 쏟아야 합니다.

공감이라는 말의 의미가 명확히 이해되셨나요? 그러면 이제 상담실에서 잠깐 빠져나와 우리의 일상으로 들어가볼까요? 공감이 일상의 대화에 어떤 방식으로 작용하는지, 그리고 우리는 어떻게 공감을 도구로 제대로 대화할 수 있는지 짚어보겠습니다.

앞에서 필자는 "대화는 듣기에서 시작된다"라고 이야기했습니다. 같은 맥락에서, 공감 대화 역시 '공감으로 듣는' 일에서 시작해야 합니다. '공감으로 듣는다', 무척 따뜻한 느낌을 주지 않나요? '누군가 당신의 이야기를 진정으로 공감하며 듣는다'라는 생각만으로도 마음이 훈훈해지는 것 같지 않나요? '공감 듣기'는 그만큼 강력한 힘을 가지고 있습니다. 그러나 동시에 부단한 노력과 연습이 필요합니다. 세상의 많은 일이 그렇듯, 공감 듣기 역시 저절로 되는 건 아닙니다.

공감 듣기는 상대방이 하는 말에 당신의 모든 관심을 온전히 집중하는 것입니다. 그 사람이 하는 말이 무엇이든, 공감 듣기를 하기로 마음먹었다면 당신의 모든 마음의 에너지를 그에게 쏟는 것입니다. 만일 그가 무엇을 말하는지 알 수 없다면 자의적으로 추측하기보다는 좀 더 편하게 이야기하도록 격려해주는 편이 낫습니다.

그렇다면 열심히 듣기만 하면 공감 듣기가 저절로 될까요? 그렇지 않습니다. 왜 그런지 이해하기 위해 젊은 부부가 말다툼하는 장면을 같이 살펴볼까요?

주말에 아기 엄마는 모처럼 아기를 돌보는 책임에서 잠시 해방되었습니다. 너무 오랫동안 아기 키우는 일에 매달려 있느라 언제 목욕탕에 가서 여유 있게 목욕했는지 잘 생각도 나지 않을 정도입니다. 심지어 미용실을 다녀온 지도 한참 되어 머리는 봉두난발 난리가 났습니다.

아기 아빠에게 아기를 잘 봐달라고 신신당부한 뒤 아기 엄마는 주말 오후 모처럼 여유로운 시간을 보내고 나서 집에 돌아왔습니다. 막 문을 들어서려는데, 자지러지는 듯 울어대는 아기의 울음소리가 요란합니다. 가슴이 철렁해서 방으로 뛰어들어갑니다. 아기 아빠가 식은땀을 흘리며 아기를 뚫어지게 보고 있습니다. 무슨 일이 생겼나 보다 싶어 아기를 안아 올립니다. 엄마가 몇 번 다독거리며 얼러주자, 아기의 울음소리가 차츰 잦아듭니다. 가만히 더듬어보니, 아기의 기저귀가 흠뻑 젖어 있습니다.

"아니, 기저귀가 젖어서 울고 있었나 본데……?"

"그런가 보지."

"근데, 왜 안 갈아줬어요?"

"아기를 잘 보라고 했지, 언제 기저귀 갈아주라고 했어? 내가 얼마나 열심히 아기를 보고 있었는데!"

열심히 본다고 다 '보는' 것이 아닙니다. 듣기도 마찬가지입니다.

『비폭력 대화』의 저자 마셜 B. 로젠버그는 공감을 "상대방이 하는 말에 우리의 모든 관심을 집중하는 것"이라고 정의했습니다. 때로는 그 사람의 문제를 해결해주고, 그의 기분을 더 좋게 해주어야 한다는 생각조차 '공감 듣기'를 방해할 수 있습니다.

로젠버그 박사는 이렇게 말합니다.

"공감의 열쇠는 바로 우리 존재이다. 그 사람과 그가 겪는 고통에 온전히 함께 있어주는 것이다."

로젠버그 박사는 공감으로 듣기를 방해하는 장애물을 몇 가지 꼽았습니다. 여기에 실제로 우리가 일상에서 맞닥뜨리기 쉬운 9가지 장애물들을 간략히 정리하고 넘어가겠습니다.

1. 조언하고 충고하기 : "내 생각에, 넌 이렇게 해야 해."
2. 가르치기 : "힘들지만 이건 좋은 경험이니까 여기서 배우도록 해."
3. 말 끊기 : "그만, 이제 기운 내자."

4. 동정하기 : "참 안됐다, 어쩌냐?"
5. 심문하고 조사하기 : "언제부터 그랬어?"
6. 설명하고 해석하기 : "그건 말이야, 이렇게 된 거야."
7. 무조건 안심시키기 : "걱정하지 마, 다 잘 될 거야!"
8. 타이르기 : "마음을 가라앉혀!"
9. 침묵을 참지 못하고 아무 말이나 하기

위에 정리된 내용을 보면 아시겠지만, 공감 듣기를 방해하는 가장 큰 장애물은 '말하기'입니다. 그래서 "침묵은 금"이라는 말이 금언이 되었을 수도 있습니다. 그런데 또 말입니다, 위에서 제시한 말만 안 하고 들으면 모두 공감 듣기일까요? 그렇지 않습니다. 사람들이 보통 공감 듣기를 어렵게 느끼는 것도 그래서입니다. 공감 듣기를 좀 더 명확히 이해하기 위해 위의 예시와 같이 말하는 사람들의 속마음이 어떤지 잠시 살펴보고 넘어갑시다.

남에게 늘 조언하고 가르치려 드는 사람들은 과연 어떤 마음에서 그러는 걸까요? 그런 상황에서 그들이 느끼는 감정은 거의 예외 없이 '안타까움'일 겁니다. 상대방이 힘들어하는 걸 보다가 속상한 마음에 '이렇게 하면 좋아지겠지!' 하는 안타까움에 하는 말이기 쉽습니다. 어쩌면 '이렇게 해서라도 좋아졌으면!' 하는 바람이 들어 있을지도 모릅니다.

말을 끊고 안심시키는 사람들의 마음은 또 어떨까요? 아마 힘든 이야기를 듣는 고통이 그 안에 깔려 있을 겁니다. 이렇게 말을 자르는 사람들은 지나친 동일시로 인해 그 사람의 고통이 너무 크게 느껴져 감당하기 어려우니까 피해버리고 싶은 걸지도 모릅니다. 침묵을 참지 못하고 아무 말이나 하는 사람도 마찬가지입니다. 침묵이 흐르는 동안 상대가 느낄 고통, 자기가 그 상황에서 아무런 도움도 되지 못할 것 같다는 두려움에 생각나는 대로 아무 말이나 하면서 그 상황을 벗어나려 하는 걸지도 모릅니다.

이렇게 정리해보면, '공감 듣기'는 상대방의 말과 처지, 그리고 그 마음에 제대로 공감해야만 가능하다는 결론에 도달합니다. 그러나 당신은 지나치게 상대방의 처지와 상황 한가운데로 뛰어들어가 자신을 그와 '동일시'하려고 해서는 안 됩니다. 그저 상대방의 감정에 공감하는 것만으로도 충분합니다. 선불리 자신을 상대방과 동일시하려다 보면 자칫 상대방이 느끼는 고통의 무게, 그걸 지켜보는 당신 마음속 짐과 어려움 때문에 제대로 들어줄 수 없기 때문입니다. 그러므로 '공감 듣기'는 상대방의 말을 그야말로 제대로 들을 수 있는 매우 효과적인 방법입니다.

제대로 된 공감 듣기를 위해서는 무리하게 상대방을 책임지려 하기보다 그의 말 가운데 들어 있는 '느낌과 욕구'에 초점을 맞추어야 합니다. 이 부분에 대해서도 마셜 B. 로젠버그는 중요한 개념을 제안한 바 있습니다.

> 다른 사람이 당신에 대해 어떻게 생각하느냐보다, 그 사람이 무엇을 원하느냐에 관심을 기울인다면 사람들이 덜 위협적으로 보일 것이다.

그의 설명에 따르면 '느낌'은 한 사람이 경험하는 감정이며, '욕구'는 그가 궁극적으로 바라는 바입니다. "이따위로 하려면 다 집어치워!"라는 말은 '나는 이게 불쾌하게 느껴져. 내가 진짜로 바라는 건 상황이 좀 더 잘 굴러가는 거야"와 같은 느낌과 욕구를 담고 있을 수도 있습니다. "다 죽여버릴 거야!"라는 말에는 '난 정말 섭섭하고 화가 나!'의 감정과 '모든 게 달라졌으면 좋겠어. 조금이라도 더 마음이 편하고 안정감을 느낄 수 있었으면 좋겠다고!'의 욕구가 담겨 있을지도 모릅니다. 굉장히 무섭게 들리는 말 뒤에는 깊은 욕구가 충족되지 않은 사람이 자기 삶에 기여해달라고, 즉 자신을 도와달라고 호소하는 이야기가 담겨 있을 수도 있습니다.

결국, '공감 듣기'의 목표는 상대방을 이해하는 것입니다. 상대방이 무엇을 생각하고 느끼는지 진정으로 이해하려면 그의 삶에 있었던 많은 일을 충분히 듣고 음미해야만 합니다.

당신 스스로 누구에게도 판단 받거나 제지당하지 않으면서 마음껏 이야기할 수 있다는 걸 알게 되면 상대방도 비로소 자신만의 이야기를 펼쳐내게 됩니다. 공감 듣기를 돕는 것은 언어가 아닌 '행동'인 경우가 많습니다. 예를 들어 고개를 끄덕거린다거나, 상대방을 향해 몸을 기울인다거나, 표정을 짓고 반응하는 것과 같은 자잘한 몸짓만으로도 상대방은 공감 어린 반응을 경험한다는 걸 알 수 있습니다.

휴머니즘 심리 상담의 기초를 닦은 칼 로저스(Carl R. Rogers)가 공감의 힘에 대하여 한 말은 '공감 듣기'라는 조금 어렵지만 매우 중요한 일을 잘 요약하고 있습니다.

> 어떤 사람이 나를 판단하지 않고, 나를 책임지려 하거나, 나에게 영향을 미치려 하지 않으면서, 내 말에 진지하게 귀 기울여 들어줄 때 나는 정말 기분이 좋다. 누군가 내 이야기를 듣고 나를 이해해주면 나는 새로운 눈으로 세상을 다시 보게 되어 앞으로 나아갈 수 있다. 누군가가 진정으로 들어주면 암담해 보이던 일도 해결 방법을 찾을 수 있다는 것은 정말 놀라운 일이다.

공감으로 듣는 것이 쉬운 일은 아니지만, 당신이 귀 기울여 준 그 사람이 당신의 공감 듣기에 힘입어 '세상을 다시 보고', '앞으로 당당히 나아갈 수' 있다면 이보다 더 놀랍고 기쁜 일도 없을 겁니다. 듣는 일에 들인 당신의 노력이 상대방의 삶에 긍정적인 영향을 미칠 수 있다는 점을 생각해볼 때 그렇다는 이야기입니다.

Counseling

08

혀를 다스리는 일보다
마음을 다스리는 일이 먼저다

“

내담자

어떻게 하면 말 잘하는 기술을 배울 수 있을까요?

정신과 의사

말하는 기술도 중요하지만
그것보다 더 중요한 게 있습니다.
마음 밭을 잘 가꾸는 일에 더 관심을 가지세요.
좋은 땅에서 자라는 식물이 탐스러운 열매를 맺듯
좋은 마음 밭에서 아름다운 말이 나온답니다.

”

말솜씨나 대화 기술을 익히고 단련하는 일은 매우 중요합니다. 그런데 그보다 더 중요한 것이 있습니다. 자기 마음을 다스리고 올바른 생각을 하려고 끊임없이 노력하는 일이 바로 그것입니다. 말은 혀끝에서 나오지만 마음 밭에서 만들어집니다. 그러므로 혀를 다스리는 일보다 마음을 다스리는 일이 선행되어야만 합니다.

우물은 물을 얻기 위해 땅을 파고 물이 고이게 만든 시설입니다. 우물 속 물은 빗물이 땅속으로 스며든 뒤 그 물이 흙과 바위 사이에 고인 것이지요. 우물은 토양으로 여과된 물이므로 수질이 좋은 편이지만, 다음의 조건을 충족해야만 우물의 기능을 다할 수 있습니다. 첫째, 우물 자체가 깨끗한 곳에 자리 잡고 있어야 합니다. 둘째, 땅 위에 있는 더러운 물이 우물 안으로 흘러 들어가지 않도록 철저히 관리해야 합니다.

좋은 우물은 더운 여름날에도 서늘하게 느껴집니다. 관리가 잘된 우물은 "홍수 났을 때 마실 물 없다"라는 속담을 비껴갑니다. 이것이 우물만의 이야기일까요? '마음의 우물'도 마찬가지입니다. 마음의 우물을 깊게 파 내려간 사람은 날씨에 의해 좌우되지 않습니다. 오히려 비가 오면 물을 담아두었다가 맑은 물로 돌려줍니다. 간혹 흙탕물이 될 때도 있지만, 필요한 말만 담아 들을 줄 압니다. 마음의 우물이 맑고 깊어야 말의 물도 맑고 깨끗한 법입니다. 스펙이나 직위, 혹은 재물이 사람의 품격을 정하는 것이 아니라 지혜롭게 뱉는 한 마디 한 마디 말이 품격을 결정합니다.

『도덕경』에 "아는 사람은 말하지 않고, 말하는 사람은 알지 못한다"라는 말이 있습니다. 우리가 잘 아는 속담으로 표현하자면 "빈 수레가 요란하다"라는 말과 일맥상통하죠. 잘난 척하는 사람은 어떤 사람일까요? 사실 잘난 것이 없는데, 남들에게 잘난 사람으로 인정받고 싶은 욕구가 강한 사람입니다. 거창하게 말해, 이상은 높은데 현실이 받쳐주지 못하니 '잘난 척하는' 무리수를 두게 되는 겁니다.

실제로 잘난 사람은 굳이 잘난 척할 필요가 없습니다. 예전에 어느 신문에서 읽은, 명품을 추구하는 사람들의 심리를 분석한 기사가 생각납니다. 그 기사에 따르면, 명품을 간절히 원하는 사람들은 명품을 구매할 여력이 있는 사람들보다 경제적인 수준에서 약간 아래 단계에 속한 사람들이 많다고 합니다. 그들이 한 단계 높은 곳을 올려다보면서 발돋움하는 데 필요한 것이 '명품'이라는 거죠.

재미있게도, (가장 부유한 사람이 아닌) 그 명품족들이 수백만 원에서 수천만 원 나가는 고급 시계를 장만해서 자랑스럽게 착용할 때, 막상 원하기만 한다면 얼마든지 최고 수준의 명품을 살 수 있는 가장 부유한 사람들은 시장에서 산 몇만 원짜리 시계를 아무렇지도 않게 차고 다닌다는 겁니다. 조금 더 있어 보이고자 하는 마음은 결국 자신이 '가진 게 없다'라는 사실을 잘 알고 있는 데에서 비롯됩니다. 그 사람의 마음 밑바닥에 깔린 열등감이 그가 "나는 이런 사람이다"라며 큰소리치게 합니다. 그렇지만 우리 모두 잘 알고 있습니다. 아무리 비싸고 화려한 화장으로도 따라갈 수 없는 것이 바로 깨끗한 민얼굴이라는 것을요.

『말 공부』의 저자 조윤제는 "큰 꿈을 가진 사람의 말은 자신의 꿈을 닮아 커지며, 눈앞의 일에 집착하고 자기 이익만 챙기는 사람의 말은 그 사람을 닮아 편협해진다"라고 했습니다. 사람의 크기에 따라 말의 크기와 말이 담고 있는 의미가 확대되어 나간다는 의미입니다. 말을 하면 세상을 향해 생각이 선포되는 것이며, 우리의 무의식은 이를 이루기 위해 자기도 모르는 사이에 노력하고 분투한다는 겁니다. '말한 것은 결국 이루어진다'라는 저자의 논지는 론다 번의 『시크릿』을 잠시 떠올리게 합니다.

이 책은 사람들의 극찬과 비난을 동시에 받은 책으로, 그 이유를 여기서 자세히 다루지는 않겠습니다. 다만, 전 세계

적으로 수천만 권이 팔린 이 책은 모두가 생각하던 바를 어느 정도는 담고 있을 가능성이 있다는 점입니다.

『말 공부』의 저자는 이 책에서 상대방이 하는 말을 가만히 들어보면 그가 어떤 사람인지 알 수 있고, 교육 수준은 어떠하며, 미래에는 어떻게 될지 예측할 수 있다고 말합니다. 입으로 뱉은 부정적인 말, 위축된 말, 소극적인 말은 그 사람의 삶을 딱 거기에서 머물게 한다고도 하고요.

신경정신과 진료실에 오래 앉아 있다 보니, 이 말에는 고개를 끄덕이게 됩니다. 그렇다고 꼭 입 밖으로 안 좋은 말을 뱉어야만 나쁜 걸까요? 그렇지 않습니다. 진료실 안에서 만나는 내담자들 가운데 가장 안타까운 경우는 아무 말도 하지 않는 사람들이기 때문이지요.

대화와 소통을 통해 치료 기회를 잡을 수 있지 않을까 하는 기대를 품고 찾아온 병원에서 아무 말도 하지 못하고 앉아 있는 사람의 마음이 어떨지 상상해보세요. '말해도 소용없다. 달라질 건 아무것도 없다. 나는 이미 끝났다.' 아마도 마음속으로 이런 결론을 내린 채 입도 뻥긋하지 않고 앉아 있는 건 아닐까요?

우울하고 절망적인 사람은 부정적인 말들을 하게 되는데요. 이때 했던 생각들은 일종의 흉터처럼 상처가 아문 뒤에도 흔적으로 남아서 자신에 대해, 그리고 세상에 대해 부정적인 생각의 끄트머리를 품게 할 가능성이 있습니다.

"나는 역시 안 돼!"

이런 말을 자기 자신에게 했던 사람은 힘들었던 그 시간이 지난 뒤에도 자신은 '뭘 해도 안 되는 사람'으로 규정하고 있을지 모릅니다.

"사람들은 믿을 게 못 돼."

이런 말을 세상과 자신을 향해 했던 사람은 주변에서 안타까움과 사랑을 가지고 바라보는 사람의 존재를 끝까지 눈치채지 못할지도 모릅니다.

그래서 당신이 오늘 하는 한마디 말이 중요합니다. 오늘 무슨 말을 할 수 있을까요? 세상에 단 하나뿐인 자기 자신이라는 존재에게 걸맞은 말, 씹다 뱉는 껌 같은 말이 아니라 자신의 품격을 높여주고 인정해주는 말을 할 수 있다면 좋겠습니다.

Counseling
09

당신의 입에서 사라지게 해야 할 3가지 말

내담자

'당연히', '때문에', '그런데'나 '하지만'을 될 수 있는 대로 사용하지 말라고 하셨는데, 왜 그런가요?

정신과 의사

'당연히', '때문에', '그런데'나 '하지만' 같은 말들은 자칫 상대방의 마음을 굳게 닫아버리게 하기 쉬운 단어이기 때문입니다.

이번 꼭지에서는 혀끝에서 순한 말, 긍정적인 말을 내기 위해 당신의 입에서 걸러내야 할 말, 또는 마음의 평화를 얻기 위해 당신의 귀에서 튕겨내야 할 말 3가지에 관해 이야기해 보겠습니다.

첫째, 무엇보다 조심해야 할 표현은 '당연히'입니다. 이것은 "당연히 ○○ 해야 하는 거잖아!"처럼, '당연히 ~해야만 한다' 혹은 '절대로 ~해서는 안 된다'의 형태로 나타납니다. 인지치료에서는 이를 가리켜 '우리 속을 뒤집어놓는 주요 MUST'라고 이야기합니다. 여기에는 3가지 'MUST'가 있습니다. ① 나는 당연히 잘해야만 하고, 다른 사람들의 인정을 받아야 한다. 만일 그렇지 않으면, 나는 엉망진창이며 구제 불능이다. ② 다른 사람들은 당연히 '옳은 일만' 해야 한다. 만일 그렇지 않다면 그들은 엉망이며, 그 대가로 처벌받아야 한다. ③ 삶은 당연히 쉬워야 하고, 어떤 괴로움이나 불편함도 수반되어서는 안 된다.

이렇게 될 수만 있다면 더 바랄 것이 없겠죠. 그러나 유감스럽게도, 우리가 발 딛고 서 있는 현실은 전혀 그렇지가 않습니다. 당연히 잘하면 좋지만, 그렇지 않을 가능성이 큽니다. 게다가 잘하고도 인정받지 못하는 경우도 드물지 않습니다. 다른 사람들 역시 마찬가지입니다. 그들이라고 당신을 괴롭힐 목적으로 일부러 엉터리 같은 행동을 하지는 않겠지요.

우리 삶도 그렇습니다. 쉽고도 편하다면 얼마나 좋을까요. 아쉽게도, 그렇지 못한 게 인생입니다. 이런 생각을 하면 입맛이 쓰지만, 그게 현실입니다. 이렇듯 '당연히'라는 생각과 말에 사로잡히다 보면 삶은 피곤해지고, 그런 생각으로 똘똘 뭉친 사람의 주변 사람들은 매사에 들볶인다는 생각에 지치게 됩니다. 당연한 것처럼 보이는 규칙들을 다 따라 지키면서 완벽하게 살 수 있는 사람은 아무도 없기 때문입니다. 생각해 보세요. 어쩌다 한 번 늦잠을 잤는데, 이런 말을 듣는다고 말입니다.

"사람은 당연히 늦잠을 자서는 안 되지! 일찍 일어나고 부지런해야만 잘살 수 있는 거야."

물론 틀린 말은 아닙니다. 그렇지만 이 말을 듣고 기분 좋은 사람이 있을까요? 단언하건대, 아무도 없을 겁니다. '당연히'라는 말은 강력한 감정을 동반합니다. 당신이 다른 사람에게 "당연하지!"라고 말할 때면 당신의 마음속엔 짜증과 분노가 솟구칠 겁니다. 반대로, 다른 사람이 당신에게 그 말을 할 때라면 수치스럽기도 하고 후회가 되기도 할 겁니다. 청소년들과 상담할 때, 그들이 자기 엄마 아빠한테 절대로 이야기하지 않던 걸 처음 털어놓는 경우가 종종 있습니다. 어렵게 털어놓은 마음속 깊은 곳의 '그늘'에 대한 이야기를 마무리하면서 저는 이렇게 질문합니다.

"그런데 엄마 아빠한테는 왜 이야기를 못 했을까?"

그러면 그들이 십중팔구 꼽는 이유는 이것입니다.

"그러게 엄마가 뭐랬니? 그렇게 될 줄 알았어, 당연히 엄마 말대로 했어야지!"

이 말을 듣게 되는 게 너무도 끔찍해서 되도록 이야기를 안 한다고 합니다. 그렇다고 엄마 아빠가 아이들에게 '어떻게 해야 한다'라는 방향성을 제시하지 않을 수도 없는 법이지요. 이럴 때 필요한 것이 좋은 날씨를 기대하듯 좋은 행동을 기대하는 마음가짐입니다. 자녀가 어떻게 했으면 좋겠고, 어떻게 하지 않았으면 좋겠다는 것을 마치 좋은 날씨를 기대하듯 가볍고 유쾌하게 하는 겁니다. "당연히 ~해야지!"보다 "~해주면 참 좋겠다"라고 말하는 겁니다. 이렇게 함으로써 우리는 이야기를 듣는 상대방에게 '자유'를 줄 수 있습니다. 즉, 상대방이 스스로 선택할 수 있는 여유와 여지를 주는 것입니다.

성숙한 관계는 한 인간으로서 갖는 존엄을 서로 인정하고, 상대방이 가진 선택권과 자유를 존중합니다. 배려받고 인정받는다고 느낄 때 상대는 자신이 휘둘리는 게 아니라 도움받는다고 느낍니다. '당연히'라는 표현을 쓰지 않더라도, 당신이 하는 말이 정죄하고 야단치거나 조종하려고 하는 말처럼 들린다면 다른 표현을 찾아봐야 합니다.

두 번째로 조심할 표현은 '때문에'입니다. 언젠가 TV에서 외국인 며느리들이 모여서 토크쇼처럼 이야기를 주고받는 프로그램을 본 적이 있습니다. 모두 한국말을 제법 잘하는 편이었는데, 사회자가 그중 한 분에게 말했습니다.

"한국말을 정말 잘하시네요!"

그랬더니 그 며느리가 대답했습니다.

"이게 다 우리 시어머니 덕분이에요."

그러고는 웃으면서 덧붙였습니다.

"우리 시어머니 때문이 아니고요."

시어머니 '덕분에' 한국말을 잘하게 되었다면 고마운 마음이 들어갑니다. 시어머니 '때문에' 한국말을 잘하게 되었다면 '아니, 그 시어머니는 대체 어떤 분이라서? 강요하는 거야, 아니면 무서운 거야?' 등과 같은 삐딱한 생각을 불러일으킬 수도 있기 때문입니다. '덕분에'와 '때문에'의 차이를 이해할 수 있을 만큼 한국말을 잘하는 것에 감탄하면서 동시에 막상 나는, 그리고 우리는 이런 차이를 제대로 이해하고 일상에서 사용하나 돌아보게 되었습니다.

'때문에'라는 말은 상당히 미묘합니다. 실패했는데 어쩔 수 없는 상황 때문이었다고 말하면 그 '때문에' 자신이 져야 할 짐의 무게에서 빠져나오는 것 같을 수도 있기 때문입니다. "너 때문에 내가 망한 거야!"라고 말하는 경우를 생각해보세요. 아, 물론 이 말을 하든 하지 않든 망했다는 객관적인 현실은 달라지지 않습니다.

'내 잘못으로 망했다'라는 것과 '너 때문에 망했다'라는 것의 무게는 완전히 다릅니다. 그렇지만 '때문에'라는 말은, 그 말을 방패 삼아 피한 그 무게만큼 뒤통수를 치는 무언가가 있습니다. 결혼 생활이 상대방 '때문에' 끝장났다고 말하는 사람은 자기 자신을 일방적인 피해자로 생각할지 모르지만 여기에는 자신이 '아무것도 할 수 없는 무기력하고 무능력한' 상태임을 인정하는 토대가 깔려 있는 겁니다.

'때문에'를 사용해 말하면서 "나는 잘못이 없어요!"라고 주장하고 싶은 마음은 어느 정도 이해가 가지만, 그러면 그 사람은 그 관계 안에서 어떤 역할을 했나요? 또는 어떤 역할을 하지 않은 걸까요? 꼭 다른 사람에게 하는 말에서 '때문에'를 빼는 경우만이 아니라, 당신이 당신 자신의 삶을 바라볼 때도 이 부분을 곰곰이 생각해보면 좋겠습니다.

좋든 싫든 자신이 책임질 수 있는 부분이 있어야만 다음에 똑같은 실수를 반복하지 않을 수 있습니다. 백 퍼센트 상대방 때문에, 상황 때문에 망했다고 결론지어버린다면 다음에 또

다시 이상한 상대방이나 상황을 만나지 말라는 보장이 없기에 똑같은 실패를 겪게 될 가능성이 큽니다. 단 1퍼센트라도 좋으니 당신이 받아들여야 하는 책임, 당신의 몫을 생각해보면 좋겠습니다. 혹은 '덕분에'라는 비밀 병기를 이용해 "당시 환경 덕분에 일을 접어야 했습니다"라는 표현으로 전환해보는 건 어떨까요. 그 순간, 상황을 긍정적으로 바라볼 수 있는 희미한 빛이 비쳐 들어옴을 느끼게 될 겁니다.

마지막으로 조심할 표현은 '그런데/하지만'입니다.

'하지만'이라는 단어는 앞에서 애써 가꾸어놓은 관계 형성의 토대를 한 방에 날려버릴 수도 있는 강력한 힘을 가졌습니다. 정신과 의사 데이비드 번즈의 책 『관계 수업』에서 중요하게 생각하는 대화 기법 가운데 '무장 해제 기법'이 있습니다. 여기에서는 상대방의 말을 열심히 듣고, 그 가운데 담긴 일말의 진실을 찾아내어 "그래, 그래. 자네 말이 맞아!"와 같은 이야기를 합니다. 심지어는 "너, 참 바보 같다. 그런 실수를 하다니!"처럼 소화하기 어려운 말에 대해서도 "그래, 네 말도 맞아. 내가 참 바보 같았지?"와 같은 방식으로 부분적으로 수긍해주는 겁니다. 이처럼 자기 말에 맞장구쳐주는 상대를 보면서 잔뜩 힘이 들어갔던 얼굴에서 독기가 빠져나가고 비로소 여유를 찾은 모습이 드러납니다.

이 천금 같은 기회를 밟아버리는 단 한마디 말이 있으니,

바로 '그런데'입니다. '그런데'나 '하지만' 같은 말들은 무장 해제 기법까지 써가며 적극적으로 대화에 임하던 바로 그 사람이 사실은 자기변호를 하는 중이라는 걸 보여줄 따름입니다. 게다가 앞에서 맞장구쳤던 것도 뒤에 하는 이야기들을 하기 위한 방책으로 그리 한 것뿐이라는 심증을 제공합니다. 그러면 앞에서 했던 모든 노력, 열심히 듣고 일말의 진실을 찾아 그 이야기를 건네는 등의 온갖 수고를 다 했던 것이 한순간에 모두 수포로 돌아갑니다. 그러니 '하지만/그런데'라는 말은 되도록 하지 않고 사는 편이 나을 것 같습니다. 그래도 꼭 이런 의미의 말을 사용하고 싶다면 차라리 '그리고'라는 말을 쓰는 게 백번 낫습니다.

"네가 열심히 노력한 건 알겠어. 하지만 성적은 별로 안 좋았어."

"네가 열심히 노력한 건 알겠어. 그리고 성적은 별로 안 좋았어."

같은 말이기는 하지만, 위의 말을 듣는 사람은 뒷부분에 가서 마음에 깊은 상처를 입기 쉽습니다. 반면, 아래의 말을 듣는 사람 역시 상처를 입을 수는 있지만 최소한 비난받는다는 생각은 좀 덜할 겁니다.

이렇게까지 말조심하면서 상대방에게 이야기해야 하는 이유가 무엇이라고 생각하세요? 상대방에게 잔뜩 화가 나서 절대로 좋은 대접을 해주고 싶지 않은 상황에서조차 그 사람에게 공손하고 부드럽게 이야기해야 할 이유가 있습니다. 그것은 바로 자기 자신 때문입니다. 상대방을 위해서가 아니라 자기 자신을 위해 조심스럽게 말해야 하지요. 상대방을 잘 대해주는 동안 그에게도 당신을 잘 대하도록 기준을 제시해주는 겁니다.

협상전문가인 스튜어트 다이아몬드에 따르면, 서로를 나쁘게 대하는 팀은 협상에서도 대부분 나쁜 결과를 냈다고 합니다. 나쁜 결과는 상대방에게만 안 좋은 것이 아니라 자기 자신에게도 안 좋습니다. 같은 말이라도 정중하고 친근하게 표현해야 하는 것도 그래서입니다. 다이아몬드는 "만일 협상의 자리에서 내가 백 퍼센트 맞고 상대방은 백 퍼센트 틀렸다고 하더라도 상대방을 존중해야 한다"라고까지 말합니다. 적대적 상황이라도 상대방을 친근하게 대하면 한결 분위기가 나아질 수 있기에 그렇다고 그는 말합니다.

상대방을 막 대하고 함부로 짓밟으려 하면서 '이것이 나의 방법이며, 이렇게 기선 제압을 해야만 한다', '목소리가 커야만 한다'라고 생각하는 사람이 아직도 있나요? 당신이 당신 자신을 보는 시각이 다른 사람과 나누는 이야기들에 반영된다는 사실을 잊지 말아야 합니다. 미국의 가수이자 시민운동가인 오데타는 "자신을 긍정적으로 바라볼수록 남을 밟고 올라설 필요가 없어진다"라고 말했습니다. 남을 짓밟으려 드는 사람은 자신을 전혀 긍정적으로 바라보지 않고 있다고 공개적으로 고백하는 것과 다름없습니다. 아, 물론 그런 고백이 필요한 시점도 있습니다. 그렇지만 그런 이야기는 조용하고 은밀하게 털어놓아야 하는 이야기이지 물건 집어 던지듯 말할 내용은 절대 아닙니다.

괜
찮
아
쓰담
쓰담

CHAPTER

02

내가
나에게 하는 말

Counseling
10

건강한 혼잣말과 위험한 혼잣말

내담자

혼잣말로 중얼거리는 습관을 고쳐야 할까요?

정신과 의사

혼잣말이라고 해서 다 나쁜 건 아닙니다.
조현병 증상인 혼잣말은 위험하지만,
건강한 혼잣말도 있습니다. 건강한 혼잣말은 오히려
자존감을 높이는 데 도움이 되고 대인관계를 원활하게
유지할 수 있도록 도와줍니다.

정신과 의사: "오늘 아침에 눈을 뜨자마자 자기 자신에게 제일 먼저 무슨 이야기를 건넸는지 기억하시나요?"

내담자: "음, 자신에게 말을 건다고요? 혼잣말로 중얼거리는 건 상당히 심각한 문제라고 생각했는데, 그게 아닌가요?"

물론 그럴 수도 있습니다. 혼잣말을 주된 증상으로 하는 정신적인 병 가운데 잘 안 낫고 오래가는 것으로 유명한 '조현병'이 있기 때문입니다. 그러나 엄밀히 말하자면, 조현병의 혼잣말은 실제로 혼자 하는 말이라고 보기는 어렵습니다. 그보다는 귓속에서 들리는 누군가의 소리와 주고받는, 일종의 '대화'인 경우가 많습니다. 그러므로 혼잣말 자체를 심각한 병의 증상으로 볼 필요는 없습니다. 자기 자신과 대화를 나누고 있다는 걸 분명히 인지한다면 이런 식의 대화는 오히려 도움이 될 수도 있기 때문입니다.

외국에서 진행된 사회 심리 실험 가운데 재미있는 실험이 있습니다. 남녀 한 쌍을 짝으로 묶어서 일정 기간 가까이에서 생활하게 하는 겁니다. 이 실험이 진행되면서 서로 사랑에 빠진 사람들도 있었고, 그중에는 결혼에까지 성공한 커플도 있었습니다.

아리스토텔레스의 말대로, 인간은 사회적 동물입니다. 어려서 우리는 부모님의 절대적인 영향을 받고 자랍니다. 좀 더 성장한 뒤에는 친구의 영향을 받습니다. 그리고 좀 더 나이가 들면 직장 등 자신이 놓인 사회적 상황에서 다른 사람들과 복잡다단한 관계를 통해 영향을 받습니다.

사람들과 영향을 주고받을 때 작용하는 여러 가지 요소가 있지만, 그중에서도 함께하는 시간은 매우 큰 역할을 합니다. 위의 실험에서 본 것처럼 함께 지낸 시간이 많으면 많을수록 어떤 형태로든 관계는 깊어집니다. 그런데 우리가 더불어 지내는 시간이 가장 많은 사람 가운데 가장 쉽게, 그리고 자주 잊히는 사람이 있습니다. 그가 누구인지 아시나요? 그건 다름 아닌 바로 '자기 자신'입니다.

당신이 당신 자신과 맺는 관계는 당신이 다른 사람들과 맺는 관계에 큰 영향을 미칩니다. 당신 자신과 사이가 좋은 사람은 다른 사람들과도 사이좋게 지낼 가능성이 큽니다. 반대로, 자기 자신과 잘 지내지 못하는 사람은 다른 사람과도 잘 지내지 못할 가능성이 큽니다.

여기, 방금 큰 실수를 저지르고 나서 당황하고 있는 두 사람이 있다고 가정해봅시다. 그중 한 사람은 자기 자신과 비교적 건강한 관계에 있습니다. 그렇게 대단한 건 아니지만, 그래도 나름 괜찮은 구석이 많은 친구라고 사평합니다. 또 한 사람은 자기 자신에 대해 못마땅한 부분이 너무도 많습니다. 어쩔 수 없어서 끼고 살기는 하지만, 정말이지 마음 같아서는 멀리 내다 버리고 싶다는 생각을 할 때가 한두 번이 아닙니다. 실수를 저지른 직후, 이 두 사람이 각각 자신에게 이렇게 말합니다.

① "정말 큰 일이네! 자, 이제 어쩐다? 그래, 한 번에 하나씩만 생각하자. 먼저, 심호흡부터 좀 하고……. 찬찬히 방법을 찾아보자고."

② "내 이럴 줄 알았어. 참 해도 너무한다! 진짜 병신이 따로 없네. 이제 어쩔 거야, 응? 일을 완전히 다 망쳐버렸잖아!"

누가 이런 말을 했는지 굳이 설명하지 않아도 누구나 금방 알 수 있을 겁니다.

그러면 이 말들이 내뱉어진 이후를 한번 상상해볼까요?

- 실수가 벌어지고 30분 후, 둘 중 누구의 마음이 더 비참할까요?
- 실수한 뒤 3시간이 지났습니다. 둘 중 누구의 상황이 조금이라도 더 나은 방향으로 변화해갈까요?
- 이 일로부터 3년이 지났습니다. 둘 중 자기 삶에 대한 만

족도가 더 높은 사람은 누구일까요?

물론 자기 자신을 채찍질하고 격려해서 더 좋은 결과를 내고자 자신에게 맵고 독한 말을 뱉는 것 그 자체를 금하는 것은 아닙니다. "달리는 말에 채찍질한다"라는 말도 있듯이, 꼭 필요할 때 적절히 사용하는 채찍질은 분명 성장과 발전에 도움이 됩니다. 채찍질 당한 말처럼 좀 더 열심히 달리게 되고, 좀 더 나은 결과를 얻게 될 가능성도 커집니다.

그러나 어떤 경우에도 반드시 말의 상태를 잘 살피고 세밀하게 고려해서 최대한 절제해가며 사용해야 하는 것이 바로 '채찍질'이기도 합니다. 이미 놀라고 당황한 데다 기진맥진한 말이라면 반복해서 내려치는 채찍질이 도움이 되기는커녕 해가 되기 쉽습니다. 말을 지레 움츠러들게 하거나, 이미 지칠 대로 지친 말의 피로를 가중하여 자칫 쓰러지게 할 수도 있기 때문입니다.

재미있게도, '말(馬)'과 '말(言)'의 발음이 같군요! 그렇습니다. 우리가 입 밖으로 내뱉는 '말', 마음속 '말'도 마찬가지입니다. 달리는 말처럼 우리의 말도 세밀한 보살핌이 필요하고, 아량과 절제가 필요합니다.

Counseling
11

자신에게 건네야 할 말 '힘들어해도 괜찮아!'

내담자

아무리 힘들고 고통스러워도
힘든 내색을 하면 안 되는 건가요?

정신과 의사

그렇지 않습니다. 무조건 참지 말고 힘들면 힘들다고
표현하세요. 얼마든지 힘들어해도 괜찮아요!
높은 산을 오를 때도 힘들면 잠시 쉬어 가잖아요.
손수건으로 땀을 닦고, 시원한 물 한잔 들이켜고,
한참 동안 쉬었다 가잖아요. 마음껏 힘들어하세요.
다시 힘이 날 때까지……!

"힘들어해도 괜찮아!"

힘들고 지쳤을 때 자신의 어깨를 토닥이며 이 말을 건네보라고 저는 종종 내담자들에게 권유하곤 합니다.

살다 보면, 누구나 힘든 상황에 맞닥뜨릴 수 있습니다. 우리 인생은 멋진 자동차가 달리는 탄탄대로보다 크고 작은 자갈이 깔린 좁고 굴곡진 시골길을 더 많이 닮았기 때문입니다. 물론 묵묵히 그 길을 걷다 보면 좀 덜 울퉁불퉁한 길도 나올 테고, 운이 좋으면 근사한 꽃길도 만나겠지요. 하지만 모든 길이 평탄한 길, 꽃길일 수는 없습니다.

죽을 것처럼 힘든데, 힘들어하지 말라고 이야기하는 것은 전혀 도움이 되지 않습니다. "힘내라!"라는 말도 마찬가지입니다. 힘들어하는 사람에게 이 말은 이따금 도움이 되기도 하지만, 전혀 도움이 되지 않을 때도 적지 않습니다. 누군들 힘내고 싶은 마음이 없어서 안 내겠습니까? 아무리 애를 써도 안 되는데, 지칠 대로 지쳐서 힘겹게 달리는 말을 채찍질하듯 자꾸 힘내라고 말하면 오히려 진이 빠져 주저앉아버릴 수도 있습니다. 이것저것 다 해봤으나 도저히 안 되니까 더 지치고 힘들어하는 사람이라면 이렇게 말해주는 것으로 충분합니다.

"괜찮아, 괜찮아! 힘들어해도 괜찮아! 지금은 누구라도 힘들 만한 상황이잖아!"

이 말 외에 무슨 말이 더 필요하겠습니까! 이렇게 말해줄 따뜻한 마음을 지닌 누군가가 곁에 있다면 그것만으로도 당신은 운이 좋은 사람입니다. 그러나 만일 그렇지 못하다면 당신이라도 자신에게 '힘들어해도 괜찮아!'라고 말해주어야 합니다.

아니면, 이런 말을 해주는 것도 좋습니다.

'불안하면, 우울하면, 걱정되면 좀 어때! 그래서 뭐, 어쩌라고!'

약간의 '배 째라 정신'으로 이 말을 하면 좋겠습니다. 자기 자신에게 '사는 동안 단 한 순간도 불안하면 안 된다'라고 말하지 않으면 좋겠습니다. '나는 절대로 우울해져서는 안 된다'라고 말하지 않으면 좋겠습니다. '내 삶에는 걱정할 일이 하나라도 있으면 안 된다'라고 말하지 않으면 좋겠습니다.

도저히 도달할 수 없는 목표를 세워놓고 자신을 지나치게 채찍질하며 사느라 정작 중요한 것들을 놓쳐버리지 않기를 바랍니다. 물론, 목표를 향해 매진하는 삶 자체를 부정하거나 깎아내리려고 하는 말은 절대 아닙니다. 그런 노력과 분투는 그 자체로 의미가 있고 값집니다. 그와는 별개로, 때때로 우리는 자기 자신을 관대하게 대해주고 따뜻이 보듬으며 공감해줄 필요가 있습니다.

살다 보면 불안할 때도 있고 힘들 때도 있게 마련입니다. 인생을 살면서 단 한 번도 우울해보지 않은 사람은 아마 없을 겁니다. 걱정거리가 하나도 없는 인생 또한 상상하기 어렵습니다. 우리 인생에 어쩔 수 없이 드리워지는 그늘이라면 '그래, 이 일이 그렇게 즐겁지는 않지만, 그래도 내 인생의 한 부분이니까!' 하며 멋지게 받아들이고 넘어가라고 조언해주고 싶습니다. 그리고 자기 자신에게 이렇게 말해주는 겁니다.

"그래, 잘했어! 이렇게 또 한 발짝 내딛는 거지!"

Counseling
12

말 한마디로 진정 원하는 것을 얻고자 한다면?

— 진실하게 말하기 몸으로 말하기

내담자

제가 진정으로 원하는 게
무엇인지 알려면 어떻게 해야 할까요?

정신과 의사

자신과 대화해보세요. 말이 잘 통하는 친한 친구와 대화하듯 무엇이든 망설임 없이 물어보고 답하는 겁니다. 그렇게 자기 자신과 허심탄회하게 이야기 나누다 보면 당신이 진짜 원하는 게 무엇인지 차츰 깨달아가게 될 겁니다.

"말을 통해 무엇이든 당신이 원하는 것을 얻을 수 있다." 이 말, 참 매력적이지 않나요? 다른 한편으로는 "로또 당첨 번호를 미리 알려드립니다"와 같은 허황한 약속으로 들릴 수도 있습니다. "말 한마디로 천 냥 빚도 갚는다는데……"처럼 혹시나 하는 기대를 하게 되기도 합니다.

궁금증으로 솔깃해진 분들을 위해 결론을 먼저 말하자면, 맞는 말입니다. 우리는 말을 통해 실제로 원하는 것을 얻을 수 있습니다. 이를 위해 알고 넘어가야 할 것, 분명하게 짚고 가야 할 것들은 물론 있습니다. 그러나 원하는 것을 얻을 수 있다는 점만은 분명합니다.

원하는 걸 얻고자 한다면 무엇보다 먼저 자신이 진정으로 원하는 것은 무엇인지를 알아야 합니다. 너무도 뻔한 답변으로 들려서 어쩌면 약간 김이 빠질 수도 있습니다. 그런데도 다시 한번 자신에게 진지하게 묻습니다. '네가 네 삶에서 진정으로 원하는 것은 무엇이니? 반드시 손에 넣고 싶어서 애를 쓰는 것은 무엇이니? 네가 간절히 바라는 게 무엇인지 지금 이 자리에서 설명해볼 수 있겠니?'라고.

"네가 진정으로 원하는 게 무엇이니?"라는 질문을 타인에게 가장 자주 던지게 될 때는 아무래도 청소년들과의 상담시간입니다. 이때 아이들에게 던져야 할 가장 중요한 질문은 "네가 진짜 원하는 삶은 어떤 거니?"입니다. 이 질문은 스트레스받아서 힘들고 지친 아이들에게 다친 마음을 '호~' 하고 불어주는 일 못지않게 중요합니다. 처음에는 '무슨 케케묵은 꿈 타령인가?', '지금이 한가하게 꿈 따위나 생각하고 말고 할 상황인가?' 하는 식의 냉담한 반응이 나올 수도 있습니다.

그렇지만 사람은 기본적으로 무언가를 바라는 존재입니다. 당신이 원하는 것, 당신이 바라는 삶, 당신이 꾸는 꿈은 지쳐서 잠시 잊을 수는 있어도 완전히 사라지지 않습니다. 아, 물론 마음이 아주 많이 아픈 사람 중에는 간혹 꿈을 잃어버린 채 살아가는 사람도 없는 건 아닙니다. 그런 사람들을 만날 때 가장 안타깝지요. 자신이 무언가를 바랄 수 있다는 가장 기본적인 사실조차 잊고 사는 사람은 그만큼 힘든 시간을 보냈을 가능성이 큽니다. 그러므로 무언가를 바라거나 꿈꿀 수 있다는 걸 알려주면서 바닥부터 새로 시작해야 하니까 당신도 상대방도 힘이 드는 겁니다.

바라는 것은 다른 말로 '열정'이라고 할 수 있습니다. 미국의 방송인으로 유명한 오프라 윈프리는 '열정 전도사'로도 유명합니다. "열정을 따르세요. 내 사랑의 대상을 꼭 확인하세요. 여러분이 정말로 누구인지를요"라는 그의 말은 사람들이 어디로 가야 할지를 분명히 정하도록 격려하고 돕는 유명한 말이 되었습니다. 자신이 바라는 것을 오프라 윈프리는 '내 사랑의 대상'이라고 말합니다. 상대방이 무엇을 사랑하는지 알면 그가 누구인지도 알 수 있습니다. 동물을 사랑하는 사람인지, 돈을 사랑하는 사람인지 곰곰이 따져보면 그 사람의 정체성이 분명해집니다.

커뮤니케이션 코치로 구글, 인텔, 휴렛팩커드 등 유명 회사들에서 강의하는 카민 갤로(Carmine Gallo)는 자신의 책 『TED 어떻게 말할 것인가』에서 열정을 "자기 생각을 반드시 타인과 나누고픈 강박"이라고 정의했습니다. 그것이 무엇이든 한 가지 주제에 대한 열정과 집념으로 시원한 얼음물처럼 다가오는 것, 가슴을 뛰게 하는 것, 자기 정체성을 규정하는 핵심적인 것을 열정이라고 부릅니다. 그렇듯 온 존재를 기울여 바라는 것이 무엇인지에 대하여 제대로 대답할 수 있다면 그것만으로도 이미 절반은 완성된 셈입니다.

자, 글을 좀 더 읽기 전 이쯤에서 당신 자신에게도 질문을 던져보면 좋겠습니다. 자신이 진정으로 바라고 소망하는 것이 무엇인지, 절실하게 꿈꾸는 것은 또 무엇인지에 대한 분명한 대답을 품고 있어야 합니다. 그러나 청소년은 말할 것도 없고 어른들도 이에 대한 명확한 자기만의 답을 지닌 경우가 드뭅니다.

모든 질문에 지금 바로 대답하지 않아도 좋습니다. 다만, 이 질문이 우리 삶에 꼭 필요하다는 것만은 잊지 않으면 좋겠습니다. 뭔가를 간절히 바라고 꿈꾸는 열정은 삶을 원활히 굴러가게 하는 에너지와도 같습니다. 정기적으로 충전해두어야만 그 힘으로 당신의 인생을 원하는 곳, 원하는 방향으로 끌고 갈 수 있습니다.

『어떻게 원하는 것을 얻는가(Getting more)』의 저자이자 와튼스쿨 교수이며 협상전문가로 잘 알려진 스튜어트 다이아몬드는 이를 '목표를 분명히 하라'라는 원칙으로 제시했습니다. 협상을 통해 서로 이익을 얻는 것은 분명 중요합니다. 그러나 이익의 정확한 의미가 무엇인지 알지 못한다면 당장 그 의미를 깨닫고 분명한 목표를 세우는 일부터 시작해야 합니다.

자신이 바라는 것을 얻으려고 다른 사람들과 협상할 때, 그 협상을 통해 얻고자 하는 것이 목표가 됩니다. "겉으로 드러나는 표면적인 이익보다 그 안에 숨겨진 진짜 목표를 찾아야 한다"라는 말은 그를 통해 자신이 진정 원하는 것이 무엇인지를 아는 것과 같은 맥락이라고 생각합니다.

그러면 이제는 자신이 원하는 것을 어떻게 얻을지를 배우는 실전연습으로 들어가겠습니다. 자신이 원하는 것이 눈앞에 있어서 손만 뻗으면 되는 꿈같은 일은 거의 없습니다. 대개 자신이 원하는 걸 가지려면 그에 맞는 노력을 기울여야 합니다. 열심히 노력하되 올바른 방향으로 꾸준히 나아가야 뜻을 이룰 수 있습니다. 여기서 '제대로' 노력한다는 것은 진정성이라는 철학적 개념과 맞닿습니다.

카민 갤로는 말하기의 아홉 가지 비밀을 꼽는데, 그중 맨 마지막에 꼽은 것이 바로 '진정성'입니다. 그는 이렇게 말합니다.

> 진정성을 가지고 자신을 투명하게 열어 보이라. 사람들은 가짜를 잘 알아차린다! 나 자신이 아닌 다른 누군가나 무언가가 되려고 한다면 듣는 이의 신뢰를 얻지 못할 것이다.

이 말을 다른 사람에게 하는 말로만 여기고 넘기지 않기를 바랍니다. 앞에서 자기 자신에게 '내가 정말로 간절하게 바라는 건 뭐지?'라는 질문을 던져보도록 권한 것과 같은 맥락에서 자기 자신조차 자신에게 속지 않는다는 걸 명심해야 합니다.

사실은 자신이 바라는 게 아닌데도 남들이 바라니까 자신도 바란다고 여긴다면 마음 깊은 곳의 자아는 그게 사실이 아님을 알고 좀처럼 움직이려 하지 않을 겁니다. 거의 모든 사람이 좋아하는 돈을 생각해보면 더욱 그렇습니다. 남들이 모두 돈을 원하는 것처럼 보이니 자신도 덩달아 돈을 원한다고 생각하기 쉽습니다. 그러나 과연 자신이 정말 돈을 추구하는지 진지하게 묻고 생각해보아야 합니다. 그 돈을 통해 당신이 진정으로 얻고 싶은 것이 무엇인지 곰곰이 생각하고 고민해보아야 합니다. 편안함인지, 안정감인지, 사랑인지 따져보아야 합니다.

Counseling
13

"화내지 마세요"라고 말하는 대신 "당신은 웃는 모습이 훨씬 아름다워요!"라고 말하라

내담자

어떻게 하면 상대방에게 상처 주지 않으면서도 분명하게 제 의사를 전달할 수 있을까요?

정신과 의사

긍정 표현을 사용하세요. 같은 내용도 부정적인 표현을 써서 전달하거나 책망하듯 말하면 반감만 사기 쉽습니다. "화내지 마세요"라고 말하는 대신 "당신은 웃는 모습이 훨씬 아름다워요!"라고 말해보세요.

자신이 바라는 것이 무엇인지 분명하게 정리한 상태에서 진실을 말한다면 듣는 이는 관대해집니다. 1,500만 부 넘게 팔린 책 『인간관계론』으로 널리 알려진 데일 카네기는 "누구의 삶이든 진실한 내면의 이야기는 가장 재미있는 법이다. 잘난 척해서 상대에게 불쾌감을 주지 않고 점잖게 말한다면 그것만큼 확실한 대화의 기술도 없다"라고 썼습니다.

당신이 바라는 것을 줄 수 있는 사람이나, 혹은 줄지 안 줄지 잘 모르지만 당신이 갖고 싶은 것을 가진 사람에게 이야기할 때 꼭 필요한 것은 무엇일까요? 그 사람과 진심으로 좋은 관계를 맺고 유지하고 싶어 하는 마음입니다. 그러나 대다수 사람은 관계를 맺고 싶어 하는 척만 합니다.

여기서도 진심은 통합니다. 신뢰는 대인관계에서 가장 중요한 요소입니다. 신뢰는 상대방에게 자신을 드러내는 만큼만 자라납니다. 당신이 어떤 모습이든 속이거나 감추지 않고 솔직히 드러낼 때 사람들은 당신을 신뢰하게 됩니다. 상대방이 당신을 사랑하는지, 아니면 당신이 가진 그 무엇을 원하는지가 잘 안 보일 수도 있습니다. 그러나 시간을 두고 조용히 지켜보다 보면 차츰 보이기 시작합니다.

어렵고 멀리 있는 것만 생각하려 애쓸 필요도 없습니다. 동네에 생긴 작은 식당을 떠올리는 것만으로도 충분합니다. 예컨대, 오로지 돈을 벌기 위해서만 존재하는 식당과 손님들을 진심으로 귀하게 여기고 배려하는 식당과의 차이를요. 생계를 위해 식당을 하는 것 그 자체는 아무 문제가 되지 않습니다. 무료 급식소가 아닌 바에야 식당을 하면서 돈을 잘 벌면 당연히 좋을 뿐 아니라 잘 벌어야 하지요. 장사가 잘되는 식당에는 분명 그 식당만의 비법이 있게 마련이니까요.

중요한 것은 식당 주인이 무엇을 바라보고 무엇을 추구하는가입니다. 오로지 돈벌이만 생각하는 식당과 손님을 위한 맛있는 음식, 건강한 식단을 늘 생각하고 궁리하는 식당은 지금 당장은 비슷해 보일지 몰라도 1년 뒤, 혹은 5년 뒤에는 엄청난 차이가 나게 될 겁니다.

자신이 진정 원하는 것이 무엇인지 알게 된 다음, 진심을 담아 이야기하는 것까지는 명확히 이해되었지요? 그다음에는 '몸으로 하는 이야기'가 따라옵니다. 설득력을 가진 신체언어에 대한 연구는 매우 많습니다. 그중에서도 『어떻게 말할 것인가』에 실린 슈퍼마켓 연구는 우리 주변에서 흔히 볼 수 있는 장면인 동시에 지금 당장에라도 써먹을 수 있는 자료이기도 해서 여기에 소개해보려고 합니다.

밥 페니스(Bob M. Fennis)와 매리엘 스텔(Marielle Stel)은 슈퍼마켓에서 손님들에게 크리스마스 시탕을 판매하는 실험을 진행했습니다. 그들은 실제 판매자가 아닌 연기자가 다양한 방법을 써서 팔게 하면서 그 결과를 비교하고 분석했습니다. 그 결과, 가격을 깎아주거나 장점을 설명하는 판매 전략을 취할 때 가장 효과적인 방식이 바로 '열성적 비언어(eager nonverbal)' 방식이었다고 합니다. 이 방식에 해당하는 태도로 다음의 3가지를 꼽을 수 있습니다. 첫째, 생동감 있고 큼직하며 개방된 움직임. 둘째, 바깥을 향해 열린 방향으로 움직이는 손. 셋째, 적극성을 띠고 앞으로 몸을 기울인 자세가 그것입니다. 또 다른 예로는, 2009년 《유럽 사회심리 저널(The European Journal of Social Psychology)》에 실린 실험이 있습니다. 연구진은 가짜 입사시험에 참여한 피험자들에게 이력서를 작성하면서 똑바로 앉거나 구부정하게 앉을 것을 지시했는데, 바른 자세로 앉아 이력서를 작성한 사람이 구부정하게 앉은 사람보다 자신을 더 긍정적으로 보았다고 합니다.

자세에 따라 자기 자신에 대한 평가가 달라진다는, 오래전부터 잘 알려져왔지만 과연 사실일까에 대해 의심했던 내용이 과학적으로 입증된 실험입니다. 정신의학에서도 몸을 통해 마음을 조율하는 접근을 시도합니다. '점진적 근육 이완법(Progressive Muscle Relaxation)'은 우리 몸의 근육을 여러 군으로 나누어 힘을 주었다가 푸는 걸 반복해 연습하는 방법입니다. 이를 통해 어떤 근육에 긴장이 들어가 있는지, 긴장이 빠져나간 근육은 어떤 상태가 되는지를 생생히 확인하게 됩니다.

근육을 풀어준다는 둥 이런 이야기를 들으면 마치 몸만 풀어주는 것 같지만, 이 과정을 통해 마음도 이완됩니다. 원리는 간단합니다. 마음이 느긋한 사람이라면 온몸이 자연스럽게 이완 상태에 있게 됩니다. 그러나 아무리 노력해도 마음을 느긋하게 먹을 수 없다면 거꾸로 시도해보는 겁니다. 즉, 몸을 이완시켜 느긋한 마음을 가지도록 노력해보는 거죠. 이는 '몸을 바꾸어서 마음을 바꾸는 방법'으로, 자신이 원하는 것을 얻기 위한 매우 효과적인 방법으로 활용할 수 있습니다. 몸이 먼저 열정적인 언어를 이야기하면 마음은 같은 열정을 품게 됩니다. 하버드 경영대학원의 사회심리학자 에이미 커디는 아예 대놓고 이렇게 이야기합니다.

> 몸을 어떻게 쓰느냐에 따라 사람들의 인식을 바꿀 수 있다. 자세를 바꾸는 것만으로도 자신에 대한 느낌이 달라진다. 그렇게 할 수 있을 때까지 그런 척하고, 실제로 그런 사람이 될 때까지 그런 척하라.

그러면 이제 자신이 할 수 있는 것의 맨 마지막 항목으로, '상대방의 마음 읽기'에 대해 설명하겠습니다. 당신이 원하는 것을 얻으려면 당신 앞에 있는 상대방의 머릿속 그림을 그려볼 수 있어야 합니다. 협상전문가 스튜어트 다이아몬드의 이야기를 들어봅시다.

> 상대방의 기분과 처지를 이해하는 것이 얼마나 중요한지…… 그 사람의 머릿속 그림을 그려보는 것은 바로 원하는 것을 얻는 협상의 지름길이다.

행복한 사람은 당신이 원하는 것을 줄 가능성이 큽니다. 그러므로 당신이 원하는 것을 얻기 위해서는 먼저 상대방을 행복하게 해주어야 합니다. 앞에서 이야기한 작은 동네 식당을 떠올려보시면 좀 더 쉽게 이해가 될 겁니다. 작은 식당에서 행복한 식사를 한 사람은 그 가게를 또다시 찾을 가능성이 큽니다. 그리고 옆 사람에게 그 식당에 같이 가보자고 제안할 가능성도 큽니다.

행복한 식사는 무엇일까요? 바쁜 점심시간을 쪼개어 식사해야 하는 직장인에게는 어쩌면 '정확한 타이밍'이 행복일지 모릅니다. 여유로운 분위기와 맛에서 행복을 발견하는 사람도 있을 것이고, 몸에 좋은 음식을 먹는다는 데서 행복을 발견하는 사람도 있을 겁니다. 식당 주인은 자신이 생각하는 행복한 식사가 무엇인지 자기만의 목표를 정할 필요가 있습니다. 그리고 자기 가게를 찾는 사람들의 마음을 읽고자 노력해야 합니다.

한쪽만 일방적 이득을 취하는 관계는 오래 지속하기 어렵습니다. 성공적인 관계를 유지하려면 가치가 다른 대상을 교환해야 합니다. 앞의 식당 주인은 맛있는 음식과 행복한 시간이라는 가치를 제공하고, 식당을 찾은 손님들은 이에 대해 대가를 지급하는 방식으로 관계를 유지합니다. 가치 교환에서는 상대방을 존중하거나 아주 작은 도움을 주는 일처럼 사소한 부분까지도 교환 대상에 포함될 수 있습니다.

마지막으로 '표현 방식'이 남아 있습니다. 모든 표현은 긍정 형태로 표현할 때 더 잘 먹힙니다. 월간지 《좋은 생각》에 실린 일화입니다. 한 세차장에 "주의에 따르지 않은 파손은 책임지지 않습니다"라는 경고문이 적혀 있었지만, 사이드미러를 접지 않아 파손되는 차들이 종종 있었습니다. 한데, 이 경고문을 "고객의 소중한 차를 지켜드리고 싶습니다. 안내에 따라주세요"라고 바꾸자, 놀랍게도 파손이 반으로 줄었다고 합니다. "화내지 마세요"라는 안내문보다는 "웃는 모습이 더 좋아요"라는 안내문이 가슴에 더 와닿지 않나요?

긍정의 말에 반응하게 되는 우리 마음은 조건화의 토대에 뿌리를 두고 있습니다. 그렇지만 복잡한 심리학 이론과 실험을 굳이 들먹이지 않더라도 고래조차 춤추게 한다는 칭찬의 힘을 우리 모두 잘 알고 있습니다. 긍정으로 하는 이야기들이 더 잘 들리는 것도 그래서입니다. 당신이 상대방에게 칭찬을 듣고 싶다면 그 이야기를 당신의 옆에 있는 사람에게 들려주세요. 행복해진 그 사람은 당신이 당신의 삶을 통해 꿈꾸고 이루고자 하는 것을 향해 힘차게 나아갈 수 있도록 돕는 손길이 될 것입니다.

타인의 아름다움 (메리 헤스켈)

타인에게서 가장 좋은 점을 찾아내어
그에게 이야기해주십시오.

우리 누구나 그것이 필요합니다.
우리는 타인의 칭찬 속에 자라왔습니다.
그것이 우리를 더욱 겸손하게 했습니다.

그 칭찬으로 하여
사람은 더욱 칭찬받을 만해지려고
노력하는 것입니다.

진실한 의식을 갖춘 영혼은

자신보다 훨씬 뛰어난 무엇을 발견해낼 줄 압니다.

칭찬이란 이해입니다.
근본적으로 우리는 누구나 위대하고 훌륭합니다.
누군가를 아무리 칭찬한다 해도 지나침은 없습니다.

타인 속에 있는 위대함과 아름다움을 발견하는
눈을 기르십시오.

그리고 찾아내는 대로 그에게 이야기해줄 수 있는
힘을 기르십시오.

Counseling

14

습관을 바꾸면 말이 달라지고 말을 바꾸면 인생이 달라진다

내담자

제 안의 나쁜 생각과 나쁜 말들을 뿌리 뽑으려면
어떻게 해야 할까요?

정신과 의사

가장 좋은 방법은 좋은 습관, 좋은 말들을
마음 밭에 뿌리고 가꿔
무럭무럭 자라게 하는 일입니다.
그러는 사이 신기하게도 나쁜 습관, 나쁜 말들은
감쪽같이 사라지고 없을 겁니다.

정신건강의학과 의사로 병원에서 일하다 보면 많은 사람을 만나게 됩니다. 그들 중 적지 않은 이들이 마음에 상처를 입은 채 아파 어쩔 줄 몰라 하며 지푸라기라도 잡아보겠다는 심정으로 병원을 찾아옵니다. 가슴이 철렁할 만큼 깊이 팬 상처를 갖고 오는 사람도 있고, 처음엔 작은 상처였을 텐데 관리가 잘되지 않은 바람에 크게 덧나서 오는 사람도 있고, 겉으로는 사소해 보이지만 안쪽 깊은 곳에서 썩고 곪아 터지는 사람도 있습니다. 다치지 않았더라면 더 좋았겠지만, 후회한다고 돌이킬 수 있는 상처가 아니라면 지금이라도 지혜롭게 수습해야 합니다.

그런데 이렇게 뒷수습하는 과정에서 가만히 보면, 자기 자신이 상처에 크게 기여한 경우도 적지 않습니다. 그렇다면 일종의 '자해'를 했다는 의미일까요? 가끔은 그런 경우도 있지만, 이건 그렇게 흔한 일은 아닙니다. 인생의 상처가 좋아서 일부러 그걸 입으려는 사람은 없을 것이기 때문입니다.

자해가 아닌데, 자신의 상처에 기여했다는 것이 대체 무슨 소리인지 아리송한가요? 당신이 자주 하는 말들, 입에 달고 지내는 말의 습관들이 상처를 불러오는 경우가 더러 있다는 뜻입니다. 당신의 삶 속으로 상처를 쉽게 불러오는 말의 첫 번째 특징은 부정적인 것을 당연하게 생각하고, 긍정적인 것을 의아하게 여긴다는 점입니다.

"내 이럴 줄 알았어. 다음에도 또 이렇게 될 거야!"

여기, 이런 말을 습관적으로 내뱉는 사람이 있습니다. 이 말 자체는 나쁜 말도 좋은 말도 아닙니다. 그런데 이 사람이 이 말을 하는 경우가 어떤 상황인지에 따라 이 말은 나쁜 말이 되기도 하고 좋은 말이 되기도 합니다. 약속 시각이 다가와 허둥지둥 버스 정류장으로 향했는데, 당신이 타야 할 버스가 정확하게 도착했다고 가정해봅시다. 버스에 막 올라타는 순간, 당신이 이 말을 한다면 이는 좋은 말이 됩니다. 그러나 버스 정류장에 도착해서 방금 떠나간 버스 뒤꽁무니를 바라보며 이 말을 한다면 나쁜 말이 됩니다.

좋은 말이라는 건 금방 이해가 되겠지만, 대체 왜 나쁜 말이라는 건지 이해가 가지 않는다고요? 그렇다면 이렇게 생각해보면 됩니다. 버스를 코앞에서 놓치는 건 결코 즐거운 일이 아닙니다. 다음 버스가 올 때까지 어쩔 수 없이 기다려야 하고, 여차하면 중요한 약속에 늦을지도 모르게 되었으니 말입니다. 버스를 놓친 사건만으로도 이미 충분히 당신 마음속에서는 부정적인 기류들이 출렁이게 되었습니다. 그런데 여기에 한마디를 덧붙입니다.

"다음에도 또 이렇게."

그러면 당신의 마음은 다음에 벌어질 일들을 예상하기 시작합니다. 또 다른 버스 정류장에서 버스를 놓칩니다. 전철역에 막 발을 들여놓는데, 전철이 떠나갑니다. 조금 늦게 왔더니, 만나기로 한 사람이 화를 내면서 가버립니다. 아, 물론 이 일들은 현재 진행형으로 일어난 일들은 아닙니다. 그렇지만 당신의 마음속에서는 이 일들이 현재 진행형으로 일어나는 것과 다를 바 없습니다. 거울을 앞에 갖다 놓고 자기 얼굴을 들여다보다가 뒤에 더 큰 거울을 하나 더 갖다 놓아보세요. 거울 속의 당신이 또다시 거울에 반사되면서 당신의 모습이 무한대로 반복됩니다.

이처럼 당신이 지금 겪은 '버스를 놓친' 사건은 "다음에도 또 이렇게"의 한마디를 만나면서 무한대로 반복되고 확장됩니다. 그리고 이 일들이 실제 일어난 것인지, 그저 예상한 것인지, 다시 늦지 않으려고 일부러 한 생각들인지와 상관없이 당신 마음은 무한대의 부정적인 생각들 앞에 우울감으로 물들어버립니다.

당신의 삶에 벌어지는 일 중에는 당신이 책임질 수 없는 일도 많습니다. 약속 시각을 맞추려고 허둥지둥했던 그 사람에게도 단순히 '조금 더 빨리 일어났어야지' 식의 충고만으로 해결할 수 없는 수많은 이유가 있었을지 모릅니다. 자신의 의지와 상관없이 몸이 아팠을 수도 있고, 심각한 이야기를 전해오는 전화를 받았을지도 모릅니다. 그 일들에 대해서까지 다 책임지고 감당하기에는 우리의 힘이 부족한 경우가 많습니다. 그렇지만 자신이 내뱉는 말들에는 자신이 책임질 수 있는 영역이 훨씬 더 큰 부분으로 존재합니다.

습관이 되어서 자신도 모르게 튀어나오는 말들이 있다면 새로운 습관을 들이기로 하고 실천하면 됩니다. 새로운 습관이 자리 잡기까지 얼마의 시간이 걸릴까요? 평균 60여 일이 걸린다는 연구 결과가 있습니다. 자신도 모르게 툭 튀어나오는 습관의 말이 어떤 형태를 가지고 있으면 좋을지 미리 한번 생각해보면 좋겠습니다.

상처와 연결되는 두 번째 말의 특징은 지나친 자기 책망입니다.

"내 잘못이야. 다 내 탓이지."

이 말은 앞에서 소개한 "다음에도 또 이렇게"와 마찬가지로 그 자체로는 좋지도 나쁘지도 않은 말입니다. 때로는 이 말이 절실하게 필요한 시점도 있습니다. 아이들이 잘못한 것을 지적할 때 그 아이가 "제 잘못이에요, 잘못했어요!"라고 말하기를 기다려본 적이 있다면 금방 이해가 될 겁니다. 이럴 때 자기 잘못으로 받아들이는 것은 성숙한 태도지요. 그러나 아주

엉뚱하게 이 말을 사용하는 사람들이 있어서 문제입니다.

"그래, 내가 다 잘못했다. 그래서 어쩌라고?"와 같은 반응을 보이거나, "다 내 죄야. 날 죽여!"와 같이 극단적인 반응을 보인다면 문제는 더욱 심각해지겠죠.

상처 입기 쉬운 상태에 자기 자신을 두는 사람들은 거의 예외 없이 자기 잘못이 아닌 상황에서조차 자기 문제라고 말합니다. 그런 사람들의 심리에는 여러 가지 이유가 있습니다. 차라리 "모두 내 잘못"이라고 말해서라도 빨리 그 상황을 벗어나고 싶은 마음이 있을지도 모릅니다. 이렇게까지 말하는데 "이제 됐다"라며 넘어가주지 않는 상대를 비난하고 싶은 마음이 그에게 있을지도 모릅니다. 자식이 아픈 게 '다 내 잘못'이라며 자책하는 엄마의 마음에는 앞으로 '내가 잘할 테니 아프지 않았으면 좋겠다'라는 안타까움이 들어 있을지도 모릅니다. 이유야 어떻든, 이 말을 하는 사람의 마음이 고통으로 가득할 것은 불 보듯 뻔한 일입니다.

그러면 여기에서 아주 현실적인 생각을 해봤으면 좋겠습니다. 설령 '누군가의 잘못'이 백 퍼센트 확실하다 하더라도 잘못을 인정해서 달라질 게 없다면요? 병적인 우울증에 빠진 사람들이 겪는 증상 가운데 하나로 '지나친 죄책감'이라는 항목이 있습니다. 그들은 자기 잘못에 대한 죄책감을 겪되 마땅히 겪어야 할 죄책감보다 한껏 부풀려서 겪으며, 한발 더 나아가 자기 잘못이 아닌 것에 대해서도 죄책감으로 고통받습니다. 게다가 그들은 자신이 죄책감을 겪고 있다는 사실 때문에 또 다른 죄책감을 겪습니다.

죄책감은 또다시 잘못을 저지르지 않기 위해 사람이라면 마땅히 가져야 할 마음입니다. 그러나 그냥 "다 내 잘못이야"라는 말처럼 반복되는 감정의 수렁 속으로 빠져드는 것 외에는 아무 역할을 하지 못하는 말이라면 당신의 습관화된 그 말을 단호히 떼어내야 합니다.

셋째, 상처를 부르는 말 습관은 "세상이 다 그렇지"입니다. "내 이럴 줄 알았어, 다 내 잘못이지" 하면서 미리 부정적인 미래를 예측하던 사람이 자기 안에서 이유를 찾았다면 이젠 세상을 향해 원망의 시선을 날리는 것입니다. 역시 이 말도 그 자체로 부정적인 말은 아닙니다. 어려운 상황 가운데서도 다른 사람을 돌아보고 사랑하는 이들을 바라보며 하는 말이라면 힘이 되는 말일 겁니다. 그러나 세상에서 입은 상처로 아파하는 사람이 내뱉는 말이라면 이 말은 다친 곳을 다시 한 번 긁어놓는 말이 되고 말 겁니다. 아, 물론 무조건 아니라고 말하기는 어렵습니다.

세상이 어렵고 팍팍하며 삭막한 것은 사실입니다. 그런 터라, 좋은 면만 바라보라고 강요하기도 어려울 것 같습니다. 적어도 세상이 '다' 그런 것만은 아니라는 걸 그 힘든 와중에도 기억했으면 하는 바람에서 하는 조언입니다. 가끔 이렇게 말하는 분들도 있습니다.

"기대했다가 상처받는 일이 너무 많아서 아예 기대하지 않으려고 자신에게 하는 말인데요. 그렇게 말하면 안 되는 법이라도 있는 건가요?"

상처, 특히 다른 사람에게 받은 상처가 아픈 사람들은 또다시 다른 사람에게 상처받지 않기 위해 관계가 시작되기도 전에 마음을 움츠리는 경향이 있습니다. '모든 남자는 이기적일 거다', '모든 장사꾼은 도둑일 거다', '모든 청소년은 막 나갈 거다…….' 일단, 이렇게 생각하고 보는 것이 더는 상처를 입지 않게끔 자기 마음을 지키는 방법이라고 생각하는 겁니다. 이게 과연 사실일까요?

사실이기를 간절히 바라는 분들도 있겠지만, 이 이야기는 두 가지 측면에서 명백히 사실이 아닙니다. 먼저, 이런 생각들은 모든 경우에 다 적용될 수 있는 게 아닙니다. 모든 남자가 이기적일 수도 없고, 모든 장사꾼이 도둑일 수도 없는 법입니다. 또한, 모든 청소년이 막 나가지도 않습니다. 감정적으로 확 올라왔을 때는 그렇게 보일 수도 있겠지만 시간이 지나 가만히 돌아보면 '모든'으로 시작하는 이 말들이 상당 부분 부풀려진 거라는 걸 알게 될 겁니다. 이렇게 생각하는 경향을 '지나친 일반화(Over Generalization)'라고 합니다.

이런 생각 자체를 나무라지는 않겠습니다. 대개 한 번, 혹은 두세 번 정도 실패를 겪고 난 뒤 하게 되는 생각이기 때문입니다. 밑도 끝도 없이 모든 남자가 이기적이라고 생각하게 되지는 않았을 거라는 뜻이지요. 이기적인 남자들에게 적어도 몇 번은 당해(?)봤고, 그 결과 마음 밭에 쓴 뿌리가 심어져 이런 생각을 하게 되었을 테니 말입니다.

이런 분들에게 무조건 "긍정적으로 생각하세요~" 하는 식의 지나치게 가볍고 공감하기 어려운 충고는 하지 않으려고 합니다. 그런데도 지나친 일반화로 인해 왜곡해서 보게 되는 현실을 바로잡아야 할 필요는 있습니다. 모든 남자가 이타적인 건 아니지만, 잘 찾아보면 이기적이지 않은 남자가 적어도 몇 명은 있지 않겠습니까? 이것이 앞의 명제가 사실이 아닌 첫 번째 이유입니다.

두 번째 이유는, 최악의 경우를 생각해야만 자기 마음을 지킬 수 있다는 생각이 그 자체로 틀린 것이라는 사실입니다. 사람들의 마음은 언제나 현재 진행형입니다. 과거의 기억을 떠올리면서 즐거워하는 사람에게 그 '과거의 기억'은 적어도 그 순간에는 현재 진행형이 됩니다. 다음 주에 떠날 휴가를 신나게 궁리하고 있는 사람에게는 휴가 가서 할 일들, 먹게 될 맛있는 음식들이 이미 현재 진행형으로 머릿속에 그려집니다.

여기서 중요한 점은, 좋은 일들만 현재 진행형으로 경험하는 것이 아니라 나쁜 일들도 현재 진행형으로 경험하게 된다는 겁니다. 최악의 경우를 예상함으로써 마음을 준비한다고요? 최악의 경우를 머릿속으로 생각하는 동안 이미 당신 마음은 그 '최악의 경우'를 현재 진행형으로 경험합니다. 그때 느낄 두려움과 혼란, 불안, 초조 등 온갖 달갑지 않은 감정들까지 총합으로 경험하면서 나중에 겪어도 될 고통까지 미리 돈을 받듯 겪는 겁니다. 그리고 그렇게 한다고 해서 제대로 마음이 준비되지도 않는다는 게 지금까지 알려진 연구 결과입니다.

"사려 깊고 헌신적인 사람들로 구성된 작은 집단이 세상을 변화시킬 수 있다는 것을 절대 의심하지 마라. 실제로 그것은 세상을 변화시키는 유일한 방법이다"라고 마거릿 미드가 얘기한 바 있습니다. "말을 바꾸어서 인생을 변화시킨다"라는 말을 다시 한번 돌아보면서 이야기를 다음과 같이 약간만 바꿔보면 어떨까요?

"사려 깊고 헌신적인 말들로 구성된 언어생활이 삶을 변화시킬 수 있다는 것을 절대 의심하지 마라. 실제로 그것은 인생을 변화시키는 유일한 방법이다."

Counseling
15

"나는…"으로 시작되는 '나 메시지'로 말하라

— 자기주장과 적극적 경청

내담자

제 의도를 상대방에게 제대로 전달하는 일이 너무 힘듭니다. 전혀 의도하지 않았는데도 제 말에 상대방이 크게 상처받고 서로의 관계도 깨지는 일이 많았습니다. 어떻게 하면 좋을까요?

정신과 의사

'너는…'으로 시작되는 '너 메시지' 말고 '나는…'으로 시작되는 '나 메시지'를 사용해서 말해보세요. 처음엔 쉽지 않겠지만, 자꾸 의식적으로 노력하며 훈련하다 보면 대화가 달라지고 관계가 달라질 겁니다. 인생이 달라질 겁니다.

건강한 대화에 필요한 것은 무엇일까요? 여러 가지가 있겠지만, 그중 절대로 빠져서는 안 되는 것이 있습니다. 바로 '말하는 입'과 '듣는 귀'입니다. 당신이 누구와 대화를 하든 이 두 가지는 꼭 필요합니다. 심지어 자기 자신과 대화하는 경우에도 마찬가지입니다. 겉으로 소리 내서 말하지 않고 속으로만 생각한다 하더라도 그 생각을 당신의 '내면의 귀'가 듣고 있으므로 자기 자신과의 대화가 성립됩니다.

입과 귀, 이 두 가지 요소를 좀 더 전문적으로 표현하자면 '자기주장(Assertiveness)'과 '적극적 경청(Active listening)'으로 부를 수 있습니다. 자기주장과 적극적 경청은 모든 대화에서 중요하지만, 특히 더 중요한 자리가 있습니다. 부부 사이의 대화가 그것입니다. 부부 관계의 어려움을 겪으면서 상담실을 찾는 사람들이 가장 흔히 하는 이야기는 바로 이것입니다.

"선생님, 제 남편(혹은 아내)과 진짜 말이 안 통해요!"

언뜻 생각하면 이상하게 여겨질 수도 있습니다. 가장 말이 잘 통해야 하는 관계가 바로 부부 사이니까요. 그러면서도 또 말이 됩니다. 다른 사람들이 말하면 들어도 남편이나 아내가 말하면 잘 듣지 않는 경우가 다반사이니 말입니다.

커플 관계를 다룬 책 『커플 체크업』에 따르면, 지기주장은 "자신이 필요로 하는 것이나 원하는 것을 요청할 수 있는 능력이요, 자신의 진정한 감정을 표현할 수 있는 능력"입니다. 자신이 바라는 것이 무엇인지, 무엇을 원하는지, 상대방을 위협하거나 강요하기 위해서가 아니라 솔직 담백하게 자기 생각을 이야기하는 것. 자신이 지금 기분이 좋은지, 아니면 아까 있었던 일 때문에 마음이 상했는지와 같은 자기감정을 솔직하게 터놓고 이야기하는 것이 바로 자기주장입니다.

자, 바로 이 지점에서부터 태클이 들어올 수 있습니다.

"아니, 부부라면 모름지기 배우자 마음을 알아주고 감싸줘야 하는 거 아닌가? 내 마음도 몰라주면서, 그게 무슨 부부사이야?"

줄여서 말하자면 "그걸 꼭 말로 해야 아나?"이겠죠? 당신은 이 말에 대해 어떻게 생각하시나요? 물론 그만큼 가깝게 느끼고, 그래도 사랑하니까 하는 말일 겁니다. 이심전심 당신의 마음을 읽어주기를 바라니까 이런 말도 나오는 겁니다. 그렇지만 분명하게 말할 수 있는 게 있으니 표현되지 않는 사랑은 사랑이 아니라는 겁니다. 즉, 말로 해야 안다는 뜻입니다. 정신과 의사조차 마주 앉은 사람이 자기 마음을 말로 표현하지 않으면 속으로 무슨 생각을 하는지 알아차리기 어렵습니다. 독심술(讀心術)은 불가능합니다.

자기주장은 대화의 기술 가운데 가장 중요한 부분입니다. 건강한 부부는 둘 다 자기주장을 잘합니다. 자기가 상대의 마음을 읽을 수 있다고 생각하지도 않고, 상대가 자기 마음을 읽을 것으로 기대하지도 않습니다. 분명한 질문과 직접적인 요구를 주고받습니다.

"당신이 바라는 건 어떤 거지?"

"나는 이렇게 하면 좋겠어."

상대방의 마음을 읽으려고 하거나 상대방이 당신 마음을 알아주기를 기대하기보다, 서로 분명하게 질문하기도 하고 자신이 바라는 건 무엇인지 직접 요구하기도 합니다. 분명한 자기표현이 중요한 것은 부부 사이에만 국한된 이야기는 아닙니다. 대화를 주고받는 모든 사람이 자기 생각과 느낌을 분명하게 표현할 수 있다면 아마도 많은 문젯거리가 줄어들고 해결될 겁니다. 아니, 해결까지는 아니더라도 최소한 뭐가 문제인지는 분명히 알게 될 겁니다.

자기주장의 핵심은 "나는"으로 시작하는 말들입니다. 흔히 '나-메시지(I-message)'라고도 하는 표현이 바로 자기주장입니다. 아침에 일찍 일어나는 걸 힘들어하는 남편에게 아내가 말합니다.

"당신은 어떻게 아침에 혼자 일어나는 것도 못해?"

이에 대한 남편의 반응이 어떻게 나올지는 불 보듯 뻔합니다. 자신을 책망하고 나무라는 것처럼 들리는 아내의 말에 기분 좋게 반응할 남편은 아마 거의 없을 겁니다. 그 자리에서 발끈하거나, 속으로 이를 갈고 있다가 나중에 앙갚음하려 하기에 십상일 겁니다.

이 말을 하는 아내는 어떤 마음이었을까요? 남편을 비난하고 싶었는지, 아니면 아침마다 반복되는 일상을 바꿀 방법을 찾아보고 싶었는지, 그저 지나가듯 하고 싶은 이야기였는지는 알 수 없습니다. 아무튼, 아내의 본래 의도와는 다른 결과를 낳게 되기 쉬운 말이 바로 '당신은/너는'이 들어가는 말입니다. 이 말을 '나-메시지'로 바꾸어 말을 건네면 상황은 많이 달라집니다.

"나는 아침에 당신 깨우는 게 힘들어!"

이 말에서는 아내가 남편에게 하고 싶었던 이야기의 핵심을 좀 더 잘 읽을 수 있습니다. 남편을 나무라고 싶은 마음이 들어 있을지도 모르지만, 적어도 지금 이 장면에서는 "내가 힘들다"라는 표현을 하고 싶은 게 분명히 드러납니다. 이것이 바로 '나-메시지'가 지닌 힘입니다. 내가 힘들다는데, 거기에 대놓고 반론을 제기하기란 쉽지 않으니까요. 자기주장은 '나는'으로 시작하면서, 자신이 그 말의 주인공인 동시에 자신이 한 말에 대하여 책임을 지겠다는 뜻을 내포합니다.

Counseling
16

상대방의 말에 맞장구치며 반응하고 들은 내용을 확인하며 경청하라

—반영적 경청

내담자

상대방의 말을 잘 듣고, 이해하고,
제대로 소통하려면 어떻게 해야 할까요?

정신과 의사

상대방의 말에 맞장구치며 적극적으로 반응하고, 그의 말을 제대로 이해했는지 확인하려고 노력하며 귀 기울여보세요. 잘 들으면 잘 소통할 수 있는데, 이 훈련만으로도 듣기 능력이 눈에 띄게 향상됩니다.

자기주장을 잘하는 건 대화에 중요한 축을 세우는 일입니다. 그러나 서로 자기주장만 하면서 다른 사람의 이야기에 귀 기울이지 않는다면 그것은 제대로 된 '대화'라고 하기 어렵습니다. 그런 이야기들은 대화라기보다는 웅변이나 연설이라고 해야 할 겁니다. 대화가 이루어지려면 말하는 사람의 '입'만 있어서는 안 됩니다. 상대방의 말을 들어주는 '귀'도 있어야 합니다. 팀워크 훈련에서, 혹은 어린 시절 학교에서 귓속말로 어떤 내용을 다른 사람에게 전달하는 게임을 해보신 적 있나요?

이는 말을 옮긴다는 게 얼마나 불안정하고 위험한 일인지 체험해보기 위한 효과적인 실험이었습니다. 맨 첫 번째 사람이 자기가 생각해낸, 혹은 과제로 주어진 내용을 옆 사람에게 귀엣말로 전달합니다. 그러면 그 사람은 그다음 사람에게 자기가 들은 내용을 그대로 전달합니다. 따로 메모하거나 확인하지 않는 상태로 계속해서 내용이 그 옆 사람에게 전달됩니다. 그리고 맨 마지막에 내용을 전달받은 사람이 자기가 들은 내용을 모두에게 말합니다. 맨 처음 내용과 맨 마지막 내용이 같은 경우에는 정확히 전달된 것이므로 이 게임에서 그 팀이 승리를 거둡니다. 군대에서 선임이 유리잔을 가져오라고 지시했는데, 이를 잘못 알아듣고 유리창을 떼어온 군인의 이야기를 책에서 재미있게 읽은 적이 있습니다. 후임은 파리똥 앉은 유리창을 어디다 쓰려고 하는지 알 수 없다고 투덜거렸다는데요. 아무튼, 자신이 제대로 들었는지를 확인하는 중요한 작업이 빠져 있다 보니, 결과는 완전히 엉뚱한 방향으로 흘러가버리고 말았습니다.

『커플 체크업』에 따르면, '적극적 경청'은 남의 말을 "방해하지 않고 귀 기울여 들어주는 행위입니다. 즉, 말한 사람이 만족할 때까지 들은 내용을 확인해주는 것"입니다. 아무리 멋진 말을 많이 해도 상대방이 듣지 않으면 아무 소용이 없습니다. 이 말을 뒤집어서 생각해보면, 다른 사람이 이야기를 들어주는 순간 한 사람의 이야기는 생명력과 의미를 지니게 됩니다.

주의를 기울여 들어주는 이의 존재는 대화의 중요한 축입니다. 적극적 경청에는 자기가 들은 바가 정확한지, 앞서 이야기한 사람의 말들을 되풀이해 이야기해주는 과정이 포함됩니다.

커플 상담을 하기 위해 병원을 찾은 사람들에게 자기주장과 적극적 경청은 건강한 대화를 연습할 소중한 시간이 됩니다. 보통은 간단한 이야기들로 연습을 시작합니다.

"이따가 점심시간에 뭘 드시고 싶은지 남편(혹은 아내)분과 이야기 나눠보시겠어요?"

상담하러 왔는데 무얼 먹고 싶은지 이야기한다는 게 좀 우습기도 하지만, 나름대로 진지하게 고민해서 이야기하게 됩니다. 대개는 자기주장이 약한 사람에게 먼저 연습해보도록 기회를 드립니다.

"저는 좀 있다가 이 근처에 있는 김치찌개 집에 가고 싶어요."

이 말을 들은 상대방이 그대로 그 말을 받아줍니다.

"그러니까 당신 말은 이 근처에 있는 김치찌개 집에 가고 싶다는 거지?"

묻지도 따지지도 않고 (이렇게) 상대방의 말을 받아주는 것, 이것이 바로 '적극적 경청'입니다. 이처럼 간단히 연습해본 뒤 그사이 상대방에게 꼭 부탁하고 싶었던 이야기(자기주장이 되겠지요)를 해보게 합니다.

한 사람이 먼저 자기주장을 말하는 동안 듣는 사람은 열심히 귀 기울여 듣는 연습을 하게 됩니다. 자기주장을 마치면 그 내용을 그대로 복사해서 이야기하는 방식으로 적극적 경청을 했다는 걸 보여줍니다. 그대로 반영해서 이야기하므로 적극적 경청을 '반영적 경청(reflective listening)'이라고도 합니다. 들은 내용을 그대로 반복해서 이야기하면서 "당신이 얘기한 게 이게 맞지?"까지만 반응하게 합니다. 자기가 들은 상대방의 자기주장에 대해 "알았어, 그렇게 할게"의 반응이나 "싫어, 그렇게는 못 해"의 반응을 보이지 말고 그저 그대로 반영하는 이야기만 해보도록 권유합니다. 커플 상담 시간에 실제로 이 연습을 해보면 주로 다음의 3가지 반응이 나타납니다.

첫째, 자신이 얼마나 귀 기울여 듣지 않고 있었는지 깨닫게 됩니다. 맞받아치거나, 다음에 자신이 할 말을 준비하지 않은 채 이야기를 들으면 훨씬 더 많은 이야기를 들을 수 있습니다. 이야기할 때 남녀의 뇌가 서로 다르게 작동한다는 말을 들어본 적 있나요? 여자들은 양쪽 대뇌 반구를 동시에 사용하면서 이야기를 하는 데 반해 남자들은 좌반구만 사용한다는 가설은 1995년에 소수의 사람을 대상으로 입증된 뒤 선풍적인 인기를 끌었습니다.

2008년에는 다른 연구자들에 의해 "29개나 되는 연구들을 다 모아 종합해봐도 같은 결론을 내기가 어렵다"라는 이야기가 나오면서 잠시 주춤했습니다. 그러나 대뇌 반구 사이와 대뇌 반구 내 연결성이 남녀 간에 차이가 있으며, 신경망 연결(Neural Wiring)에도 큰 차이가 있다는 연구 결과가 잇달아 나오면서 남녀의 뇌가 갖는 차이에 대한 관심이 다시 모였습니다.

최근까지 나온 결론으로는 남성의 뇌는 지각(Perception)과

통합 행동의 연결에 더 뛰어나고, 여성의 뇌는 분석적이고 직관적인 처리에 더 능하다고 합니다. 이게 무슨 의미가 있나 싶어 어리둥절할 수도 있습니다. 아무튼, 서로 소통하는 데 기본이 되는 뇌 구조 자체가 다른 남녀 사이에서는 당신이 전달하고자 하는 것과 상대방이 이해하는 것 사이에 어쩔 수 없는 차이가 있음을 인정하고 들어간다면 역시 많은 오해를 줄일 수 있을 거라는 생각이 듭니다.

상대가 하는 말을 들으면서 그에 맞받아쳐 해야 할 말을 생각하다 보면 상대방의 이야기를 거의 듣지 못하게 됩니다. '반영적 경청'을 하면 대꾸할 준비를 하지 않아도 되기 때문에 집중하는 힘이 세집니다.

둘째, 상대방이 자기 말에 반박하지 않고 다 들어주는 게 얼마나 속 시원한지 느끼게 됩니다. 판단이나 비난이 돌아오지 않을 거라는, 일종의 안전장치가 확보된 상태에서 이야기를 나누면 좋습니다. 거기다 상대방이 "이런 얘기 맞지요?" 하고 확인까지 해주면 여태껏 맛보지 못했던 시원함과 안심감을 느낀다고 말하는 사람이 많습니다.

적극적 경청은 상대방을 좀 더 잘 이해하기 위해 귀를 쫑긋 세워 듣는 행위입니다. 물론, 한창 연애하는 중이라 불꽃을 튀기듯 서로에게 빠져드는 사이라면 굳이 연습하지 않아도 자동으로 되겠지요. 그러나 오랜 세월 함께 지낸 커플이거나 서로에 대한 호기심과 관심을 인위적으로 만들어야만 하는 사업상 만남 같은 자리라면 놓쳐서는 안 될 유용한 대화 기술입니다. 반영적 경청 연습을 하는 데 대해 '무슨 어린애 같은 말장난이람?' 하고 생각하던 사람이라도 막상 자기 말에 대해 상대방이 트집 잡거나 태클 걸지 않고 귀 기울여 들어준 뒤 "그러니까 이런 얘기지 않아?" 하고 정확하게 반영해서 이야기하는 걸 들으면 "우와, 진짜 속이 뻥~ 뚫리는 것 같은데요!"라고 탄성을 지르게 될 겁니다.

셋째, 자기 자신에게도 문제가 있었다는 걸 알게 됩니다. 무슨 문제를 깨닫게 되느냐고요? 너무 많은 요구를 한꺼번에 하는 바람에 상대방이 가장 중요한 핵심을 놓치게 하는 데 자기 자신도 기여하고 있었음을 알게 되는 겁니다. 상대방이 당신이 하는 말 한 마디 한 마디를 음미하듯 들어주는 상태가 아니라면, 장황한 곁가지 이야기를 하는 동안 정작 중요한 핵심을 놓치게 될지도 모릅니다.

"그사이 내가 힘들게 해서 미안한데, 사실 나는 그런 뜻으로 말한 건 아니었어. 내가 당신에게 바라는 건 그저 ~만 해주었으면 하는 거였어. ~해줄 마음이 없으면 최소한 ~하는 시늉이라도 해주면 그것만으로도 내가 위로를 많이 받을 것 같아."

반영적 경청 연습을 하는 동안 한쪽이 이렇게 이야기하면

이 이야기들을 그대로 따라 할 준비가 되어 있던 사람은 머릿속이 뒤죽박죽 헝클어지게 마련입니다.

"그러니까 당신 말은 나를 힘들게 해서 미안하다는 건데……. 그래서 뭐, 어쨌다고?"

그러므로 이 연습을 할 때 제가 특별히 강조하는 것이 있습니다. 상대방이 그대로 복사해서 따라 할 수 있을 정도만 이야기하는 것입니다. 즉, 상대방의 '복사 능력'을 고려해서 이야기해야 한다는 점입니다.

자기주장과 적극적·반영적 경청의 목표는 '친밀감'입니다. 상대방이 자신을 어떻게 느끼고 받아들이는지, 자기가 바라는 것은 무엇인지 말할 수 있어야 합니다. 그리고 상대방이 자신의 이야기를 듣고 이해했다는 걸 알 수 있어야 합니다. 그렇게 된다면 대화를 나누는 두 사람은 서로를 향한 친밀감을 느끼게 됩니다. 말이 통하는 사람이라는 이야기는 마음이 통하는 사람이라는 말과 같은 의미이기 때문입니다.

Counseling
17

대면은 인간관계의 밭에 난 잡초를 뽑는 일

— 회피하지 말고 직접 대화하라

“

내담자

문제를 회피하지 않고 대면하고,
사람들을 회피하지 않고 대면하는 일이
제겐 왜 이토록 어렵게 느껴질까요?

정신과 의사

다른 사람이나 문제와 용감하게 대면하는 것은 얼음을 깨는 일과 비슷합니다. 얼음 깨는 일이 싫어서 자꾸 회피하고 방치하다 보면 나중에 걷잡을 수 없게 되는 것처럼 사람을 대하고 관계를 맺는 일도 마찬가지입니다. 처음엔 어렵게 느껴져도 용기 내어 대면하다 보면 차츰 얼음이 깨지고 녹듯 문제가 해결되고 관계도 좋아집니다.

”

언어생활에서 절대로 빠져서는 안 되는 것이 있습니다. 바로 '대면(對面, Confrontation)'입니다.

대면이라는 단어를 들으면 내담자들은 이렇게 묻습니다.

"대면이라면 다른 사람과 이야기 나눌 때 그 사람의 눈을 쳐다봐야 한다는 의미인가요?"

물론 그런 대면도 '대면'이기는 합니다. 그러나 여기에서는 좀 더 심리적인 의미의 대면을 이야기하고자 합니다. 대면은 중요한 관계 가운데 꼭 다루어야 할 내용, 그중에서도 지금까지 회피해왔던 어려운 대화를 피하지 않고 기꺼이 얘기하고 나누는 걸 의미합니다.

어쩌면 대면의 정의를 듣는 것만으로도 숨이 막히는 듯한 느낌을 받는 사람도 있을 수 있습니다. 그러다 보니, '대면'하지 않은 채 이야기 나누는 걸 선택하는 사람이 많은 것도 그리 이상하지 않습니다. "이따가 잠깐 이야기 좀 하자"라는 말을 누군가에게 들었을 때 마음이 편안해지는 사람이 몇 명이나 될까요? '대체 무슨 말을 하려고 그러는 거지?' 하며 곧바로 불안감이 스멀스멀 살아나기 시작합니다. '이거 골치 아프게 생겼군!' 또는 '이제 우리는 끝난 건가?'와 같은 극단적 결말이 머릿속을 가득 채우는 건 그야말로 시간문제입니다.

그런데도 '대면'해야 하는 이유는 그렇게 해야만 관계 안의 애정을 지킬 수 있기 때문입니다. 사람들과 함께 살아가다 보면 크든 작든 갈등이 생기게 마련입니다. 비옥한 땅에서는 꽃과 함께 잡초도 무럭무럭 자라나지 않습니까. 그와 마찬가지로, 풍성한 관계를 맺고자 하는 사람이라면 관계 안에 애초 생각지도 못했던 여러 갈등과 어려움이 덩달아 자라나는 것을 보게 될 겁니다.

대면이란 인간관계 안에 자라난 잡초를 뽑는 일과도 같습니다. 길거리에 우거진 잡초를 당신이 다 뽑아야 할 필요는 없지만, 소중하게 가꾸는 자신의 정원이라면 잡초를 말끔히 뽑아내고 깨끗이 정리해야 합니다. 대면을 통해 관계가 개선되고 친밀감이 깊어집니다. 즐거울 때 잘 지내는 관계에 그치지 않고 어려울 때 서로 돕는 관계, 함께 어려움을 극복하는 좀 더 나은 관계로 나아가기 위해 잡초 뽑기에 해당하는 대면을 잘 실천해야 합니다.

자, 그럼 마음에 차오르는 온갖 불편함과 부담감을 딛고 용기 내어 대면을 연습해봅시다. 무엇보다 절실히 대면이 필요한 소통의 자리는 앞서 이야기한 것처럼 가족이나 친구 등의 가까운 관계입니다. 부부 사이에, 애인 사이에, 친구 사이에, 부모 자녀 사이에 이루어지는 소통에서 대면은 필수적입니다. 소중한 관계일수록 대면이라는 요소가 빠져서는 안 됩니다.

약속 시각에 자꾸 늦는 여자친구가 있다면 작지만, 결코 작지 않은 대면을 해야 하는 순간이 곧 닥칠 겁니다. 주중에는 일에 파묻힌 채 정신없이 살다가 주말이 되면 파김치가 되어 내내 잠만 자는 남편 때문에, 아이들과 더불어 외로움과 분노를 삭이는 아내는 심각한 대면을 염두에 두게 될 겁니다.

대면의 중요성을 설파한 심리학자 헨리 클라우드(Henry Cloud)와 존 타운센드(John Townsend)는 관계 문제를 해결하기 위해 상담하러 오는 사람들에게 다음과 같이 강조했습니다.

"문제의 당사자와 직접 대화하고 소통하세요!"

예상하시겠지만 이에 대한 사람들의 답변은 늘 비슷하다고 합니다.

"해봤지만 소용없었어요!"

"대화요? 잘 안 되던데요?"

그렇겠죠. 아예 말도 꺼내보지 않은 경우는 아마 없었을 겁니다. 대화를 시도하긴 했으나 제대로 된 대화로 이어지지 않은 채 흐지부지 끝나버렸을 겁니다. 심지어 상대방에게 휘둘리고 오히려 제압당한 채 끝났을 수도 있습니다. 그러다 보니 대화다운 대화가 이루어지지 않았을 겁니다. 그런 사람들에게 "직접 대화하라"라는 조언은 못 먹는 건지 안 먹는 건지 잘 알지도 못한 채 던지는 "배가 고프면 뭐라도 좀 드시죠"와 같은 공허하고 무성의한 조언으로 들리기 쉬울 겁니다.

그러나 "직접 대화하라"라는 조언은 의미가 있습니다. 왜냐하면, 결국 이 문제를 해결해야 할 주인공은 다른 사람 아닌 자기 자신이라는 걸 확인하도록 돕기 때문입니다. '그래, 내가 대화해야 하는구나! 대면하지 않으면 안 되는구나!'

혹시 상대방이 절대로 달라지지 않을 거로 생각하시나요? 대면하여 이야기하지 않는다면 그 예상은 백 퍼센트 정확히 맞아 떨어질 가능성이 큽니다. 잡초가 저 혼자서는 절대로 없어지지 않는 것과 마찬가지입니다. 물론 대면한다고 해서 상대방이 반드시 달라진다는 보장은 없습니다. 당신이 다른 사람을 당신 마음대로 바꿔놓을 수 있는 것도 아닙니다. 그렇지만 인간관계는 유기체적인 특성이 있으므로 한쪽이 변화하기 시작하면 반대쪽에서도 서서히 긍정적인 변화가 일어나기 시작합니다.

당신은 상대방을 바꿀 수는 없지만, 당신 마음을 바꿀 수는 있습니다. 그 사람에 대한 당신의 태도, 좀 더 구체적으로는 당신이 상대방에게 말하는 방식을 바꿈으로써 상대방이 달라지고 관계가 변화하는 계기가 당신 안에서 시작될 수 있습니다.

대면의 반대는 '회피'입니다. 잡초가 무성하게 자라는데 못 본 체하고 당신이 심은 꽃들만 가꾼다고 해서 잡초가 사라지게 할 수는 없습니다. 오히려 잡초 때문에 애써 심은 다른 꽃들이 시들거나 다칠 가능성이 큽니다. 대화하는 데 정말 해야 할 이야기들을 하지 못한 채 빙빙 돌려가며 딴소리만 한다면 그것은 명백한 회피입니다. 대화를 시도해봤으나 소용없었다며 과거의 실패에 머물러 있는 것도 일종의 회피입니다. 대면하다가 잘 풀리지 않아서 오히려 관계가 더 심하게 망가져버릴까 봐 두렵다며 미래의 실패에 발이 묶인 채 대화 자체를 피해버린다면 이 역시 회피입니다.

대면을 잘하지 못하는 사람들의 특징이 있습니다. 그들은 솔직하게 말하는 걸 어려워합니다. 그들에게 왜 그걸 못하느냐고 나무랄 수도 없는 것이, 솔직한 이야기가 자기 발등을 찍는 환경에서 자랐다면 그 사람은 자기 자신을 지키기 위해서라도 최대한 빙빙 돌려서 이야기하게 될 겁니다.

알코올 문제를 가진 가정에서 자라난 사람들 가운데 이런 성향을 가진 사람이 많습니다. 가족 안에서조차 고질적인 문제를 쉬쉬하거나 알고도 모른 채, 보고도 못 본 체하는 게 습관이 되다 보니 솔직한 이야기는 금기시되기 쉽습니다. 지나치게 감정에 좌우되는 사람도 대면하기가 어렵습니다. 지나치게 화를 내는 사람은 과거에 대면하는 장면들에서 앞질러

화를 폭발하는 바람에 자살 폭탄 테러처럼 자신과 상대방 모두 치명상을 입은 기억이 남아 있어 대면을 꺼리기 쉽습니다. 미리부터 지나치게 걱정하는 사람, 거부나 갈등과 같은 결과가 너무도 두려운 사람들은 대면하기가 더 어렵습니다. 그렇지만 이런 사람들이라고 해서 대면할 수 없는 것은 아닙니다.

실제로 대면은 두려운 일입니다. 잡초를 뽑는 일이 힘든 일인 것과도 같습니다. 정원을 정리하고 싶었는데, 꽃이 상할까 봐 걱정될 겁니다. 대면하는 일을 어려워하는 사람들은 그 과정 가운데 어떤 것을 특히 두려워할까요?

"용기 내어 이야기했는데, 거절당할까 두려워요."

"내 생각과 느낌이 인정받지 못할까 두렵습니다."

"보복을 당하게 되는 건 아닐까 두려워요."

"관계를 잃어버릴 수도 있으니까 두렵죠."

"화나게 하려고 한 게 아니었는데, 그가 화낼까 봐 두려워요."

"그 사람이 상처받을 것 같아요. 그게 두렵네요."

"이런 이야기를 하는 저 자신이 나쁜 사람인 것 같아서, 아니면 제가 나쁜 사람이 아닌데 저에게 나쁜 사람이라고 비난할까 봐 두려워요."

"노력해도 안 될 거라는 생각이 들어서 두렵습니다."

가만히 생각해보면 다 맞는 말들입니다. 거절과 상실, 희망이 사라지는 느낌 앞에 두렵지 않은 사람이 과연 있을까요. 대면해야 할 만큼 가깝고 소중한 관계이니 그 두려움은 더욱 크게 느껴질 겁니다. 두렵지 않은 대면이라면 진짜 대면이 아닐 수도 있을 정도입니다. 그러니 두려움을 느끼지 않으려고 노력하지 마세요. 그보다는 자신이 무엇을 두려워하고 있는지 가만히 지켜보는 게 백배 천배 낫습니다. 그래야 두려움을 느낄 때 그에 굴하지 않고 차분히 관찰할 수 있을 테니까요.

자신이 무엇을 두려워하는지, 무엇 때문에 대면의 자리에서 뒤로 물러나게 되는지 알면 됩니다. 자신이 무엇을 두려워하는지 알고 있다면 더 나은 선택, 즉 계속 대면을 진행할지, 아니면 잠시 멈추었다가 나아갈지와 같은 걸 결정할 수 있게 됩니다. 대면을 준비할 때 자신을 잘 돌아보아야 하는 것도 그래서입니다.

자기 자신을 잘 모르는 사람은 대면한 사람과 무슨 일을 어떻게 다루고 있는지도 잘 모를 가능성이 큽니다. 그런 터라, 대면한다고 하다가 자칫하면 '배가 산으로 가기' 쉽습니다. 두려움이 자기 안에서 비롯된 걸 모른 채 대면하다 보면 상대가 자신을 두렵게 한다고 생각해서 본능적으로 방어 태세를 취하거나 방어를 위한 공격을 하게 될 가능성도 있습니다. 대면의 목표는 어디까지나 상대방과 더 깊고 친밀한 관계를 맺는 것입니다. 깨진 관계를 회복하는 것이지요. 그러나 반대로 방어한답시고 웅크리기만 하다 보면 친밀함은 점점 더 멀어지고 말 겁니다. 그러니 친밀함을 위해 우리가 치러야 하는 대가들을 치르려고 노력해봅시다. 귀한 물건에는 치러야 할 적절한 값이 있는 법이니까요.

Counseling
18

불편한 감정이 사라질 때까지 기다리지 말고 지금 대면하라

내담자

마음의 부담을 덜고 좀 더 쉽게 대면하는 좋은 방법이 없을까요?

정신과 의사

대면하는 일이 부담스러울 수 있다는 사실을 인정하는 일부터 시작하세요. 그런 불편함과 부담감을 인정하되, 상대방에게는 최대한 따뜻하게 대하려고 노력하며 조용히 그 옆을 지키기만 하면 됩니다. 불편한 감정이 하나도 느껴지지 않을 때까지 기다릴 필요는 없답니다.

대면을 통해 문제를 해결하고 관계를 회복한 사람의 이야기를 들어볼까요? 리나 양은 열심히 대학 생활을 하는 평범한 여대생입니다. 리나 양은 지금 학교생활도 잘하고 친구들과도 스스럼없이 어울려서 아무 걱정 없는 유쾌한 사람으로만 보입니다. 그러나 중고등학교 시절, 그녀는 친구를 사귀는 일이 너무도 힘들고 고통스러워 자퇴까지 생각한 적이 있습니다.

"선생님, 제가 예전보다 좋아지기는 좋아졌나 봐요. 요새는 힘든 일이 있어도 그 일을 힘들어하는 기간이 조금 짧아진 게 느껴지거든요. 얼마 전에 친구와 좀 불편한 일이 있었어요. 친구가 무슨 공연에 초대권을 얻었다며 같이 보러 가자고 했거든요. 마침 저도 보고 싶었던 공연이라 처음엔 좋다고 했는데, 나중에 보니 공교롭게도 시험 바로 전날이 공연일이더라고요. '어쩌지? 인제 와서 못 간다고 하면 섭섭해할 텐데' 하며 망설이고 있는데, 마침 친구가 그러더라고요. 시험 전날인데 괜찮겠냐고.

선생님도 아시다시피 제가 친구 때문에 미리 걱정을 많이 하는 타입이잖아요. 망설이다가 공부를 너무 안 해놓은 게 마음에 걸려서, '미안한데, 네 말대로 시험 전날이라서 아무래도 어렵겠다'라고 카톡 문자를 보냈어요. 그랬더니, 바로 답변이 오더라고요. '진짜 너무하네! 이제 너랑은 말도 섞고 싶지 않아'라고요."

"저런! 제가 듣기에도 가슴 철렁하네요."

"맞아요. 그 순간 저도 가슴이 철렁했어요. '아, 또 이렇게 끝나는구나. 친구 하나 또 이렇게 잃는구나'라는 생각을 하면서 눈앞이 깜깜해지더라고요. 그러면서도 한편으로 서운했어요. '자기가 먼저 괜찮겠냐고 말을 걸었는데, 어떻게 자기 말에 내가 솔직하게 대답했다고 이렇게 문제를 극단으로 몰고 가지?' 하는 생각이 들었어요. 그런데 서운하다는 말을 안 하고 넘어가면 그 친구와 관계를 지속할 자신이 없을 것 같은 거예요. 그래서 한참을 망설이다가, 선생님과 '대면'하기로 약속했던 생각이 나서……."

"그 기억을 했군요, 그 상황에서……!"

"네. 이전에 저는 항상 대면해야 할 상황에서 대면하지 않고 있다가 제 안에서 상처가 커지거나, 켜켜이 쌓였다가 욱하고 터지거나 하는 식으로 꼭 문제가 되곤 했으니까요. 그래서 이번에는 용기 내서 대면해보기로 했어요."

"아, 정말 잘했네요! 어떻게 대면했지요?"

"친구한테 '같이 공연 보러 가기로 한 걸 일방적으로 취소해서 미안하다! 그런데 네가 한 말이 나한테는 솔직히 좀 아프고 서운했어'라고 문자를 보냈어요. 예전에 저는, 제가 섭섭하다고 얘기하면 상대방도 '너만 서운하니? 내가 더 서운해!' 하며 쏘아붙이고, 뭐 그러면서 문제가 점점 더 커지고, 진짜 싸움으로 번질 거라는 부정적인 생각을 많이 했거든요. 그런데 막상 문자를 보내고 나니 마음이 차분해지더라고요. 게다가 그 친구가 보내온 답변을 보면서 마음이 시원해지고 후련하게 정리가 되었어요."

"친구가 뭐라고 메시지를 보냈는데요?"

"자기가 함부로 말해서 미안하다고 했어요. 제가 서운한 마음이 들었다는 메시지를 보낼 때 손이 덜덜 떨릴 정도로 부담스러웠는데, 전혀 그럴 필요가 없었더라고요. 그 친구도 제가 못 갈지 모른다는 생각을 하고 있었대요. 그러면서도 '그래도 같이 공연 보러 가면 좋겠다~' 생각했대요. 저랑 같이 즐거운 시간을 보내게 될 거라는 생각에 잔뜩 기대하고 있었던 터라 서운해서 그랬다고, 그러면서 한편으로 자기가 함부로 한 말에 제 마음이 상했으면 어쩌나 걱정하고 있었다고요. 그랬던 터라, 제가 솔직하게 말해준 게 무척 고마웠다고 하더라고요."

대면하는 것 자체나 대면하는 과정은 얼마든지 불편할 수 있습니다. 카톡 문자를 통해 대면하고자 노력하는 동안 손이 덜덜 떨렸던 리나 양처럼 말이죠. 그러나 불편한 감정이 하나도 느껴지지 않을 때까지 기다릴 필요는 없습니다. 자신의 불편함을 인정하되, 상대방에게는 최대한 따뜻하게 대하면서 그 옆을 지켜주기만 하면 됩니다. 만일 자기감정(불편한 감정을 포함하여)을 솔직하게 드러내기 두렵다면 아직 대면할 준비가 되지 않았다는 뜻입니다.

안전하게 감정을 표현하기 위해서는 자신의 감정이 어느 정도 따뜻해질 때까지 기다리는 편이 낫습니다. 이야기하다 말고 분노가 폭발하거나 두려움에 무너져 내릴 것 같다면 마음이 가라앉을 때까지 기다린 다음 자신이 정말로 바라는 게 무엇일까 정리하고 나서 대면하는 편이 좋습니다. 그래도 늦지 않으니까요.

Counseling
19

"대화가 필요해, 우린 대화가 부족해"

—3가지 대면 방법

내담자

대면을 통해 상대방에게 무엇을 전달해야 할까요?

정신과 의사

당신이 상대방에게 원하는 게 무엇인지,
무엇을 필요로 하는지 진심을 담아 정중하고도
솔직하게 말하면 됩니다. 그게 전부예요.

이번 꼭지에서는 좀 더 구체적인 대면 방법을 알려드리겠습니다.

첫째, 대면할 때는 상대방이 어떻게 생각할지, 또 어떻게 반응할지 추측하거나 넘겨짚지 말고 당신의 생각이 무엇인지, 또 당신은 무엇을 필요로 하는지 분명하게 이야기해야 합니다.

"대화가 필요해, 우린 대화가 부족해"라는 가사의 옛날 노래가 있습니다. 이 노래를 듣고 있으면 괜스레 가슴이 뭉클해지시나요? 아니면, 자꾸 보채고 조르는 듯한 느낌이 드시나요? 어쩌면 노래 속 커플은 실제로 대화가 부족한 사람들일 수도 있습니다. 그러나 상대방도 그렇게 생각하는지 어떤지 잘 모르는 상황이라는 점을 고려하면 "난 너랑 더 많이 대화하고 싶어"가 좀 더 적절하지 않을까 싶습니다.

어떤가요? 듣는 사람의 상황에서 느끼는 부담감이 크게 줄어드는 것이 느껴지시나요? 앞의 대화에서 만일 리나 양이 "네가 어떻게 나한테 그럴 수 있니? 너한테 나는 뭐든지 네 생각대로 따라주어야 하는 사람이니?"라고 공격하듯 말했다면 그 뒤에 어떤 방향으로 일이 굴러갔을지 머릿속에 그림이 그려질 겁니다.

대면을 통해 말해야 하는 것은 당신이 상대방에게 원하는 게 무엇인지, 당신에게 필요한 것은 또 무엇인지와 같은 것입니다. 당신이 바라는 것이 무엇인지 제대로 표현하지 못한다면 상대방이 아닌 당신에게 문제가 있는 것입니다. 표현하지 않아도 상대방이 알아주기를 원하시나요? 거기서 한발 더 나아가 상대방이 알아차린 당신의 바람을 그대로 실행해주기를 바라시나요? 그것은 절대로 이루어질 수 없는 자기중심적인 생각에 지나지 않습니다. 아기는 자기중심적인 생각으로 세상을 보기 때문에 자기가 잠들면 세상도 잠들고, 자기가 눈뜨면 세상도 눈뜬다고 생각합니다. 그렇지만 어른이 되면 자신이 잠들어 있어도 세상은 문제 없이 굴러가고 자신이 밤새 눈을 부릅뜨고 있어도 잠잘 사람들은 다 잔다는 사실을 알게 됩니다.

당신이 필요로 하는 것이든, 혹은 간절히 원하는 것이든 그것이 당신에게 중요하다면 상대방에게 꼭 알아두어야 할 일이라며 정확히 알려주어야 합니다. 상대방이 당신 마음을 알아주기를 기대하지만 그렇게 하지 않는다고요? 아무것도 모르고 있던 상대방은 졸지에 배려심이 없는 사람으로 찍혀 (사실은 정말 몰랐을 따름인데) 부당하고 불필요한 비난을 받게 될 수도 있습니다.

둘째, 내면을 통해 당신이 바라는 것을 요구할 때 가장 효과적인 방법은 '분명하게+직접' 말하는 것입니다. 대면할 때는 당신이 원하는 것을 명확하고, 긍정적이며, 구체적인 언어로 요청해야 합니다. 부부 상담을 하면서 자기가 바라는 것을 구체적이고 분명하게 표현하도록 권유받았을 때 "조금만 더 우리 부모님께 신경을 써 달라고……" 하는 식의 말을 구체적으로 어떻게 해야 할지 모르겠다고 하소연하던 남편이 있었습니다.

남편이 힘들게 털어놓는 이야기를 들으면서 그의 아내가 이렇게 말했습니다.

"지금만큼 신경 쓰기도 힘든데, 어떻게 더 신경을 써? 일주일에 두 번씩 전화 드리고 있다니까."

신경 쓴다는 게 무엇인지를 놓고 한참 말씨름하다가 마침내 남편이 찾아낸 표현이 이랬습니다.

"부모님께 매달 드리는 용돈을 십만 원 더 올려드리면 좋겠어."

그제야 근심과 짜증이 뒤섞여 있던 아내의 얼굴에 안도의 빛이 지나갔습니다.

"그 얘기였어? 진작 그렇게 말하지 그랬어!"

남자친구가 자신을 소홀히 대하는 것 같아서 "이제 더는 나를 사랑하지 않는 거지?"라고 추궁하듯 물었다가 대판 싸운 커플이 있었습니다.

"그 이야기를 통해 선생님이 정말로 얻고 싶었던 게 무엇이었을까요? 설마 그렇게 심하게 싸우려고 한 이야기는 아니었을 테니 말이지요. 되도록 좀 더 분명하게, 그리고 구체적으로 이야기해보세요."

"처음 만날 때는 데이트하고 집에 들어가면 자기는 잘 도착했다며, 잘 자라고 메시지를 보냈다고요. 그런데 이제는 그런 메시지를 보내지 않아요. 저는 남자친구가 저를 바래다주고 나서 집에 가면 시간이 꽤 늦어지니까 잘 들어갔는지 어떤지 궁금하거든요."

"그러면 그 마음을 구체적이고 분명하게 표현해보세요. '집에 들어가면 잘 도착했다는 메시지를 짧게라도 보내주면 좋겠어'라고."

받고 싶은 것을 명확히 표현할수록 그것을 실제로 받게 될 가능성은 커집니다.

셋째, 앞에서도 나왔던 '나 메시지'가 대면의 주역으로 다시 등장합니다. 이 대화에서는 당신이 주인공이기 때문에 내용이 좀 더 분명해지고, 당신 자신이 그에 대한 모든 책임을 지게 됩니다.

"너는 왜 나한테 부담을 주니?" 같은 말은 듣는 사람이 어떻게 해석하느냐에 따라 천차만별의 반응이 나올 수 있습니다. 자기가 언제 부담을 주었느냐고 딱 잡아떼는 사람으로부터 그 정도 갖고 뭘 그렇게 피곤하게 구느냐는 사람까지 말입니다.

이 말을 "나는 그런 말을 들으면 부담스러워"라는 '나 메시지'로 바꾸면 그것만으로도 상대방에게 미치는 불필요한 충격파를 한결 줄일 수 있습니다. 결국, 우리는 관계를 깨기 위해서가 아니라 관계를 바로 세우기 위해 대면하는 것이기 때문입니다. "너 때문에 짜증 나/속상해" 같은 이야기도 '나 메시지'로 바꾸면 당신이 전달하고 싶은 당신의 속마음을 좀 더 분명하게 드러낼 수 있습니다.

비난 조로 들리는 이야기 앞에서 많은 사람은 도망을 치거나 맞공격을 시도하기 때문에 정말 하고 싶었던 이야기는 하지 못한 채 감정이 치밀고 들어와 모두 엉망이 되어버릴 수 있으니까요. "나는 네가 ~할 때 짜증 나/속상해"라는 말은 똑같이 '내가 속상하다'라는 뜻을 전달하면서도 상대방을 공격하는 것처럼 보이게 하거나 지나치게 자극하지 않고 자신의 감정을 이야기할 수 있다는 장점이 있습니다. 이것이 '나 메시지'의 힘입니다.

넷째, 대면할 때 강요하지 말고 부탁하세요. 부탁과 강요는 다릅니다. 『비폭력 대화』의 저자 마셜 B. 로젠버그에 따르면,

뭔가를 강요받을 때 사람들은 복종 또는 반항이라는 두 가지 반응 중 하나를 선택한다고 합니다. 당신이 지금 하는 말이 부탁인지 강요인지 알고 싶으세요? 부탁을 거절당했을 때 당신이 어떻게 반응하는지를 생각해보면 좀 더 명확히 알 수 있습니다. 초등학생 아이에게 잠자기 전에는 꼭 양치질하라고 말하는 엄마를 생각해보세요.

"아들, 엄마는 네가 충치가 생길까 봐 걱정돼. 그러니까 자기 전에는 양치했으면 좋겠어."

그런데 아들이 깊이 생각해보지도 않고 대답합니다.

"싫어. 그냥 잘래."

"뭐라고? 엄마가 좋은 말로 부탁했는데, 그따위로 대답해?"

상대방에게서 비판이나 비난 같은 반응이 자동으로 튀어나온다면 당신이 아무리 정중한 '나 메시지'로 이야기했다 하더라도 그것은 어디까지나 부탁이 아닌 강요일 뿐입니다. "(비꼬면서) 그러니까 도저히 못 하겠다는 얘기구나?" "됐어, 다시는 이런 말 안 할게." "내가 너한테 지금까지 해준 게 얼마인데, 이 정도도 못 해주니?" 등의 이야기처럼 당신의 부탁에 응하지 않은 사람에게 죄의식을 느끼게 만든다면 이 역시 부탁의 탈을 쓴 강요일 뿐입니다.

부탁은 "당신의 삶을 좀 더 풍요롭게 하려고 다른 사람이 당신에게 해주기 바라는 구체적인 행동"으로 정의됩니다. 아무리 훌륭한 부탁이라 하디라도 결국은 당신의 삶을 좀 더 풍요롭게 하고자 하는 마음이 밑바닥에 깔렸음을 인정해야 합니다. 그래야만 부탁하는 사람이 겸손한 자리에 서게 되기 때문입니다.

상대방을 위해 부탁한다고 하면 얼핏 그럴듯하게 들립니다. 그러나 이래라저래라 하고 싶은 당신의 숨은 생각이 드러나면 상대방은 반감을 갖게 될 것이고, 당신이 한 부탁들을 곧바로 튕겨낼 가능성이 큽니다. 아들의 좋은 양치질 습관은 건강한 치아를 위해 꼭 길러야 할 습관입니다. 그런데도 위의 사례에 나오는 엄마가 아들의 구강 위생만을 위해 그렇게 말한 걸까요? 아니면, 조그만 녀석이 벌써 자기 마음대로 하려고 하는 게 짜증 나고, 게다가 충치라도 생기면 치과 신세 져야 하는 게 싫어서 강요한 건 아니었을까요? 이 점을 곰곰이 생각해볼 필요가 있습니다.

로젠버그는 "부탁의 목적은 솔직함과 공감에 기반을 둔 연결, 즉 인간관계의 형성"이라고 설명합니다. 다시 말해, 질적인 유대 관계를 맺는 것이자 모든 사람의 욕구가 충족되는 것이 목표입니다. 아들의 건강한 치아는 지키되 모자간의 건강한 관계를 잃어버린다면 모든 사람의 욕구가 충족되었다고 보기 어렵습니다. 당신이 진정으로 원하는 것을 얻기 위해 상대방이 누구든, 당신보다 한참 어린 사람이든, 당신 없이는 못 사는 사람이든, 당신 말에 귀 기울임으로써 훨씬 더 큰 이익을 얻을 사람이든 상관없이 강요가 아닌 정중한 부탁을 할 수 있으면 좋겠습니다.

CHAPTER
03

가족과 친구에게 하는 말

Counseling
20

성격 장애를 가진 사람이 치료에 거부적 태도를 보이는 이유

내담자

성격 장애를 지닌 가족과 잘 지내려면 어떻게 해야 할까요?

정신과 의사

성격 장애를 가진 가족 때문에 힘들 수밖에 없는 상황은 충분히 이해합니다. 성격은 쉽게 바뀌지 않으니까 더 힘드시겠죠. 쉽지 않겠지만, 그 사람을 담담히 인정하고 좀 더 편안한 마음으로 대하도록 노력하세요.

상담실을 찾는 사람 중에는 가족에게 커다란 마음의 상처를 입은 이가 적지 않습니다. 그중에서도 가장 큰 고통을 겪는 이는 아마도 '성격 장애'를 가진 이를 가족으로 둔 사람일 겁니다.

'성격 장애'란 무엇일까요? 성격 장애를 가진 사람은 어떤 사람일까요? 성격 장애란 글자 그대로 성격에 결함이 있는 걸 뜻하고, 성격 장애를 가진 사람은 성격에 장애가 있으며, 성격이 몹시 나쁜 사람을 의미할까요? 그저 일상적인 대화에서라면 그렇게 이해하고 넘어가도 되겠지만 이 점에 대해 좀 더 정확히 알아보는 게 좋을 것 같습니다.

정신건강의학과에서 정의하는 '성격'이란 끊임없이 변화하는 내·외부적 환경에 적응하는 독특한 성향을 말합니다. 성격은 겉으로 드러나는 행동 양상과 내면에 간직된 경험들을 포함하는 개념입니다. 그러므로 성격 장애를 가진 사람은 행동과 감정 모두에서 일반적인 사람들과는 사뭇 다른 성향을 보이게 됩니다.

성격 장애의 양상은 웬만해서는 쉽게 달라지지 않고, 일상

생활의 전반적인 영역에서 나타납니다. 성격 장애를 가진 사람에게서는 인지 · 정서 · 대인관계 · 충동 조절 등 중요한 영역에서 최소 두 가지 이상의 문제가 나타납니다. 그리고 그로 인해 자신이 불행하다고 느끼거나 심리 장애를 겪습니다.

성격 장애에 관해 의과대학 정신과학 시간에 들었던 설명이 아직도 기억에 또렷이 남아 있습니다.

"우울증이나 불안증을 가진 사람은 자신이 괴로워서 병원을 찾아온다. 반면, 성격 장애를 가진 사람은 그 자신이 아니라 그 사람 때문에 괴롭고 고통스러운 가족이 찾아온다."

성격 장애를 가진 사람들은 다른 정신과적 문제를 가진 사람에 비해 치료를 거부할 우려가 큽니다. 왜냐하면, 성격 장애를 가진 사람은 모든 증상을 '자신의 성격'으로 받아들이므로 그다지 불편하지 않기 때문입니다. 마치 사람이 물에 빠지면 금방 호흡이 곤란해지고 불편하지만, 물고기들은 물속에 있을 때 가장 편안하게 느끼고 호흡도 잘되는 것과 비슷합니다.

성격 장애 환자의 부적응적 행동으로 가장 큰 불편을 겪는 사람은 그의 가족입니다. 성격 장애 가운데 상당한 유명세를 누리는 '반사회성 성격 장애'를 살펴봅시다. 이들에게는 다른 사람의 권리를 무시하고 침해하는 양상이 전반적으로 나타나는데, 다음과 같은 7가지 특성을 보입니다.

1. 충분히 체포당할 정도의 범법 행위를 반복적으로 저지르는 식으로 사회적 법규들을 지키지 못하거나
2. 반복적인 거짓말로 흔히 표현되는 농후한 사기성으로 개인적인 이득이나 쾌락을 취하고자 다른 사람을 속이거나
3. 충동성이 심해서 앞날의 계획을 세우지 못하거나
4. 반복적으로 싸움을 일으키는 등 난폭한 행동을 일삼거나
5. 다른 사람은 물론이고 자신의 안전에도 주의를 기울이지 않거나
6. 꾸준히 일하고 경제적 의무를 다하는 등의 지속적인 책임을 지지 못하거나
7. 죄책감 결여로 다른 사람을 다치게 하거나, 죄책감 없이 남의 물건을 훔치거나, 합리화하는 행동 양상을 보입니다.

〈출처: 『정신질환의 진단 및 통계편람 — DSM-5』〉

그들이 가장 '반사회적'인 행태를 보이는 영역은 어디일까요? 바로 가장 가까운 타인인 가족입니다. 때로는 친구들(만일 친구가 있는 사람이라면)이 가족의 자리에서 고통을 감내하기도 합니다. 가족이나 친구처럼 가장 가까운 인간관계에서도 서로 간에 지켜야 할 최소한의 예의가 있는 법입니다. 이는 누구나 다 아는 일종의 상식입니다. 그런데도 그들은 아무렇지

않게 그 선을 넘습니다.

성격 장애를 가진 사람들은 거짓말도 잘합니다. 그 거짓말의 첫 번째 대상이자 피해자도 가장 가까운 관계인 가족이나 친구가 되기 쉽습니다. 매우 충동적인 성격으로 매사에 좌충우돌하며 다른 사람과 심각한 갈등을 일으키는 걸 날마다 지켜보아야 하는 가족의 심정은 어떨까요? 난폭한 싸움도, 자신과 가족의 안전을 돌보지 않는 무책임한 행동도 가슴 철렁하게 하기는 매한가지입니다.

반사회성 성격 장애도 고수와 하수로 나누어 생각해볼 수 있습니다. 하수에 해당하는 반사회적 성격 장애인은 매사에 크고 작은 다툼과 갈등을 빚고 좌충우돌하며 문제를 일으킵니다. 고수에 해당하는 좀 더 지능화된 반사회성 성격 장애 환자는 그 정도의 증상이나 부작용에 그치지 않습니다. 그들은 자기가 원하는 것을 얻기 위해 '사회적 가면'을 쓸 줄 압니다. 그들은 학교, 직장 등 사회에 나갈 때는 그럴듯한 가면을 씁니다. 그런 다음, 집으로 돌아오면 반사회적 민낯을 드러냅니다. 자신이 원하는 것을 얻고자 거짓으로 도배한 미소와 설탕 발림으로 중무장하고 있다가, 집에만 오면 포악한 모습을 유감없이 보여줍니다.

이런 유형의 사람은 반사회성 성격 장애를 가진 사람 중에서도 중증이자 고수에 해당합니다. 이들이 밖에 나가서 보여주는 감쪽같은 모습에 깜빡 속아 넘어가는 사람들을 보면 사정을 속속들이 아는 가족들은 속이 답답해 터질 지경이 됩니다. "정말 훌륭한 아드님을 두셨어요~"라는 칭찬의 말에 '또 무슨 사기를 치려고 그럴듯한 말을 늘어놨을까?' 생각하게 됩니다. 그런 일을 일상적으로 겪는 가족들은 울 수도 웃을 수도 없고 혼란스럽기 그지없습니다.

그런데 말입니다. 밖에 나가서는 그럴싸한데, 안에 들어오면 엉망진창이 되는 게 비단 성격장애 환자에게만 보이는 모습일까요? 그렇다면 당신 자신은 괜찮을까요? 한 번도 화내본 적 없는 사람처럼 웃고 있지만, 실상 아주 유치하고 사소한 일에도 핏대를 올리며 성질을 부리는 게 혹시 가족들 앞에선 당신의 모습 아닌가요?

한편으로 다른 사람들에게는 간이라도 빼줄 듯 잘 대해주면서 가족들에게는 아무렇게나 대하는 사람들의 심리를 좀 더 세밀히 들여다볼 필요가 있습니다. 집에서는 고래고래 소리를 지르고 난리 치다가도 밖에만 나가면 살살 녹는 웃음으로 타인을 대하는 사람들 말입니다. 다른 사람들에게 친절하게 대하는 것이 나쁘다고 말하는 게 아닙니다.

친절함 그 자체야 물론 좋습니다. 그러나 무슨 일에든 일관성이 있어야 합니다. 집 안에서의 모습과 집 밖에서의 모습이 완전히 다르다면 심리적으로 문제가 있는 겁니다. 그런 유형의 사람은 자존감(自尊感, Self-esteem)이 낮을 가능성이 큽니다. 이렇게 해야만 사람들이 자신을 좋아하고 받아들일 거로 생각해서, 필요 이상의 저자세로 사람들을 대하는 겁니다. 자존감이 낮은 만큼 자기 자신을 우습게 알고 함부로 대합니다.

거기까지는 그렇다 칩시다. 문제는 가족입니다. 이런 사람 중에는 애꿎은 가족들에게 함부로 대하는 사람이 적지 않습니다. 자기 자신도 이렇게 대하는데, 자신의 연장선에 있는 가족들을 귀하게 생각할 리가 없습니다. 가족들을 무시하고 마구 대하는 사람들은 자기 자신을 대하는 것과 비슷하게 다른 가족들을 대할 가능성이 큽니다. 그러므로 가족들에게 하는 막말은 자기 자신에게 하는 막말과 같습니다. 가족에게 마음 내키는 대로 아무렇게나 말하는 사람은 그 말로 자기 자신을 해치고 있다는 사실조차 알지 못한 채 일종의 언어적 자해를 하는 것일지도 모릅니다.

여기까지 설명을 듣고 이해하면 비로소 성격장애 환자 가족들의 분노는 안타까움으로 바뀝니다. 자기들을 못 잡아먹어서 안달 난 것처럼 보였던 그 사람이 사실은 자신을 못 잡아먹어서 안달이었다는 걸 알게 되었기 때문입니다. 이렇게 작은 이해와 변화는 더 큰 이해와 변화로 연결될 수 있습니다. '사람의 뒷면'을 보는 눈이 생겼기 때문이지요.

Counseling
21

말 안 해도 아는 게 아니라 말해야 안다

— 정신적인 '자가 면역 질환'에 대처하는 방법

내담자

고마운 마음, 사랑하는 마음, 미안한 마음을
꼭 말로 표현해야 할까요?
가족이라면, 친구라면 굳이 말로 안 해도
제 마음을 이해해주어야 하는 거 아닌가요?

정신과 의사

그렇지 않습니다. 제대로 표현되지 않은 마음을
상대방이 알아주기를 기대해서는 안 됩니다.
적극적으로 말해야 합니다. 표현해야 합니다.
고마운 마음도, 미안한 마음도,
사랑의 감정도, 서운한 감정도.

내과 질환 가운데 '자가 면역 질환(Autoimmune Disease)'이라는 병이 있습니다. 이것은 자기 몸 안에 정상적으로 존재하는 조직들을 대상으로 하는 비정상적인 면역 반응을 뜻합니다. 본래 우리 몸은 외부에서 들어오는 병균 등의 해로운 미생물을 방어하기 위해 면역 체계를 갖추고 있는데, 면역 기능이 떨어지면 병원균이 침입했을 때 속수무책으로 당하게 됩니다. 에이즈로 잘 알려진 후천성 면역 결핍 증후군(Acquired Immune Deficiency Syndrome)은 HIV라는 바이러스에 감염되었을 때 면역 기능이 떨어져서 나타나는 증상들을 말합니다.

자가 면역 질환은 이와 반대입니다. 자신의 세포를 외부에서 들어온 적군으로 인식해서 면역이라는 무기로 공격합니다. 류머티즘성 관절염은 대표적인 자가 면역 질환으로, 몸의 면역 체계가 관절 조직들을 공격하기 시작하면서 염증이 일어나는 것으로 판단됩니다. 그러나 아직 정확한 원인은 밝혀지지 않았습니다. 치료를 위해서는 면역 억제제를 사용해 면역 반응을 제어해야 합니다.

내과 질환 공부를 하려고 한 것도 아닌데, 웬 자가 면역 질환에 관한 설명인가 의아할 수도 있습니다. 내용이 좀 어려워지는 걸 감수하면서까지 이 이야기를 한 이유가 있는데요. 가족과 친구처럼 가까운 사람이자 자신의 연장선인 사람들에게 말로 상처 주는 것은 자가 면역 질환과 닮은 데가 있다고 생각했기 때문입니다.

가까운 사람들과의 사이에는 적당한 거리 유지가 중요합니다. 그들은 당신 자신이 아니기 때문입니다. 아무리 가깝다고 해도 그들은 당신이 아니므로 당신 뜻대로 할 수 없기 때문입니다. 어쩌면 조금 차갑게 들릴지도 모르겠지만, 부모에게 자녀는 자신이 아닙니다. 자녀에게 부모도 자신이 아닙니다. 물론 그들이 잘 지내면 좋겠지요. 그러나 당신의 바람과는 별개로 그들은 그들 나름대로 삶을 살아가게 될 겁니다.

그러면서도 동시에 그들은 당신 자신이기도 합니다. 그들이 아프면 당신이 아프고, 그들이 무너지면 당신도 함께 무너집니다. 그들이 행복하면 당신도 함께 행복하므로 그들은 당신의 연장선이 되는 겁니다. 면역은 어느 한쪽으로 기울거나 치우치지 않는 균형을 이루어야 합니다. 인간관계도 마찬가지입니다. 가장 가까운 거리에 있는 사람과의 관계에서도 우리는 균형을 이루어야 합니다.

여기서 간략히 점검하고 넘어갈까요? 오늘 아침에 일어나서 당신이 가장 먼저 가족에게 한 말은 무엇이었나요?

① "시끄러워, 알람 빨리 꺼!"

② "잘 잤어?"

③ "……."(아무 이야기 안 함)

가까운 사이일수록 더 쉽게 말이 나갈 수 있다는 건 이해합니다. 피곤한 아침 시간에 아무 말도 하고 싶지 않을 수 있다는 것도 잘 압니다. 그렇지만 이게 마지막일 수도 있다는 것을 모르는 채 가족들과 '평범한' 시간을 보냈던 사람들의 애끓는 아쉬움을 들어본 적 있나요? 그들의 절절한 사연을 들으면 '지금 이 순간'을 함께할 소중한 사람이 있다는 것만으로도 얼마나 감사한 일인지 깨닫게 될 겁니다.

"아침에 출근하느라 너무 바빠서 출근할 때 하던 키스도 하지 못한 채 남편을 보냈어요."

(9.11 테러로 남편을 잃은 아내의 인터뷰)

"불이 났는데 문이 안 열려요. 숨을 못 쉬겠어요. 여보 사랑해! 우리 애들 보고 싶어!"

"숨이 차서 더는 통화를 못하겠어. 엄마 그만 전화해. 엄마 사랑해……!"

(대구 지하철 참사 때 마지막 문자 메시지 및 전화 통화 내용)

"엄마, 내가 말 못할까 봐 보내놓는다. 사랑해!"

(세월호 참사 때 보내온 카카오톡 메시지)

가까이 있어서 어쩌면 아주 당연하게 여겼던 가족과 친구들. 감사와 칭찬이 가장 절실히 필요한 자리가 바로 여기입니다. 감사와 사랑의 마음을 나누는 것은 상대방을 조종하기 위해서가 아닙니다. 아, 물론 가끔은 용돈을 더 받기 위해서, 혹은 미안할 만한 짓을 했기 때문에 용서를 구하고자 감사를 말할 수도 있습니다만, 언제나 그런다면 문제가 되겠지요.

감사와 칭찬은 상대방으로 인해 기쁜 마음을 나누는 일에서 시작합니다. 물론 내가 얼마나 감사한지 표현하는 일에 따로 규칙이 있는 건 아닙니다. 『비폭력 대화』의 저자가 제안한 방법을 사용하면 훨씬 알차게 표현할 수 있을 거라는 생각이 들어 소개해봅니다.

> 나의 행복에 상대방이 어떻게 기여했는지, 그 때문에 나의 욕구는 어떻게 충족되었는지, 그 결과 내가 느끼는 기쁨이 어떠한지 말하면서 고마운 마음을 표현합니다.

아이가 아파서 쩔쩔 맬 때 멀리 사는 가족이 찾아와서 당신도 도와주고 아이도 챙겨준 상황을 생각해봅시다. 그렇다고 지금 당장 아이가 병을 이기고 일어난 것은 아닐 겁니다. 그러나 당신이 느끼는 행복은 달라지지 않은 현실을 당당히 딛고 일어서게 해줄 겁니다.

지금 당신의 마음은 어떤가요? 따뜻한 행복함이 느껴진다면 그 이야기를 하면 됩니다. 고마운 마음이 들고 뿌듯하다면 그 마음을 있는 그대로 전하면 됩니다. 굳이 어렵고 복잡한 설명을 곁들일 필요가 없습니다.

당신 곁에 있어주는 그 사람 덕분에 충족된 당신의 욕구는 무엇일까요? '욕구'라고 하면 어쩐지 어색해하고 이상하게 바라보는 경향이 있습니다. 어쩌면 오랜 유교적 전통의 결과일 수도 있습니다. 배가 고파 식욕이 넘쳐나도 대놓고 그 욕구를 채우고자 하면 점잖지 못하다고 눈총받기 쉽습니다. 그러나 우리는 욕구를 채워야만 살아갈 수 있는 존재입니다.

미국 심리학자 애이브러햄 매슬로(Abraham Harold Maslow)는 '욕구 단계설'로 유명한 사람입니다. 그는 우리가 경험하는 욕구 단계를 피라미드 모양으로 설명했습니다. 하위 욕구들이 채워지지 않으면 불안하고 긴장할 수 있으며, 상위 욕구들을 바라기 위해서는 하위 욕구가 먼저 채워져야 한다고 했습니다.

욕구 계층의 맨 아래층은 생리적 욕구입니다. 생존을 위해 필요한 물리적 요소들이 여기에 들어갑니다. 공기, 물, 음식 같은 것들은 기본이고 옷이나 머물 곳 같은 것도 생리적 욕구

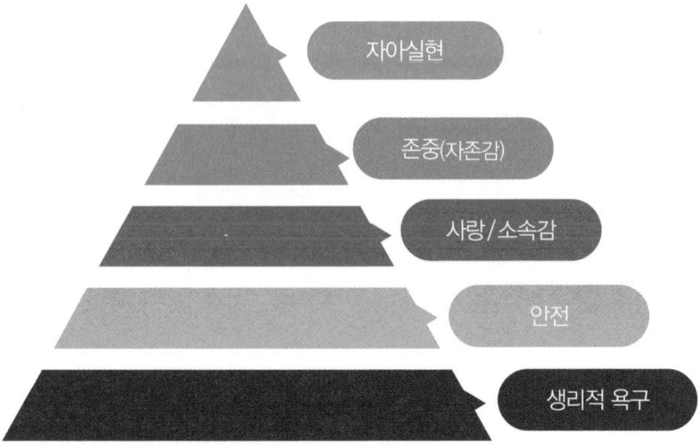

에이브러햄 매슬로의 욕구 단계 피라미드

해결을 위해 필요합니다.

생리적 욕구가 충족되고 난 뒤 '안전성'이라는 욕구가 채워지기를 기다립니다. 전쟁이나 자연 재해, 가정 내 폭력처럼 물리적 안전이 보장되지 않는 상황이나, 실직과 경제공황처럼 경제적 안전이 보장되지 않는 경우 사람들은 어떻게든 이를 해결하려고 노력합니다. 어른과 비교하면 아이들에게는 이 단계의 욕구가 특히 중요합니다. 아마도 아이들은 자신을 스스로 안전하게 지킬 힘이 어른에 비해 상대적으로 적기 때문이 아닐까 싶습니다.

다음 단계의 욕구는 '사랑'과 '소속감'입니다. 여기부터는 사람이 사회적인 존재이며 혼자서 살 수 없다는 사실이 분명하게 드러납니다. 이 욕구 역시 안전 욕구와 마찬가지로 아이들에게 더욱 두드러집니다. 만일 이 시기에 아이들이 방임되거나 격리된 채 자란다면 평생 정서적으로 의미 있는 인간관계를 맺지 못할 수도 있습니다.

사람들은 크든 작든 자신이 사회집단에 속해 있다는 느낌과 타인에게 수용받는다는 사실을 경험할 필요가 있습니다. 그러므로 가장 작은 사회 집단인 가족은 존재 자체로 이 단계의 욕구 충족에 기여하는 것과 마찬가지입니다.

가족과 친구들 사이에 있으면서 사랑하고 사랑받는 경험을 해야 외로움이나 불안 등 부정적인 감정들을 피할 수 있습니다. 이 단계의 욕구는 매우 강렬해서 어떤 경우에는 전 단계에 해당하는 생리적 욕구나 안전 욕구를 건너뛰기도 합니다. 극단적인 경우지만, 굶기고 때리는 부모에게 계속 집착하는 어린이를 떠올려보면 좀 더 이해가 갈 겁니다. 그 정도까지는 아니더라도 친구들과 어울리기 위해 밥 먹는 걸 건너뛰고 나간다거나, 신체적으로 위험해질 수 있는 상황에서 도망치지 않는 것도 이 단계의 욕구가 얼마나 중요한지에 대한 설명이 될 겁니다.

그다음 단계의 욕구는 '존중'의 욕구입니다. 자존감에 대한 욕구도 여기에 포함됩니다. 다른 사람들에게 수용되고 가치 있는 사람으로 인정받고 싶은 마음, 인정받을 수 있는 직업이

나 취미를 갖는 심리를 존중 욕구로 설명할 수 있습니다. 자존감이 낮은 사람, 흔히 열등감에 사로잡힌 사람이라고 말하는 사람들은 이 단계의 문제를 겪고 있을 가능성이 큽니다.

앞에서 이야기했던 낮은 자존감 문제가 여기에서 다시 한 번 확인됩니다. 자존감이 낮은 사람들은 다른 사람들이 해주는 "괜찮아, 훌륭해!", "잘하고 있어, 진짜 대단한걸!" 같은 말들이 필요합니다. 명예나 인기를 끌려고 시도할지도 모릅니다. 그렇지만 막상 인기를 끌고 명예를 누리게 된다 하더라도 이를 내면화하지 못한다면 아무 소용이 없습니다.

내면화란 "그래, 난 참 괜찮은 사람이야!" "나 참 잘 해냈어, 나 자신이 자랑스러워!" 식으로 자기 자신을 인정하고 받아들이는 것을 뜻합니다. 매슬로는 존중 욕구를 상위 버전과 하위 버전으로 나눌 수 있다고 덧붙였습니다. 하위 버전의 존중 욕구는 다른 사람으로부터 존중받고자 하는 필요입니다. 지위나 인정, 명예와 인기, 관심 등을 포함합니다.

상위 버전의 존중 욕구는 자기 자신을 존중하는 것입니다. 스스로 강인한지, 자기 확신이 있는지, 자기가 있어야 할 자리에 제대로 자리하고 있는지, 잘해내고 있는지, 독립적인지, 자유로운지 등등이 여기에 포함됩니다.

만일 상위 버전과 하위 버전 사이에 차이가 있는 경우라면 상위 버전이 우선시됩니다. 만일 상황이 좋지 않아 다른 사람들에게 사랑과 관심을 받지 못한다고 가정해봅시다. 그런 상황에서도 긍정적으로 생각하며 자신을 정성껏 돌보는 노력으로 그 상황을 견뎌낼 수 있습니다. 그런 노력은 자신이 타인에게 사랑과 관심을 받을 만한 충분한 자격이 있는 사람이라는 믿음에서 비롯됩니다.

위의 경우와 반대되는 상황도 생각해볼 수 있습니다. 주위의 모든 사람이 당신에 대한 신뢰와 사랑을 표현하는 상황에서조차 정작 당신은 당신 자신을 그런 신뢰와 사랑을 받을 자격이 없는 사람이라고 생각한다고 가정해봅시다. 이런 경우에 당신이 무너지는 것은 시간문제입니다. 이 단계의 욕구가 결핍되면 열등감이나 무기력감으로 고통받게 됩니다.

마지막 욕구 단계는 '자아실현'입니다. 이 단계의 욕구는 한 사람의 잠재력과 그에 대한 깨달음을 다루고 있습니다. 자기발전을 위해 그가 가지고 있는 잠재력을 극대화하여 마침내 자기완성을 이루고자 하는 욕구입니다. 자아실현 욕구는 사람마다 다른 형태로 나타납니다. 누군가는 완벽한 엄마가 되고 싶은 욕구를 가지고 있습니다. 또 누군가는 훌륭한 사업가로 성공하고 싶은 욕구를 가지고 있습니다.

그러면 가족과 친구들이라는, 당신과 제일 가까운 곳에 서 있는 존재들은 이 욕구 단계에서 어떤 역할을 할까요? 생리적 욕구를 가족과 분리해서 생각하기란 쉬운 일이 아닙니다.

가정 폭력처럼 특수하고 예외적인 상황이 아니라면 안전 욕구 역시 가족들과 함께 있는 동안 충족되는 경우가 대부분입니다. 가족과 친구들은 '우리 가족', '내 친구 누구누구'라는 식으로 그 이름만으로도 소속을 확인시켜주고 애정을 갖게 합니다.

사랑하는 가족과 친구가 있는 사람들은 그것만으로도 복받은 사람인 셈입니다. 여기까지는 기본으로 채워지는 욕구들입니다. 그다음 단계, 존중 욕구와 자아실현 욕구는 자기 혼자 애쓰는 것만으로는 채워지기 어렵다는 단점이 있습니다. 당신이 그들을 존중하고, 그들이 당신을 존중하게 하려면 서로의 관계를 잘 가꾸어가야만 합니다.

자아실현 역시 마찬가지입니다. 혼자 아무것도 하지 않은 채 가만히 있다가 불현듯 자신의 잠재력을 깨닫는 사람은 거의 없습니다. 자신의 가치는 다른 사람과 엮어져 있는 상황에서 더 잘 알게 될 가능성이 큽니다.

자, 그러면 아까 하던 이야기로 잠시 돌아가봅시다. 가족과 친구들이 채워준 당신의 욕구는 무엇일까요? 그리고 이걸 어떻게 표현할 수 있을까요? 매슬로의 욕구 단계에 맞추어서 생각해본다면 이렇게 말할 수 있을 겁니다.

"이렇게 엄마가 차려준 밥 먹으니까 좋다. 배부르고 등 따시니 좋아요."

"여보, 당신 때문에 먹고 산다는 게 새삼스럽게 고마워! 내 곁에 늘 든든하게 있어줘서 고맙고 행복해!"

"네가 내 친구여서 좋다!" "우리가 이 모임 안에서 만나 참 좋다. 같이 있으니까 마음이 따뜻해지는 것 같은걸."

"나를 사랑해줘서 고마워요!" "칭찬해주셔서 감사합니다. 기분이 너무 좋아지는걸요."

"내가 친구 같은 아빠가 되려는 목표를 갖고 살아가게 해줘서 고마워! 너 때문에 살고 있다는 생각이 드니까 행복하다!"

감사한 마음을 직접 표현한다는 것, 쑥스럽고 망설여지는 일임은 분명합니다. 굳이 말로 표현할 필요가 있나 하는 생각이 들기도 할 겁니다. 상대방이 무안해할지도 모른다는 생각도 들겠죠. 그러나 그렇지 않습니다. 앞에서 어떻게 구체적인 감사를 표현해야 할지 제안한 『비폭력 대화』의 저자는 "감사하는 내 마음의 깊이를 상대방이 알고 있으리라 믿었지만, 결국 그렇지 않다는 사실을 자주 발견했다"라고 말합니다. 그가 내린 결론을 좀 더 들어볼까요?

사람들은 쑥스러운 느낌이 들더라도 감사하는 마음의 표현을 말로 듣고 싶어 한다. 말은 가슴 깊이 느끼는 진실을 전하기에는 불충분한 수단일지 모르지만, 해야 할 가치가 있는 것은 서투르게라도 할 가치가 있다.

보여줄 수 있는 사랑은 아주 작다고 하지만, 그나마도 보여주지 않으면 무(無)가 되어버립니다. 이 이야기를 들으면서 누군가는 이렇게 말할지도 모릅니다.

"꼭 말해야 아나? 말 안 해도 알아야 진짜 사랑이고, 진짜 가족이지!"

그렇지만 실제 사람들의 이야기를 들어보면 그게 아닙니다. 말해야 압니다. 그래서 위의 이야기는 이렇게 바꾸어서 말할 수 있습니다.

"네, 꼭 말해야 압니다. 진짜 사랑하고, 진짜 가족이니까 말해야 합니다."

Counseling
22

아첨은 자신을 향하지만 칭찬은 상대방을 향한다

— 칭찬의 역할과 기술

“

내담자

다른 사람이 제게 하는 말이 칭찬인지 아첨인지
어떻게 구별할 수 있을까요?

정신과 의사

아첨은 자신을 향하지만 칭찬은 상대방을 향합니다.
아첨은 아첨하는 사람만의 이익을 추구하지만,
칭찬은 칭찬받는 사람과 칭찬하는 사람 모두의 이익,
즉 윈-윈을 추구합니다.

”

이 글을 읽는 당신은 최근 누군가에게 칭찬받은 일이 있나요? 만일 그렇다면 어떤 일로 어떻게 칭찬받았나요? 잠시 눈을 감고 한번 기억을 되살려보세요. 만일 그렇지 않다면 칭찬을 듣고도 혹시 잊은 것은 아닌지 생각해보세요. 어쩌면 칭찬을 들었으나 그 정도 이야기를 듣는 건 칭찬도 아니라고 생각할 수도 있을 겁니다. "칭찬은 고래도 춤추게 한다"라는 말이 있는데, 그렇게도 중요한 칭찬이 정작 자기 삶의 기억 가운데 떠오르지 않는 건 그 자체로 가슴 아픈 일입니다.

칭찬이 왜 중요한지 한 번 더 살펴보면 좋겠습니다. 당신에게 칭찬해주지 않는 주변 사람들을 원망하거나 '하긴, 내가 생각해도 나한테 칭찬할 거리가 별로 없기는 하지' 하면서 자학 모드로 들어가기 전에 말입니다.

칭찬이 중요한 첫 번째 이유는 자존감과 연결되기 때문입니다. 자존감은 영어로 표현하면 self-esteem으로, 자신을 스스로 평가한다는 뜻입니다. 즉, 자존감은 단순히 '감정'에서 그치지 않고 자신을 바라보는 시각을 아우릅니다. 당신이 다른 사람들에게 받아들여질 가능성을 평가하는 일, 사랑받을 가치에 대한 포괄적 평가·판단 등이 여기에 포함됩니다. 그런데 이 말이 우리말로 들어오면서는 한문 가운데 '존귀할 존' 자를 사용하여 자존감(自尊感)으로 번역되었습니다. 이 말을 그대로 풀자면, '자신을 귀하게 느끼는 감정'이 됩니다. 자존감이라는 말을 사용할 때 '자신을 소중하고 존귀하게 여기는가'와 같은 질문이 숨어 있는 점을 생각한다면 탁월한 번역인 셈이지요. 많은 경우 당신이 자기 자신을 보는 시각은 당신 주변의 사람들, 특히 당신의 삶에서 중요한 타인이 당신을 보던 시각에 의해 영향받습니다.

『자존감』의 저자 알리스터 맥그라스는 '혈통'을 첫 번째 자존감의 토대로 꼽습니다. 계급 사회가 철폐되었다고는 하지만, 금수저와 흙수저 이야기가 공공연히 오가는 세상에서 어떤 가정에서 태어났는지에 따라 자기 자신을 바라보는 내외부의 시각이 차이가 나는 것은 부정할 수 없습니다.

맥그라스가 꼽는 두 번째 자존감의 토대는 '역할 수행'입니다. 자신에게 주어진 일을 얼마나 잘해내는지에 따라 자존감이 좌우됩니다. 학생이라면 공부를 잘하는 학생의 자존감이 상대적으로 높을 수밖에 없습니다. 자본주의 세상을 사는 성인이라면 돈을 많이 버는 사람의 자존감이 그렇지 않은 사람에 비해 높을 가능성이 큽니다. 그렇지만 꼭 규정된 성적이나 규정된 연봉에 의해서만 자존감이 좌우되지는 않습니다. 번

듯한 대기업에 다니면서도 자기 일을 잘 못한다고 타박받는 사람과, 조그만 가게라도 그 사람이 없으면 굴러가지 않는다는 평을 듣는 사람의 자존감이 어떻게 차이 날지는 충분히 상상이 될 겁니다.

역할 수행에는 주변 사람들의 기대도 있지만 자기 자신의 기준도 있습니다. 비록 공부를 잘하지는 못하지만 운동을 잘하는 사람이 그런 자신을 자랑스럽게 생각할 수도 있습니다. 반면에, 돈을 많이 벌지만 자신의 외모에 대한 콤플렉스로 주눅 들어 사는 사람도 있습니다.

세 번째 자존감의 토대는 '타인의 사랑'입니다. 다른 사람에게 사랑받는 사람은 자신이 소중한 존재임을 잘 압니다. 여기에 다른 설명이 더 필요하지 않습니다. 디즈니 애니메이션 영화 〈미녀와 야수〉에서 야수는 미녀의 사랑을 통해 자신을 보는 눈이 달라집니다. 자신을 보는 눈이 달라지자, 마침내 야수의 모습이 벗겨지고 그의 존재 자체가 달라집니다.

마지막 자존감의 토대는 '영원한 의미'입니다. 눈에 보이는 것만이 전부라고 생각하던 사람이 어느 날 무엇에 홀리기라도 한 듯 종교에 귀의하게 되면 신이 자신을 바라보는 눈으로 자기 자신을 평가하게 됩니다.

칭찬은 이 모든 자존감의 토대에 작용합니다. "귀한 집에 태어나서 그런지 천성이 참 곱구나!"와 같은 이야기를 듣는다면, "우와. 너 그림 참 잘 그리는구나!" 같은 말을 듣는다면, "당신만큼 소중한 사람은 내 삶에 없었어요"라는 고백을 듣는다면, "하나님이 당신으로 말미암아 기쁨을 이기지 못 하시네요" 같은 성경 구절을 읽는다면(듣는다면) 자존감이 쑥쑥 올라가지 않을 수 없을 겁니다. 그리고 이 모든 이야기는 칭찬의 형태로 전달됩니다.

칭찬은 자존감의 네 기둥을 쌓는 데 쓰이는 '벽돌'에 해당됩니다. 기둥을 높이 세우기 위해 반드시 큰 벽돌만 고집할 필요는 없습니다. 자잘한 벽돌을 모아서라도 튼튼한 기둥을 세우면 됩니다. 칭찬 역시 마찬가지입니다. 반드시 엄청나게 크고, 거창하고, 그럴듯할 필요는 없습니다.

자존감을 세우기 위한 칭찬은 당신이 다른 사람들에게 해주는 칭찬의 중요성을 역설합니다. 상호성의 원칙에 따른 칭찬은 이를 통해 자신도 덕을 볼 거라는 칭찬의 기능을 담고 있습니다. '상호성의 원칙'이라는 걸 들어본 적 있나요? 이는 『설득의 심리학』의 저자인 로버트 치알디니가 '사람의 마음을 사로잡는 불변의 원칙'으로 내세운 6가지 원칙 가운데 첫 번째로 꼽히는 원칙입니다.

'상호성의 원칙'은 상대방이 주는 것을 받으면 자신도 그에게 무언가 주어야만 마음이 편해지는 것을 말합니다. '공짜 샘플'이란 없다는 건 이미 잘 알려진 사실입니다. 샘플을 사용한 사람은 자연스러운 부채(負債) 의식을 느껴서 그 물건을 구매할 확률이 높아지기 때문이지요.

상호성의 원칙을 어기는 사람은 대부분 사회적 반감을 피할 수 없습니다. 받기만 하고 내주려 하지 않는 사람들은 혐오의 대상이 되기 쉬우므로 우리는 파렴치하고 배은망덕한 인간으로 비치지 않기 위해 최선을 다합니다. 그런 사람이 되고 싶지 않기 때문에 사람들은 불평등한 교환에 때때로 끌려들어가게 됩니다. 길에서 나누어주는 꽃 한 송이를 받았다가 기부금을 약속하고, 자기 의사와 상관없이 상대방이 사준 음료수 한잔 때문에 그가 권하는 티켓을 구입하게 됩니다.

상호성의 원칙은 자신이 보여준 행동의 결과가 좋든 나쁘든 결국은 뿌린 대로 거둔다는 사실을 잘 보여줍니다. 따지고 보면, 우리는 상호성의 원칙을 통해 상당한 이득을 얻습니다. 또한, 우리 사회의 모든 구성원은 상호성의 원칙을 신뢰하고 따르도록 철저히 훈련받습니다.

칭찬도 이런 개념으로 이해할 수 있습니다. 심리학자 윌리엄 제임스는 "인간 본성의 가장 깊은 욕구는 칭찬과 인정을 받고 싶은 것이다"라고 했습니다. 작은 사탕 하나를 받아도 부채 의식을 느끼게 되는데, 가장 깊은 욕구를 채워주는 칭찬을 받았다면 이에 부응하고자 하는 마음이 생기게 마련입니다. 그렇기에 상대방의 장점과 강점을 인정하고 칭찬하는 것은 존중과 협력을 끌어내는 가장 쉽고 효과적인 방법입니다.

어쩌면 '다른 사람들에게 사탕발림 말을 해서 내가 이득을 얻는다고?' 하면서 거부감이 드는 사람도 있을 겁니다. 그런 이들에게 지금 여기서 이야기하는 것은 '아첨(阿諂)'이 아니라 '칭찬(稱讚)'임을 분명히 하고 싶습니다. 네이버 국어사전에 따르면, 아첨은 "남의 환심을 사거나 잘 보이려고 알랑거린다"로 정의됩니다. 이와 달리 칭찬은 "좋은 점이나 착하고 훌륭한 일을 높이 평가하다"로 풀이됩니다. 국어학자가 아닌 정신의학자로서 이 두 단어의 차이를 정의한다면 다음과 같습니다.

"아첨은 자신을 향하지만 칭찬은 상대방을 향한다."

아첨은 자기가 잘되기를 바라면서 자기 자신을 바라봅니다. 반면에 칭찬은 상대방이 잘되기를 바라면서 상대방을 바라봅니다. 물론 칭찬을 통해 상대방으로부터 존중받고 협력을 끌어내어 이득을 보는 사람이 칭찬을 한 당신 자신이기는 합니다. 그러나 이때는 상대방도 당신도 동시에 이득을 얻는 윈-윈 상황이 됩니다. 반면, 아첨에서는 겉으로 아무리 그럴싸한 말들을 늘어놓는다 해도 상대방은 (실제가 아니기 때문에) 전혀 이득을 얻지 못합니다. 나중에는 자신이 아첨을 통해 이용당함으로써 오히려 손해를 보고 말았다는 걸 깨닫게 될 겁니다. 『말 공부』에 따르면, 공자는 제자들의 단점보다 먼저 장점을 인정하고, 그다음에 단점을 지적하여 제자들을 격려하고 성장시키고자 했다고 합니다. 격려와 칭찬, 감사는 자신감과 상승 작용을 일으키기 때문입니다.

칭찬은 상대방을 세워주는 일에 그치지 않습니다. 상대방을 칭찬함으로 인해 직접적 이득을 얻는 것뿐 아니라 기대치 않았던 놀라운 선물도 얻게 됩니다. 그 선물이란 무엇일까요? 칭찬해주는 사람 자신이 경험하는 마음의 변화입니다. 다른 사람에게 친절을 베풀면 자기 자신을 긍정적으로 보게 되고, 자신을 긍정적으로 보는 일이 습관으로 자리 잡으면 상대방도 긍정적으로 보고 대하게 됩니다. 그야말로 '긍정의 상승작용'이 일어나는 것입니다.

그러면 이렇게 좋은 칭찬을 하기는 해야 할 텐데, 어떻게 해야 '잘'하는 걸까요? 칭찬을 잘하는 비결은 간단합니다. 가능한 한 아주 구체적으로 상대방을 칭찬하는 일과 칭찬의 대상을 분명하게 하는 일입니다. 다음 꼭지에서 하나하나 좀 더 자세히 살펴보도록 하지요.

Counseling
23

칭찬하되 꼭 필요한 점을 선택해서 구체적으로 칭찬하라

— 칭찬의 힘과 칭찬의 부작용 구별하기

내담자

저는 상대방을 칭찬한다고 했는데, 상대방이 칭찬으로 받아들이지 않거나 뜨악한 얼굴로 바라보는 경우가 종종 있습니다. 왜 그런 걸까요?

정신과 의사

칭찬은 잘 쓰면 약이지만 못 쓰면 독이 되지요. 꿀인 동시에 독입니다. 칭찬할 때는 지혜와 절제가 필요합니다. '뜬구름 잡기 식 칭찬'과 '무조건 칭찬하기'는 독을 품은 칭찬의 대표적인 사례지요. 칭찬하되 선택적으로, 그리고 구체적으로 칭찬해야 합니다.

막연한 칭찬만큼 김빠지는 것도 없습니다. 설령 좋은 뜻에서 한 말이라 해도 진의를 의심받을 수 있는 게 '뜬구름 잡기식 칭찬'입니다. 칭찬을 하려면 진심을 담아 최대한 구체적으로 해야 합니다.

국제 구호 전문가인 한비야 선생이 월간 《좋은생각》에 쓴 〈10년 후엔 뭘 할까?〉라는 제목의 글을 읽은 적이 있습니다. 이 글에서 그는 10년 후에 숲 해설가가 되고 싶다고 말합니다. 숲 해설가가 되어 젊은이들, 그중에서도 특히 청소년들과 자주 만나고 싶다고 합니다. 그들과 함께 숲속을 걸으며 한 사람에 한 가지씩 칭찬거리를 찾아내서 아낌없이 칭찬해주고 싶다고 합니다.

몇 년 전, 한비야 선생은 보호 감찰 아래 있는 10대 청소년 20여 명과 함께 숲길을 걸으며 한 명 한 명 눈을 맞추고 이름을 불러주었다고 합니다. 웃는 모습이 멋있다느니 눈빛이 살아 있다느니 칭찬을 해주었다고 합니다. 아이들은 당연히 정말 좋아했다고 하고요. 그 후, 선생은 한 아이에게 편지를 받았답니다.

어른들은 내 일거수일투족을 못마땅해 하죠. 그래서 난 뭘 해도 누구의 마음에도 들지 않는 사람이라고 생각해왔어요. 근데, 그날 생전 처음 칭찬을 받았어요. 저를 잠깐이라도 우쭐하게 해주셔서, 저 자신이 마음에 들게 해주셔서 고맙습니다!

이 편지를 받고 코끝이 찡해진 한비야 선생은 이후에 이런 일을 정기적으로 꾸준히 하면 좋겠다는 생각을 했다고 합니다. 누군가에게 생애 처음으로 칭찬해주는 사람이 된다는 건 참으로 가슴 벅찬 일일 테니까, 하면서 말입니다. 한비야 선생이 아이들에게 칭찬하기로 마음먹을 때, 자신이 아니라 아이들을 위해 칭찬을 결심하는 걸 보면 아첨과 칭찬이 어떻게 다른지가 더욱 분명해집니다. 칭찬거리를 열심히 찾아내서 그걸 실컷 칭찬해주는 모습을 그려보면 우리 마음도 덩달아 따뜻해집니다.

그런데 만일 한비야 선생이 "너는 좋은 애잖아!"라고 칭찬했다고 가정해보세요. 그 이야기를 들은 아이들이 "네, 저는 좋은 애예요" 하고 순순히 받아들였을까요? 물론 칭찬하는 사람의 의도를 아이들이 모르는 건 아니겠지만, 그 이야기들이 듣는 사람의 마음속을 파고들기 위해서는 구체적이어야 합니다. "일 열심히 하네요"보다 "보고서를 열심히 써서 좋네요"가 좀 더 구체적이고, "보고서 내용이 잘 정리돼 있어서 이해가 잘 되네요"는 더욱 구체적입니다. 다 사실이고 다 진심이라 하더라도 피부에 와닿는 온도는 크게 나를 겁니다.

『엄마의 말 공부』라는 책에는 엄마가 사용해야 하는 전문용어 5가지가 나옵니다. 그 가운데 4번째는 "훌륭하구나!"라는 말입니다. 이렇게 말하면, "애걔걔, 그렇게 쉬운 말이 무슨 전문용어씩이나 된다고 그러세요~?" 같은 반응이 나올 수도 있습니다. 그러나 막상 아이들과 날마다 입씨름하면서 녹록지 않은 일상을 꾸려가야 하는 엄마들에게 이 중요한 칭찬은 자칫 잊기 쉽고 놓쳐버리기 쉬운 것도 사실입니다. '칭찬해야지', 마음속으로 결심하고 나서도 어려움에 부딪힐 수 있으니 "우리 애는 별로 잘하는 게 없는걸요" 하는 식의 현실적인 고백들이 바로 여기에 해당합니다.

아이가 기고, 걷고, 말하고 할 때는 "우리 아이가 천재인 것 같아요!" 하며 우쭐해 하던 부모들이 유치원에 가고 초등학교에 입학하면서부터는 엄마 노력이 아니면 도무지 실력이 늘지 않는 모습을 보면서 생각이 달라집니다. '아, 우리 아이는 천재가 아니었구나!' 생각하게 되는 겁니다. 성적이 나오고 석차가 매겨지면 꿈은 점점 더 작아집니다. '아, 우리 아이가 중간이라도 하면 좋겠다.' 아이들이 쑥쑥 자라, 갈 수 있는 대학이 어디인지 본격적인 고민에 들어가면 부모들은 마침내 다음과 같이 고백하게 됩니다.

"대수롭지 않게 생각했던 대학교들이 그렇게 좋은 학교였던 걸 몰랐으니 내가 참 교만했더라고요. 어디여도 좋으니 우리 아이가 갈 대학이 있으면 좋겠어요."

심지어 이렇게까지 말하게 됩니다.

"대학에 갈 마음을 먹어준 것만 해도 고마워요!"

훌륭하다고 칭찬하려고 노력하면서 눈을 씻고 찾아도 아이가 뾰족하게 잘하는 부분이 눈에 띄지 않는다면 어떻게 해야 할까요? 구체적으로 칭찬하라고 했으니 "훌륭하구나!" 하는 대사만 갖고는(한두 번이면 몰라도) 아이들에게 계속 먹히지는 않을 겁니다. 특히 사춘기를 넘기면서 부모들이 하는 모든 일이 탐탁지 않은 아이들이라면 "너 참 훌륭하구나!"라는 말에 콧방귀를 뀌게 될 수도 있습니다. 『엄마의 말 공부』의 저자는 장점보다 강점을 칭찬하라는 조언을 덧붙이고 있는데, 바로 그런 이유 때문이 아닐까 싶습니다.

그러면 장점과 강점은 어떤 차이가 있을까요? 장점은 다른 사람보다 뛰어난 능력이나 재능을 말합니다. 이와는 달리 강점은 어느 사회에서나 도덕적으로 가치 있다고 여겨지는 보편 덕목에서 비롯된 특성을 말합니다. 재능은 그 자체로 좋은 것이지만 도덕적인 특성은 없습니다. 반면, 강점은 도덕적인 개념을 내포하고 있지요. 구체적인 예를 들어 말하자면, 뛰어난 외모나 운동감각 등은 장점에 속합니다. 그러나 친절, 호기심, 열정, 용기와 같은 것들은 강점으로 분류됩니다. 사람들은 다양한 모습 만큼이나 다양한 성격의 특징을 가지고 있습니다. 개인의 고유한 특성을 가장 잘 반영하는 것을 강점이라고 합니다. 이러한 성격적 특징 가운데 애써 노력하지 않아도 자연스럽게 흘러나오는 부분을 말하지요.

아래 표는 25가지 성격 강점을 한눈에 볼 수 있도록 정리한 것으로 긍정심리 강점 연구소 '스트렝스 가든(Strengthgarden)'에서 만든 자료입니다. 사람들은 자기가 가진 강점을 발휘할 때 큰 행복을 느낍니다. 대개 사람들은 자신의 성격 강점을 가장

중요하게 생각하지요. 예를 들어, 공감의 성격 강점을 가진 사람들은 공감을 나눈 하루를 소중하게 기억합니다.

이와는 달리 초월의 성격 강점을 가진 사람은 신(神)을 추구하는 하루를 중요하게 생각합니다. 성격 강점은 생각, 느낌, 행동의 모든 측면에서 발현되며 다양한 모습이 있지만 이 가운데 하나도 해당 사항이 없는 사람은 없습니다. 긍정 심리학에서는 성격 강점이야말로 삶에서 탁월한 성과와 연결될 수 있다고 강조하며, 강점 발견의 궁극적 목적은 행복하고 가치 있는 삶이라고 주장합니다.

이렇게 거창한 이야기들이 혹시 부담스러우신가요? 그렇다면 '칭찬거리를 찾아도 잘 보이지 않는 바로 옆 사람에게 어떤 강점이 있는지 찾아보자!'라는 마음으로 이 표를 유심히 들여다보면 좋겠습니다. 장난만 칠 줄 아는 것 같았던 아이에게는 호기심의 강점이 숨어 있을지도 모릅니다. 끝까지 자기 고집을 피우는 아이라면 자기 의견에 대한 신념이 강한 걸지도 모르고요. 행동이 느려서 답답했던 아이에게는 끈기와 책임이라는 강점이 깃들어 있을지도 모릅니다. 이렇게 다른 눈을 가지고 상대방을 본다면 적극적으로 찾아내서 칭찬해줄 구체적인 강점들이 얼마든지 보일 수 있습니다.

"유머 감각이 탁월하시네요!"

"신중한 모습이 참 보기 좋습니다."

"매사에 감사하시는 모습을 보면서 저도 감사하게 돼요."

이쯤 되면 칭찬이 약이자 독이라고 하는 게 무슨 말인지 더 와닿으시지요? 칭찬을 잘 사용하는 방법을 배우는 일도 중요하지만, 그에 못지않게 중요한 것이 있습니다. '칭찬의 부작용'을 제대로 알고 피하는 일이 그것입니다. 긍정 심리학의 학문적 위치를 확고히 한 사람은 미국 심리학회 회장을 역임한 마틴 셀리그먼(Martin Seligman)입니다. 그는 "자녀를 칭찬하되 무조건 하지 말고 '선택적으로' 칭찬하라"고 권유합니다. 아이가 무슨 일을 하든 상관없이 무조건 칭찬하면 두 가지 위협이 도사리고 있다고 합니다.

첫째, 무슨 일을 해도 칭찬받을 줄 알기 때문에 아이가 소극적으로 되기 쉽다는 것입니다.

둘째, 훗날 정말 잘한 일에 대해 부모가 진심으로 칭찬해도 그 진가를 아이가 모르기 쉽다는 점입니다. 부모가 아이의 행동에 상관없이 칭찬하면 실패와 성공을 통해 스스로 배울 수 있는 아이의 기회를 박탈하는 격이라고 합니다. 사랑과 정성은 조건 없이 베풀더라도 칭찬은 잘했을 때만 해야 합니다. 기를 살린다는 취지로 분별없이 칭찬해서는 곤란합니다.

칭찬을 어떻게 사용해야 할지 좀 더 명확히 그림이 그려질 겁니다. 귀에도 즐겁고 몸과 마음에도 좋은 칭찬, 지혜롭게 잘 사용함으로 좀 더 행복한 삶을 누리시기 바랍니다.

Counseling

24

나쁜 소식은 좋은 소식보다 7배 더 빨리, 11배 더 멀리 퍼져나간다

— 세상에서 가장 빠르고 위험한 말, 소문

내담자

좋은 소문은 더디게 퍼지는 데 반해
나쁜 소문은 왜 그렇게 빨리 퍼져나가는 걸까요?

정신과 의사

『유쾌한 고민상담소』의 저자 간다 마사노리에 따르면, 나쁜 소식이 좋은 소식보다 7배 더 빨리, 11배 더 멀리 퍼져나간다고 합니다. 좋은 소식은 평균 3명에게 전달되는 데 반해 나쁜 소식은 33명에게 전달된다는 겁니다. 혀를 다스리고 입에서 나오는 말을 지혜롭게 다스려야 할 이유가 여기에 있습니다.

"흉터 하나 없는 사람이 있을까요?"

모 의료기기 광고에서 보았던 문안입니다. 이 말이 오래도록 기억에 남아 있는 건 왜일까요? 아마도 누구나 가진 '흉터'에 대한 언급이 마음에 와닿았기 때문인 것 같습니다. 흉터는 피부가 상처를 복구하는 과정에 생기는 흔적입니다. 크게 다칠수록 회복에 더 많은 시간이 걸릴 뿐 아니라 더 큰 흉터를 남기게 됩니다.

흉터에는 여러 가지 의미가 담겨 있습니다. 엄마가 되기 위해 아랫배에 남긴 흉터는 아기의 생일과 같은 날짜에 생긴 상처입니다. 동생과 싸우다가 얼굴을 할퀴었는데, 그 손톱자국이 없어지지 않고 흉터로 남으면 동생 얼굴을 볼 때마다 두고두고 마음이 쓰일 겁니다. 심한 염증 때문에 손가락 하나를 포기해야 하는 줄 알았다가, 가까스로 절단을 면한 손가락을 보면 그때 아팠던 기억들이 떠올라 속이 상하면서도 한 번 더 안도의 한숨을 내쉬게 됩니다. 그렇듯 흉터에는 자신이 지나온 시간과 그 순간에 겪은 삶이 흔적으로 남아 있습니다.

그러면 눈에 보이지 않는 흉터들은 어떨까요? 흉터가 신경

쓰이는 이유는 눈에 보이고 거슬리기 때문입니다. 한데 '눈에 보이지 않는 흉터'라니, 이건 또 무슨 이야기인가 하며 어리둥절하기 쉬울 겁니다. 이쯤에서 예상하셨던 대로, 눈에 보이는 상처보다 눈에 보이지 않는 상처가 더 아프다는 점에 관해 이야기하고 싶습니다.

신경정신과 교과서는 아동 학대를 '신체적 학대'와 '정서적 학대'로 나누어 설명합니다. 신체적 학대는 "때리고, 치고, 깨무는 등 다양한 가해 행동으로 인해 신체에 손상을 입는 것"으로 정의됩니다. 작정하고 학대하는 경우도 없지는 않겠지만, 그보다는 나름 좋은 의도로 시작한 체벌 등이 학대가 되는 경우도 적지 않습니다. 아이가 나쁜 행동을 해서 그에 대한 벌을 주려고 했다든가, '양육' 혹은 '사랑의 매'라는 이름 아래 가해지는 학대가 그런 사례에 속합니다.

정서적 혹은 심리적 학대는 아이들에게 자신이 무가치하고, 허점투성이이며, 아무도 원하지 않았던 존재라는 사실을 전달하는 것을 의미합니다. 아이들을 무시하거나, 경멸하거나, 겁을 주거나, 호되게 꾸짖는 일이 여기에 속합니다. 정서적 학대는 가해자인 부모가 실제로 아이들을 해칠 의도가 있었는지, 그가 한 행동이 아이에게 해가 될 만했는지에 따라 심각도가 달라집니다. 엄마가 자신에게 상처를 주려고 그런 건지, 지나가듯 한 말이나 행동인데 상처가 된 것인지 아이들도 다 알기 때문이지요.

'언어폭력' 역시 정서적 학대의 일종입니다. 언어폭력의 예에는 얕잡아보기, 버럭 소리 지르기, 위협하기, 탓하기, 빈정거리기 등이 있습니다. 아동 학대를 연구하는 전문가 중에는 정서적 학대나 심리적 학대라는 말보다 '언어적 학대'라는 표현이 좀 더 적확하다고 주장하는 사람도 있습니다. 그래야만 그 사람의 병리적 행동을 좀 더 정확히 묘사할 수 있기 때문이라고 말합니다.

아주 어린 시절에 심각한 신체 학대를 당하면 뇌 성장이 제대로 이루어지지 않아 어른이 되어서까지 문제로 남습니다. 어린 시절에 학대를 당한 사람의 뇌 MRI를 보면 '해마'라는 기관이 작아져 있는 걸 발견할 수 있습니다. 해마가 가진 여러 기능 가운데 가장 중요한 것은 단기 기억을 장기 기억으로 변환하는 역할입니다. 잠깐 찾아본 전화번호를 짧은 시간 동안 기억하는 건 쉽지만, 오랫동안 기억하기는 어렵습니다. 이를 잊지 않고 계속 기억하기 위해서는 해마가 제대로 역할을 해야만 합니다. 흔히 노인성 치매로 알려진 알츠하이머는 사소한 일을 깜빡하는 것을 시작으로 하여 기억력 손상이 특징으로 나타나는 병입니다. 한데, 이 병의 초기에 손상되는 뇌가 '해마'입니다.

학대를 경험한 사람들의 뇌 MRI에서 양쪽 반구를 연결하는 뇌량(Corpus Callosum)도 줄어들어 있다는 보고가 있습니다. 양쪽 뇌를 오가며 정보를 전달해야 할 통로가 파괴된 것이나 마찬가지입니다. 살면서 만나는 여러 가지 문제들은 제대로 된 뇌를 가지고 마주치기에도 힘겨운 것들이 많습니다. 뇌에 영구적 결함을 가진 사람들은 사소한 일에 더 난폭해지기 쉽고, 우울증이나 기억력 저하 같은 현상이 발생합니다.

폭력 가운데에서도 가정 폭력은 우울증, 불안, 낮은 자존감, 물질 남용, 성 기능 장애, 위장장애, 두통, 만성 통증 및 다양한 신체 증상 등과 연관되는 것으로 알려져 있습니다. 가정 폭력의 피해자는 그렇지 않은 사람에 비해 자살률도 훨씬 높은 것으로 보고됩니다. 이런저런 형태의 학대를 경험한 사람들은 신체의 질병도 더 쉽게 생기고 알코올 중독과 같은 약물 문제에 빠질 가능성도 높습니다. 문제는 여기서 끝나지 않습니다. 이차적으로 우울증이 생기기도 하고, 사회 적응이 안 되니 취직도 못 하고, 인간관계를 불안정하게 맺는 경우도 많습니다. 특히 정서적 학대는 나중에 우울증이나 불안장애, 섭식장애, 자살 행동, 약물 남용, 위험한 성 행동과 연관성이 높은 것으로 알려져 있습니다.

물리적 폭력은 사람을 아프게 합니다. 폭력의 희생자가 된 사람들이 겪게 되는 후유증은 전혀 만만하지 않습니다. 폭력은 한순간이지만, 그로 인한 장애와 후유증은 평생을 갈 수도 있습니다. 이러한 폭력의 피해자들이 그저 '맞은 게' 아파서 이런 문제들을 겪게 되는 걸까요? 그렇지 않습니다. 멍이 들고 살이 찢어지는 것과 함께 기억에 남은 그 순간의 마음 상처가 오래도록 기억에 남아 그 상처를 유지하는 겁니다. 그런 의미에서 말로 주는 상처는 좀 더 오래 기억에 남기 때문에 사람을 더 아프게 한다고 말할 수 있습니다. 한 대 후려치는 손길은 용케 피할 수 있지만, 문을 닫아도 들려오는 언어폭력은 피하기가 훨씬 어렵기 때문입니다.

"아직도 기억나요. 제게 돼지같이 그 꼴이 뭐냐고 하셨거든요."

이 말을 할 수 있기까지, 이 내담자는 몇 년간의 치료 과정을 거쳐야 했습니다. 사회적으로 크게 성공한 데다 명망도 높았던 내담자의 아버지는 아들이 자신이 보기에 '변변치 않게' 자라는 것을 참을 수 없었습니다. 더 어렸을 때는 수시로 매를 들기도 했습니다. 이 내담자가 자라던 시대만 해도 자식을 잘 키우기 위해 아버지가 드는 매는 괜찮다는 소리를 듣던 때였습니다. 그의 아버지는 때리거나 꾸짖기 전에 항상 이렇게 말했습니다.

"다 너 잘되라고 그러는 거다, 이 돼지 같은 자식아!"

그는 대학교를 졸업하면서 바로 집을 떠났고, 가족과 연락을 끊고 살았습니다. 보란 듯이 멋지게 살고 싶었지만, 세상은 녹록하지 않았습니다. 그는 자꾸 어긋나고 실패하는 자신에게 실망하면서 삶 자체를 놓아버리다시피 한 상태에서 병원을 찾아왔습니다. 이런 자신을 바라보는 시각이 객관적인 시각이 아닌, 항상 자신을 한심하고 멍청하게 바라보던 아버지의 시각이라는 걸 깨달은 건 꽤 많은 시간을 보낸 뒤였습니다.

"거울을 보면 '난 왜 이렇게 돼지 같지?' 하는 생각이 자동으로 드는 거예요. 그게 제 생각이 아니라 아버지가 저한테 했던 말들이 귓속에서 울려 퍼지는 거란 걸 알게 된 건 상담을 받고 나서였어요. 무얼 해도 아버지가 비웃던 소리, 사소한 일에 버럭 하고 내지르던 소리가 지금도 귀에 쟁쟁해요."

더 안타까웠던 것은, 이 내담자가 과체중으로 고생하면서도 폭식을 조절하기 어려운 상황에 놓여 있다는 겁니다.

"제 눈에도 살찐 제 모습이 싫은데, 그러면서도 자꾸 먹게 되는 제 심리의 정체는 대체 뭘까요? 어쩌면 아버지가 그렇게 싫어하던 모습이 되는 걸 적나라하게 보여주고 싶었기 때문인지도 모르겠어요. 자기 충족적 예언, 뭐 그런 이야기 있잖아요. 이 경우에는 자기 충족적이라기보다는 '아버지 충족적 예언'이라는 말이 맞겠지만 말이에요."

"그렇다면 지금의 모습은 심리적인 자해의 결과일 수도 있겠어요. 자신을 스스로 망가뜨리는……."

"그런 생각은 못 해봤는데요. 자해하기에는 제가 너무 겁대가리 많은 인간이라고 항상 생각했는데……. 하하, 저 또 우리 아버지가 했던 이야기를 하고 있네요. 절더러 겁대가리 많은 인간이라고 부르는 거 말이에요."

주먹다짐해서 타박상이나 열상(찢어진 상처)을 입으면 치료하는 데 4주, 즉 전치 4주가 나오는 게 일반적입니다. 근육이나 힘줄이 찢어져야 8주 이상 진단이 나옵니다. 독을 품은 말로 입은 상처에는 전치 몇 주를 매겨야 할까요? 이 내담자의 경우 상처와 트라우마가 너무도 깊어서 안타깝게도 완치는 불가능해 보입니다. 물론 노력의 정도에 따라 어느 정도 좋아질 수는 있을 겁니다. 그러나 한 번도 상처받지 않은 사람처럼 회복되기는 아무래도 어렵지 않을까 싶습니다. 이 내담자는 자신이 '아프다, 상처 입었다'는 걸 아는 데만도 많은 시간이 걸렸습니다. 자신을 온전하게 바라보는 데 걸린 시간도 절대로 짧지 않았습니다. 앞으로 최소한 몇 년은 기다려야 웬만큼 회복을 기대할 수 있을 겁니다.

이렇듯 말이 남기는 상처는 파괴력이 큽니다. 물리적 폭력은 우리 몸에 멍과 흉터를 남기지만, 언어폭력은 우리 영혼에 흉터를 남기기 때문입니다. 막말이란 "(반드시) 막아야 할 말"의 줄임말이라는 이야기가 작은 웃음과 함께 가슴속 깊이 찌르르 하는 느낌을 주는 것은 막말의 상처가 그만큼 크고 깊기 때문이겠지요.

말의 파괴력은 듣고 있는 사람에게서만 끝나지 않는다는 데 마지막 반전이 있습니다. 아날로그 시대에도 “발 없는 말이 천 리 간다”라는 속담이 있었습니다. SNS로 대표되는 디지털 시대를 사는 우리에게 말의 영향력과 파급력은 훨씬 큽니다. 발 없는 말은 어찌나 빠른지, 순식간에 지구를 한 바퀴 돕니다. 아니, 한 바퀴를 더 돌 수도 있습니다. 이렇게 빠르게 퍼져나가는 말들이 행복하고 따뜻한 이야기라면 얼마나 좋을까요? 세상에 가득한 말들 가운데 긍정적인 말보다는 부정적인 말이 훨씬 많다는 현실에 마음이 아플 따름입니다.

‘3대 33의 법칙’을 들어보셨나요? 일본의 경영 컨설턴트이자 베스트셀러가 된 저서 『유쾌한 고민 상담소』의 저자 간다 마사노리의 연구 결과인데요. 그에 따르면, 나쁜 소식이 7배 더 빨리, 11배 더 멀리 퍼져나간다고 합니다. 좋은 소식은 평균 3명에게 전달되는 데 반해 나쁜 소식은 33명에게 전달된다는 겁니다.

그러면 이제 우리는 어떻게 해야 할까요? 세상에 널리 퍼져 있는 나쁜 소식을 하나하나 없애려고 노력하는 것도 좋겠지만, 지금 당장 자신의 입에서 튀어나오는 말들을 걸러내는 시도부터 하면 좋겠습니다. 마음 밭을 잘 가꾸고, 혀를 잘 다스려 자신의 입에서 막말이 나가지 않게 하는 훈련. 혼잣말로

라도 함부로 말하지 않는 연습. 그만큼 자기 자신이 소중하기 때문에, 그 말을 듣고 있는 자기 귀와 뇌가 귀하기 때문에, 부정적인 말을 쉴 새 없이 쏟아내는 세상으로 인해 이미 많이 지쳐 있어서 이젠 정말 쉴 때도 되었기 때문입니다.

Counseling
25

윗말(言)이 맑아야 아랫말(言)도 맑다

– 긍정적 강화 배우기

내담자

아이들의 언어습관을
어떻게 바로잡아주어야 할까요?

정신과 의사

부모는 자녀의 삶에 가장 크게 영향을 미치는 스승이자
인생의 거울과도 같은 존재입니다. 그러므로 자녀에게
바른 언어습관을 길러주고 싶다면 부모가 자신의
언어습관부터 돌아보고 바로잡아야 합니다.

강화(Reinforcement)는 심리학 용어입니다. 이 단어를 그대로 풀면 "어떤 행동을 더 힘 있게 만든다"라는 의미로, 학습 이론에서 중요한 용어입니다. 강화에는 '긍정적 강화'와 '부정적 강화'가 있습니다.

어떤 행동을 했을 때 음식이나 칭찬과 같은 기분 좋은 일들(이를 보상이라고 합니다)이 따라와서, 그런 일들이 따라오기 전보다 그 행동을 더 많이 하게 되는 것이 긍정적 강화입니다. 어린아이들이 착하고 바람직한 행동을 할 때 예쁜 별 스티커를 주면 스티커를 받고 싶은 아이들이 착하고 바람직한 행동을 하게 되는 게 긍정적 강화의 예입니다. 별 스티커라는 눈에 보이는 보상 덕분에 아이들의 착한 행동이 강화되었다고 이야기할 수 있습니다.

부정적 강화는 어떤 행동을 더 많이 하도록 유도한다는 면은 긍정적 강화와 같습니다. 명확한 차이점은 불쾌한 자극을 줄이려고 하는 과정에서 강화가 일어난다는 데 있습니다. 자동차의 안전띠를 매야만 성가신 '땡, 땡' 소리가 없어지니까 안전띠를 착용하게 하는 것이 부정적 강화의 대표적인 예입니다.

부정적 강화와 헷갈리기 쉬운 심리학 용어로 '처벌(Punishment)'이 있습니다. 처벌은 특정 행동을 줄이는 것을 목표로 불쾌한 자극을 가하는 것을 말합니다. 강화는 긍정이든 부정이든 그 행동이 늘어나는(강해지는) 게 목표가 되지만, 처벌은 그 행동을 줄이는 게 목표가 됩니다. 강화 현상은 사회 곳곳에서 볼 수 있습니다. 매일 다니는 커피숍에서 쿠폰을 몇 장 모으면 한 잔을 서비스로 받을 수 있을 때, 기분 좋게 마시는 보너스 커피는 보상에 해당합니다. 이 때문에 커피숍을 더 열심히 다니게 되는 겁니다(긍정적 강화).

그런데 사람의 마음이란 참으로 묘해서, 기분 좋은 보상이 따라오는 경우만이 아니라 이걸 보상이라고 해야 할지 아니라고 해야 할지 판단하기 어려운 반응에 대해서도 강화 현상이 나타날 수 있습니다. 예를 들어, 교실에서 말썽을 부리는 학생이 있을 때 선생님이 단순히 아이의 행동에 주의를 기울이는 것만으로도 학생의 말썽은 더 늘어납니다.

그것참 이상하죠? "떠들지 마!" 하면 조용히 해야 하는데, 더 떠드니 말입니다. 선생님이 "조용히 해!" 하고 소리친 것은 떠드는 아이들의 주의를 끌어서 그 행동을 줄이려고 하는(이렇게 본다면 선생님의 목표는 처벌입니다) 의도에서 나온 행동이었지만, 막상 아이들 상황에서는 자기가 원했던 바를 얻는 것이기에 (떠들어댐으로 선생님을 포함한 사람들의 관심을 끌고 주목을 받는 데 성공했습니다) '긍정적 강화'가 나타난 것입니다. 시끄러운 교실을 평정하는 방법은 말썽꾸러기가 얻고 있는 긍정적 강화를 차단하는 데 있습니다.

여기서 하나 더 등장하는 심리학 용어가 있는데, 그것은 바로 '소거(Extinction)'입니다. 소거는 조건화된 반응이 약화하다가 사라지는 현상을 말합니다. 선생님이 야단을 치면 더 떠들면서 점점 더 강화되는 악순환의 상황에서, 야단이라는 자극을 아예 빼버리면 강화 현상이 시들해지다가 마침내 없어질 수도 있습니다. 적어도 이론상으로는 떠드는 아이에게 선생님이 아무런 관심을 기울이지 않을 때, 자기가 기대했던 반응이 나타나지 않음을 보면서 서서히 떠드는 행동이 줄어들 수 있습니다.

이런 유의 심리학 용어들이 말에 대한 이야기 가운데 왜 필요할까 궁금하신가요? 우리는 누구나 자신은 '바담 풍(風)' 하면서도 자기 아이들만은 '바람 풍' 했으면 하고 바랍니다. 이 땅 위 수많은 어른의 그런 바람에 조금이나마 도움이 되기를 바라는 마음에서 하는 이야기입니다. '바담 풍, 바람 풍' 이야기를 잘 모르는 사람이 별로 없겠지만, 그래도 한 번 더 들어보시죠.

옛날 먼 옛날, 어느 서당에 혀가 약간 짧은 훈장님이 계셨

다죠. 아이들을 가르치면서 '바람 풍'이라고 해야 하는데, 혀짤배기 발음이다 보니 '바담 풍'이라고 하셨답니다. 아이들이 곧이곧대로 듣고 '바담 풍'이라고 발음하니까, "아니, 그게 아니라 바담 풍!"을 반복하던 끝에 "나는 바담 풍 해도 너희는 바담 풍(바람 풍) 해다" 하셨다는 이야기입니다.

자신은 욕을 입에 달고 살아도 아이들만큼은 욕을 몰랐으면 하는 마음. 다른 사람들에게 아주 쉽게 말로 상처를 주지만, 자기 아이만큼은 말로 상처를 입지도 않고 주지도 않았으면 하는 바람. 물론 자신도 정확하게 '바람 풍' 하고 아이들도 똑같이 '바람 풍' 하면 제일 좋겠지만요.

어쨌든 우리 아이만큼은 예쁜 말 고운 말을 썼으면 좋겠다고 생각한다면 강화 이론을 꼭 기억해두시면 좋겠습니다. 이미 자신만의 조건화, 예를 들어 욕을 들으면 욕으로 반응하거나 비꼬는 말을 들으면 버럭 하는 식으로 받아치는 게 습관이 된 어른들보다 학습이 한창 진행 중인 아이들에게는 강화 현상을 통해 바람직한 언어생활을 키워줄 가능성이 훨씬 높습니다.

인사성이 바른 아이로 키우려고 아주 어릴 때부터 '배꼽 인사'와 함께 "안녕하세요!"를 복창하게 할 때도 아이가 잘 해냈을 때 작은 칭찬 한마디를 빠뜨려서는 안 됩니다. 강화 현상의 목표는 특별한 행동을 더 하도록 끌어올리는 것이라고 했지요? 그러므로 아이들이 아름답고 바른말을 사용할 때마다 아이가 '보상'으로 인식할 만한 것을 제공해주는 게 좋습니다. 아, 그렇다고 예쁜 말을 할 때마다 사탕을 주거나 장난감을 사줄 필요는 없습니다.

사람은 다른 동물과 달리 사회적인 반응에, 예를 들어 칭찬과 격려처럼 그 자체로는 배부르게 할 수 없는 반응에 더 큰 강화 현상을 나타내는 경우가 많기 때문입니다. 일차적인 보상으로 눈에 딱 띄는 별 스티커를 붙여주는 것도 좋고, 별 스티커를 모아 장난감이나 과자 같은 이차 보상을 얻을 수 있게 해주는 것도 좋습니다. 그러나 좀 더 효과적인 보상은 엄마 아빠의 긍정의 말 한마디인 경우가 적지 않습니다. 이게 꼭 어린아이에게만 해당하는 이야기일까요? 그렇지는 않습니다.

인정받는 것과 사랑받는 것은 이 세상을 살아가는 우리에게 매우 중요한 부분입니다. 우울증에 걸리기 쉬운 사람들이 가진 특징 가운데 '자기 패배적 태도'라는 게 있습니다. 자신에 대한 다른 사람들의 반응과 견해에 따라 자존감이 좌우되거나, 남에게 사랑받느냐의 여부에 따라 자신의 가치를 평가한다면 자기 패배적인 태도를 보인다고 봅니다.

인정과 사랑은 누구에게나 중요합니다. 그러나 다른 사람의 인정과 사랑에만 전적으로 의지하여 감정이 오르내리고 가치 판단이 좌우된다면 쉽게 우울해질 수밖에 없습니다. 그렇다고 해서 굳이 거창한 표현을 사용해야 할 필요는 없습니다. 누구나 자기가 지금 한 말이 인정받는지, 자기가 한 말로 사랑받는지 하는 것은 거의 본능적으로 알아챌 수 있기 때문입니다.

Counseling

26

더 큰 보상을 위해 지금 하고 싶은 말 참기

—강화 이론에 대하여

“

내담자

아이들이 나쁜 말을 줄이고 좋은 말을 많이 하게 할 좋은 방법이 있으면 알려주시겠어요?

정신과 의사

강화 이론을 사용하면 효과적입니다. 아이들이 좋은 말이나 행동을 했을 때 그 말과 행동을 다음에 또 하도록 적절히 동기부여하고 강화하는 겁니다. 좋은 말과 행동이 강화되면 자연스럽게 나쁜 말과 행동은 위축되고 소멸될 수밖에 없으므로 일거양득인 셈입니다.

”

자, 그럼 다시 강화 이론으로 돌아가볼까요? 우리는 종종 선택의 갈림길에 섭니다. 선택 대상은 크게 보면 두 가지입니다. 작지만 즉각적인 보상을 얻을 수 있는 행동과 더 크지만 꾹 참고 기다려야만 보상을 얻을 수 있는 행동이 그것입니다.

감자를 예로 들어볼까요? 한 알의 감자를 삶아 먹으면 한 알로 끝입니다. 이것은 작고 즉각적인 보상에 해당합니다. 씨감자 한 알을 2~4등분해서 심으면 한 조각에 4~6개 정도 감자가 달린다고 합니다. 이것은 8배에서 24배에 해당하는 커다란 보상입니다. 그러나 이 큰 보상을 얻으려면 인내하고 기다려야 합니다.

씨감자에서 싹이 자라기까지 걸리는 시간만 해도 최소 한 달 정도는 된다고 합니다. 먹을 만한 감자를 수확하는 데 100일이 넘는 긴 시간이 걸린다고 하죠. 이렇듯 오래 기다려야 하고 불편함도 크지만 영화 〈마션(The Martian)〉의 우주인 마크 와트니는 감자를 직접 재배하기로 했습니다. 그리고 오래 인내하고 기다려서 더 많은 감자를 얻고자 한 선택은 화성에서 살아남아 마침내 지구로 돌아오는 기적적인 결과로까지 이어졌습니다.

다행히 우리는 우주에서 목숨을 건 선택을 할 필요는 없습니다. 그러나 어떤 형태의 삶이든 선택으로 가득한 것은 마찬가지라는 생각이 듭니다. 일상의 언어생활 가운데에는 어떤 선택지가 들어 있을까요? 짜증 날 때 욕을 하면 그 순간 기분이 좋아지는 느낌이 들지도 모릅니다. 이것은 즉각적이지만 그다지 크지 않은 보상(조금은 시원하면서 살짝 기분이 좋아짐)입니다. 짜증이 나지만 입 밖으로 튀어나오려는 잡동사니 같은 말들을 꾹 참고 세련된 언어로 표현한다고 합시다. 그런 유혹과 습관의 힘을 참고 이겨내느라 약간은 고통스럽고 불편하기도 하겠지만 틀림없이 더 큰 보상('난 정말 훌륭하고 세련된 사람이야' 같은 자존감 상승)을 기대할 수 있습니다.

즉각적인 즐거움을 추구하는 사람들은 충동적인 사람이지만, 기다려서 더 큰 즐거움을 추구하는 사람은 자기 조절을 할 줄 아는 사람입니다. 충동적인 것보다 자기조절을 잘하는 것이 좋다는 걸 누구나 잘 압니다. 문제는 이게 머리만의 이야기이기 쉽다는 거죠.

보상이 즉각적일수록 충동적 선택을 거부하기는 매우 어려워집니다. 마약을 투여했을 때 즉각적 반응이 나타날수록 중독성이 높은 것과 같은 이치입니다. 마약에 의존해 있던 사람이 끊는 게 백번 옳다는 걸 알면서도 번번이 실패하게 되는 것은 왜일까요? 그 이유는 즉각적 보상의 매력이 그만큼 크기 때문입니다. 보상이 늦어지면 늦어질수록 그와 비례하여 주관적 가치도 떨어지는 것으로 느끼게 됩니다. 마약을 끊고 다시 직업을 구해서 반듯한 삶을 되찾는 것이 누가 보기에도 정답입니다.

그러나 그렇게 하려면 무척 많은 시간을 기다려야 하므로 코앞의 만족을 선택하게 되기 쉽습니다. 그런데도 즉각적 만족으로 끝나지 않으려고 고군분투하고, 결국 더 기다려서 더 큰 것을 얻는 데 성공하는 사람들이 있으므로 우리의 언어생활 역시 달라질 수 있는 여지를 충분히 가졌다고 생각합니다. 기다리는 게 결코 쉬운 일은 아니지만, 기다림이 헛수고가 아님을 잘 알고 있기 때문입니다.

심리학 실험 가운데 둘째가라면 서러울 정도로 유명한 '마시멜로 실험'은 두 가지 선택지 가운데 더 크고 좋은 것을 얻기 위해 기다릴 수 있었던 아이들이 더 나은 삶을 누린다는 것을 보여준 바 있습니다. 실험은 간단합니다. 미국 스탠퍼드 대학의 심리학 박사인 월터 미셸은 네 살배기 아이들에게 마시멜로를 하나씩 주면서 15분 동안 이걸 먹지 않고 참으면 상으로 한 개를 더 주겠다고 제안합니다.

실험 결과, 잘 참아낸 아이들도 있었고 못 참고 먹어버린 아이들도 있었습니다. 참아낸 아이들, 즉 기다려서 더 큰 보상을 얻은 아이들은 훗날 대학 입학시험(SAT) 점수, 학업적 성취, 체질량 지수 등 삶의 다양한 영역을 측정하는 분야에서 더 좋은 결과를 보였습니다. 이들은 자기 조절을 잘했기에 삶의 중요한 순간에도 자기 조절을 함으로써 더 나은 삶을 일구었을 거라는 추측이 가능합니다. 나중에 이 실험의 결과는 단순히 한 사람의 자기 조절 능력만으로 설명할 수 없으며, '어른들이 하는 약속을 아이들이 얼마나 믿을 수 있는가'라는 기본 가정부터 확인해야 한다는 주장으로 확장되었습니다.

그래도 이 실험의 핵심은 바뀌지 않습니다. '더 나은 미래를 위하여 지금의 즐거움을 참고 미룰 수 있는가'라는 우리 삶의 중요한 질문에 초점을 맞추고 있기 때문입니다. 윗물이 맑아야 아랫물이 맑듯, '바람 풍'을 배워야 '바담 풍' 하지 않을 수 있듯, 조금 더 세상을 먼저 산 어른들이 자신의 말 속에서 쓰레기를 건져내야 할 필요가 있습니다. 그렇지만 이게 어렵다면, 윗물이 흐림에도 아랫물만은 맑아지기를 바라듯, '바담 풍'으로 들었어도 '바람 풍'으로 발음하기를 바라듯, 아이들이 하는 예쁜 말을 강화해주어야 합니다.

오늘 팍팍한 하루를 살아낸 당신이 듣고 싶었던 말이 아이들의 조그마한 입에서 튀어나올 때 "그래, 잘했어!" 같은 평범한 보상이라도 얹어주면 좋겠습니다. 1800년대를 살았던 영국 작가 메리 보탐 호위트의 시는 그래서 더 마음에 와닿는 것 같습니다.

신이 아이들을 보내는 이유

신이 우리에게 아이들을 보낸 까닭은
시합에서 일등을 만들라고 보내는 것이 아니다

우리의 마음을 더 열게 하고
우리를 덜 이기적이게 하고
더 많은 친절과 사랑으로
우리 존재를 채우기 위해서다
우리 영혼에게 더 높은 목적을 일깨우기 위해서다

신이 우리에게 아이들을 보낸 까닭은
신이 아직 포기하지 않았다는 뜻이다
여전히 우리에게 희망을 걸고 있다는 뜻이다

혹시라도 아이들이 욕을 많이 한다고 걱정하면서 정작 자신은 별생각 없이 욕을 섞어 쓰고 있지는 않았는지 마음을 열고 돌아보게 됩니다. 아이들만은 잘 지냈으면 하는 마음은 자신만 바라보던 시각을 아이들을 향해 넓히게 합니다. 지금 사는 삶만이 전부가 아님을, 아직 잘 알 수 없는 내세에 대해서민이 아니라 이이들을 통해 이어져갈 우리의 미래를 바라보면서 생각해보게 합니다. 신도 포기하지 않은 자기 자신을 스스로 포기할 필요는 없습니다. 아무리 다스리려고 해도 뜻대로 잘되지 않는 세 치 혀를 다시금 다잡을 용기를 내보시지 않겠습니까?

Counseling

27

자기감정 들여다보기, 읽기, 그대로 말하기

내담자

사람의 마음을 읽는 게 어렵다고들 하는데,
전 다른 사람의 마음을 읽는 건 그만두고
제 마음도 잘 모를 때가 많아요.

정신과 의사

누구나 그렇습니다. 다른 사람의 마음을 읽기보다 훨씬
더 어렵고 중요한 것이 바로 '자기 마음 읽기'입니다.
자기 생각, 자기감정을 정확히 이해하지 못하면 제대로
소통하기 어렵고 좋은 관계를 맺기도 어렵습니다.

“어제 엄마랑 또 싸웠어요. 저한테는 운동을 하는 게 정말 중요하단 말이에요. 그런데 엄마는 제가 운동하는 걸 시간낭비라고 생각해요.”

“그렇구나. 진혁이가 운동하러 갔다 온 것 때문에 엄마랑 싸운 거니?”

“그런 것도 있지만, 그게 아닌 것도 있어요. 엄마는 제게 교회에 빠지지 말고 꼭 나가야 한다고 하거든요. 그런데 저는 요새 교회가 별로 마음에 들지 않는단 말이에요. 억지로 해야 한다는 생각이 들면 더 하기 싫기 때문에, 차라리 그 시간에 운동을 해야겠다 싶어서 운동을 하고 집에 갔어요. 그런데 들어가면서부터 엄마가 저를 노려보고 있더라고요.”

“흠, 엄마는 진혁이가 교회 대신 운동하러 간 게 마음에 안 드신 건가? 진혁이는 찡그린 엄마 얼굴을 보면서 기분이 별로 안 좋았겠고. 그래서?”

“엄마도 저도 아무 말 하지 않은 채 저녁을 먹었어요. 그런데 정말이지 도저히 못 먹어줄 만큼 맛이 없는 저녁을 차려놓은 거예요. 그래서 제가 불평을 했죠. 이건 진짜 심하다고.”

"그랬더니 엄마가 화를 내셨겠구나."

"그렇죠. 엄마는 거의 울 것처럼 크게 소리를 질렀어요. 엄마가 말한 것들이 다 기억나는 건 아니지만, 맞는 말도 있고 맞지 않는 말도 있었어요. 저는 엄마를 무시하는 건 아니거든요. 그런데 엄마는 자기를 무시하지 말라면서 고함을 쳤다니까요."

"그러면 진혁아, 그 장면에서 진혁이가 어떤 느낌이 들었는지 한번 좀 돌아볼래?"

"……느낌이요?"

그때 자신이 느끼는 느낌, 즉 감정이 어땠는가 하는 질문에 똘똘한 고등학생 진혁이는 허를 찔린 것처럼 보였습니다. 어쩌면 진혁이는, 자신을 충분히 이해해주지도 수용해주지도 않는 엄마에 대한 성토대회에 같이해주기를 기대했을 수도 있습니다. 그게 아니라면 적어도, 엄마와 그럭저럭 잘 지내는 노하우를 듣고 싶었을 수도 있습니다. 그런데 난데없는 느낌이라니요.

"맞아, 느낌. 진혁이가 일요일에 혼자서 운동을 하러 가고, 집에 들어가서, 엄마 눈빛을 보고, 밥을 먹으면서 느꼈던 느낌."

"그런 생각은 별로 안 해봤는데요."

여기서 느낌과 생각의 차이점을 짚고 넘어가는 게 좋겠습니다. 느낌은 감정이라고도 할 수 있는데, 대개 한 단어로 표현됩니다. 우울, 불안, 분노 같은 것은 부정적인 감정이자 느낌입니다. 자랑스러움, 즐거움, 행복함 등은 긍정적인 감정이자 느낌입니다. 생각은 내 마음을 스쳐 지나가는 한 토막의 말(바보!), 이야기(그때 나는 정말 바보 같은 짓을 했어), 장면(바보 같은 짓을 한 뒤 풀이 죽어 있는 자기 자신의 모습) 등을 말합니다. '장면'에는 실제로 있었던 일들에 대한 기억도 들어가고, 때로는 상상 속의 장면이지만 너무나 실재감이 넘쳐서 꼭 있었던 일처럼, 혹은 반드시 벌어질 일처럼 여겨지는 장면도 들어갑니다. 만일 자신이 느끼는 감정이 어떤 것인지 구별하기 어렵다면 자기 몸의 반응을 살펴보는 것도 도움이 됩니다. 스트레스를 많이 받은 사람들이 어깨와 목이 잘 뭉친다는 건 잘 알려진 사실입니다. 어깨에 힘이 들어간다면 긴장하고 있다는 뜻입니다. 만일 온몸이 묵직하게 느껴진다면 우울한 감정을 몸으로 경험하는 것일지도 모릅니다.

감정과 생각을 구별하는 것, 자신이 경험하는 감정을 분명하게 확인하는 것은 마음을 편안히 하기 위해 꼭 필요한 과정입니다. 마음의 평화를 얻는 데서 한 발짝 더 나아가 함께 지내는 사람들과 편안한 관계를 유지하기 위해서는 자신이 경험하는 감정을 읽은 그대로 잘 표현하는 것이 중요합니다. 감정을 인식하는 것이 기초 과정이라면 표현하는 것은 심화 과정입니다.

다시 진혁이와 이야기하던 장면으로 돌아갑니다. 진혁이는 소위 '학교폭력 가해자'로 병원을 찾아온 친구였습니다. 학교폭력이 공공연하게 벌어지는데도 쉬쉬하던 시기를 지나고, 피해자가 드디어 용기 내서 치료받던 시기도 지나서, 가해자도 치료가 필요하다는 사실을 인식하게 된 시기에 들어선 겁니다. 물론 아직도 갈 길은 멉니다. 여전히 쉬쉬하는 폭력과 낙인찍히지 않기 위해 치료를 거부하는 피해자들이 존재하니까요.

진혁이는 비록 학교폭력 가해자였지만, 흔히 알려진 폭력 그룹과 연계된 가해자는 아니었습니다. 자기가 느끼는 감정이 어떤 것인지 잘 모르면 그 감정을 다루기도 사실상 불가능합니다. 진혁이는 자신이 느끼는 무기력함, 두려움을 폭력이라는 행동화로 다루고 있었다는 걸 비로소 깨닫기 시작한 단계까지 와 있었기에 자기 느낌이 어땠는지 한 번 더 물어볼 수 있었습니다.

"처음에 엄마한테…… 섭섭했어요. 제가 중요하게 생각하는 걸 엄마는 전혀 중요하게 생각하지 않아서요. 저를 비난하는 눈빛을 봤을 땐 '아, 내가 또 엄마를 실망하게 했구나!' 하는 생각이 들었고요. 음, 사실은 속상했어요. 지금 돌아보니 엄마가 저를 그렇게 볼까 봐 겁났던 것 같아요. 그…… 학폭위가 열렸을 때 말이에요. 다행히도, 엄마가 학폭위 때 당당하게 제 편이 되어줘서 정말 고마웠거든요! 그래도 엄마가 저를 노려보는 시선이 언젠가 튀어나올 것 같아 끝까지 걱정했던 기억이 나요. 그리고…… 저녁밥이 맛없었을 땐 좀 걱정이 됐던 것 같아요. 말씀드린 것처럼 저는 운동을 많이 해서 더 건강해지고 싶거든요. 그래서 운동하고 나서 밥 먹는 게 맛도 있고 건강에도 좋았으면 좋겠어요. 헬스클럽에서 다른 사람들이 하는 이야기를 들었거든요. 운동 잘해도 잘 먹어주지 않으면 말짱 헛일이라고."

"그렇네! 섭섭함. 속상함. 걱정스러움. 이런 감정들을 느꼈구나, 진혁이는. 잘 얘기했고. 하나만 더 생각해볼까. 엄마가 울 듯 소리치셨을 땐 어떤 느낌이 들었니?"

"그건 쉬워요. 억울했어요."

"진혁이 마음을 느낀 감정들을 엄마가 몰라주니까 억울했나보다, 그렇지?"

"네, 맞아요!"

"그러면 엄마한테 진혁이가 느꼈던 섭섭하고 속상하고 걱정스러웠던 감정들을 좀 표현했던 것 같니?"

"……아뇨."

"아마 진혁이는 엄마가 진혁이 마음을 읽고 그에 맞춰서 반응을 잘 해주기를 기대했을 거야, 그렇지?"

"맞아요! 그런데 우리 엄마는 그런 면에서 빵점이에요."

"그럴지도 모르겠다. 그렇지만 진혁아, 사실 선생님도 진혁이가 자기 마음 이야기를 들려주기 전까지는 진혁이가 어떤 느낌인지 제대로 알기가 어려웠어. 그건 어떻게 생각하니?"

진혁이는 약간 당황하는 표정이었습니다. '아니, 그래도 사람 마음을 상대로 치료하고 돕는다면서 앉아 있는 선생님인데, 내 마음을 잘 모른다고?' 그렇지만 이건 어디까지나 사실입니다.

"저는 선생님이 제 마음을 알아주실 거로 생각했는데, 그럼 그게 틀린 거예요?"

"아니야. 선생님이 진혁이 마음을 알아주기 위해 노력하는 건 맞아. 그렇지만 어디까지나 진혁이가 이야기한 것들을 토대로 해서만 알 수 있는걸. 이런 건 있지. 진혁이가 자기 마음을 솔직하게 이야기해주면 진혁이를 더 잘 이해할 수 있고, 만일 진혁이가 어느 부분을 빼놓거나 비켜가면서 이야기를 하면 '엇, 뭔가 앞뒤가 안 맞는데? 왜 그렇지?' 하는 느낌을 받을 수도 있어. 그렇지만 이야기를 해주지 않으면 선생님은 다 알 수가 없거든."

우리는 많은 경우, 나와 가까운 사람들이 내 마음을 이해해 주기를 바랍니다. 진혁이가 엄마에게 자기 마음을 읽어주기를 기대했던 것처럼, 친구가 자신의 속상한 마음을 알아주기를 기대하고, 고객이 자신의 열심을 이해해주기를 기대하고, 삐친 연인이 자신의 미안한 마음을 읽어주기를 기대합니다.

그렇지만 거듭 얘기합니다. 말하지 않아도 알아서 자기 마음을 읽어주는 독심술사는 없습니다. 그래서 오늘도 자기감정을 솔직하게 이야기해야 합니다. 진혁이가 "엄마, 나 사실 섭섭했어요. 속상하기도 했고요. 건강해지고 싶고, 아직 더 자랐으면 좋겠는데, 그렇게 안 될까 봐 걱정도 됐다고요"라고 이야기했다면 엄마의 반응은 당연히 달라졌을 겁니다. 아들이 섭섭하고 속상하다는데, 더 건강해졌으면 좋겠고, 더 크고 싶다는데, 울면서 소리 지를 엄마가 있을까요? 그건 아닙니다.

여기서는 이 정도로 마무리하고, 다음 꼭지로 넘어가 엄마 입장에서는 어땠을지 엄마 쪽 이야기를 들어보도록 하지요.

Counseling
28

'내가 정말 바라는 게 뭐지?'라고 자신에게 질문하라

내담자

어떻게 하면 감정을 폭발하지 않고
차분히 제가 하고 싶은 이야기를
상대방에게 전달할 수 있을까요?

정신과 의사

다른 사람과 소통하기 전에 자기 자신과 먼저 소통해야 합니다. 다정히 말을 걸어야 합니다. '네가 정말 하고 싶은 말이 뭐지?', '네가 정말 기대하는 게 뭐지?', '네가 꼭 전달해야 할 내용은 또 뭐지?'라고. 그 질문들에 솔직히 답하는 동안 마음이 정화되고, 자신이 정말로 원하는 게 무엇인지도 알게 됩니다.

엄마가 진혁이랑 갈등을 일으켰던 그 날 이야기를 엄마의 시각에서 다시 들어볼까요?

"진혁이가 지금은 공부를 안 하고 있지만, 전에는 제법 공부 잘하는 아이였거든요. 이제는 공부 잘하는 건 바라지도 않아요. 그렇지만 대놓고 안 하는 걸 볼 때면 저는 여전히 마음이 불편하다고요. 교회에 나가는 것도 그래요. 진혁이가 교회에서 듣는 이야기를 마음에 들어 하지 않는다는 것도 잘 알아요. 하지만 저는 진혁이가 '기본은' 했으면 좋겠거든요. 학생이니까 공부를 하고, 가족들이 다 교회에 다니니까, 그리고 교회에서 나쁜 것 가르치는 것도 아니니까 교회에도 성실히 나가고 말이에요. 그래서 진혁이가 땀 냄새 풍기며 들어왔을 때는 더럭 겁이 났어요. '기본도 못 하니 정말 큰일 났구나. 얘가 또다시 전처럼 폭력을 저지르고 그러면 어쩌지?' 싶어서요. 그런데 진혁이는 아무 말도 하지 않은 채 저를 째려보기만 하더라고요."

"그러니까 어머님이 걱정하신 건, 진혁이가 '기본도 못 하다가 다시 문제를 일으킬까 봐'였던 거네요?"

"그렇죠. 음식에 대한 것도 그래요. 제가 요리 솜씨가 별로 없다는 건 저도 인정해요. 그래도 진혁이가 기분 좋게 먹기를 기대해서 좋아하는 메뉴를 골라서 한다고 했는데, 몇 숟갈 먹더니 거의 뱉어내듯 하는 거예요. 제가 엄마로서 부족한 건지 모르지만, 저도 엄마 이전에 사람이라고요. 기본도 못 할까 봐 걱정되는 아들에게 음식 솜씨 없다고 타박받다니. 진혁이가 제가 하는 말을 하나도 듣지 않고, 저를 엄마로 혹은 어른으로 인정조차 하지 않는다는 생각이 들었어요. 눈물이 막 흘렀고, 저도 모르게 소리를 질렀다니까요."

"그때 진혁이 어머님은 어떤 느낌이 들었을까요?"

"음…… 상처받은 느낌이 들었어요. 화도 났지만 그 전에 제가 느꼈던 건 가슴 아픈 상처의 느낌이었어요."

"그러셨을 것 같아요. 정말 아프셨겠죠……. 그러면, 그 상황에서 어머님이 정말 하고 싶으셨던 이야기는 무엇이었을까요?"

이번에는 진혁이 어머님이 잠시 침묵할 차례입니다.

"제가 하고 싶었던 이야기요? 화가 나서 으다다다 쏟아부을 때 하고 싶었던 이야기는 다 한 것 같은데요."

"어떤 이야기를 했는지 기억하세요?"

"글쎄요. 그때는 너무 흥분한 상태라서……."

"정말 하고 싶은 이야기였다면 기억이 날 거예요. 반대로 기억이 잘 안 난다면 꼭 얘기하려고 별렀던 것은 아닐 가능성이 크고요. 그러면 이렇게 다시 생각해보세요. 내가 진혁이에게 정말 바라는 건 무얼까? 나는 무엇 때문에 그렇게 상처받고 마음이 안 좋았을까?"

"말씀드린 대로, 저는 진혁이가 공부 잘하고 그런 건 안 바라는 것 같아요. 그저 기본만 했으면 좋겠어요. 자기한테 주어진 일들을 성실하게 해내는……."

앞에서 진혁이가 자기감정을 표현하지 않았을 때, 자기감정을 솔직하게 드러내서 말하는 게 좋겠다고 이야기했습니다. 그렇지만 무슨 일이든지 지나치면 좋지 않은 법이지요. 자기감정을 드러내서 말하는 게 꼭 필요한 일이기는 하지만, 폭발하는 감정은 정작 자기가 하고 싶은 이야기들을 감추어버리기 쉽습니다.

조금만 사회적인 자리에 나가면 절대 드러내지 않을 감정들이 가까운 사이라는 이유만으로 마구잡이로 퍼부어지기 쉽습니다. 가까운 사람일수록 걸러지지 않은 감정들을 마구 쏟아낼 가능성이 크기 때문이죠. 화를 내면 폭발하듯 화를 내고, 원망하면 펄펄 뛰며 원망합니다. 그러는 동안 정말 하고 싶었던 이야기들은 종적을 감춘 채 감정의 홍수만 이리저리 범람하게 되죠. 초토화될 정도로 감정이 폭발한 뒤에야 가까스로 '아, 내가 정말 하고 싶었던 이야기는 이게 아닌데!' 하는 쓰디쓴 후회를 하게 됩니다.

그래서 감정이 먼저 부글부글 끓어오르는 시점에 놓인 당신에게 부탁드립니다.

'내가 정말 하고 싶은 말이 뭐지?'

'내가 정말 기대하는 게 뭐지?'

'내가 꼭 전달해야 할 내용은 또 뭐지?'

이 질문을 먼저 자기 자신에게 던져야 합니다. 왜냐하면 당신이 이런저런 말을 하고 싶어 하고, 이런저런 기대를 하며, 무슨 내용이든 꼭 전달하고 싶어 하는 대상은 당신에게 정말 소중한 사람이기 때문입니다. 사랑하기 때문에 기대하고, 사랑하니까 이야기를 하고 싶은 겁니다. 감정의 홍수 때문에 잃어버리기에는 너무 귀한 대상이라서 자기 자신에게 먼저 물어봐야 합니다.

"저는 진혁이가 기본만이라도 성실하게 해냈으면 좋겠어요."

친구에게 화내고 짜증 부렸던 사람이라면 이렇게 말할지 모릅니다.

"저는 친구랑 계속 친하게 지냈으면 좋겠어요."

아내에게 소리 지르며 화냈던 사람은 이렇게 말할지도 모릅니다.

"다른 사람은 몰라도 적어도 제 아내만은 저를 이해해주기를 바랐던 것 같아요."

관계 안에서 어그러지고 튕겨 나오는 순간까지 가기 전에 꼭 자신에게 물어보아야 할 질문이 여기 있습니다.

'내가 정말 바라는 건 무엇이지?'

Talk
me

CHAPTER

04

연인과 배우자에게 하는 말

Counseling
29

자신의 실수를 인정하고 솔직하게 부탁하라

내담자

우리 부부의 대화는 왜 늘 꼬이고
소통은 쉽게 딜레마에 빠지게 되는 걸까요?

정신과 의사

부부가 소통을 잘하고 좋은 관계를 유지하는 비결을 딱
두 가지만 꼽아보라고 한다면 이것입니다.
첫째, 자신의 실수를 인정하라.
둘째, 솔직하게 부탁하라.

“망각한 자들은 복이 있나니 자신의 실수마저 잊어버리기 때문이라.”

철학자 니체의 말입니다. 영화 〈이터널 선샤인(원제: Eternal Sunshine on Spotless Mind)〉에서 반복해서 등장하는 경구이기도 한데요. 주인공의 선택과 그 결과를 지켜보는 관객에게 기억이란 것이 무엇인지, 추억이란 또 무엇인지 생각하게 하는 이야기입니다. 2004년 미국에서 만들어진 영화로, 우리나라에서는 2005년에 개봉했습니다. 그리고 2015년에는 10주년 기념 재개봉이 이루어졌는데, 역대 재개봉 영화 누적 관객수 1위를 기록한 바 있습니다.

기차에서 처음 만난 파란 머리 여자 클레멘타인(케이트 윈슬렛 분)과 첫눈에 사랑에 빠지는 남자 조엘(짐 캐리 분)의 모습은 ‘아, 저렇게 천생연분인 사람을 만나는구나’ 같은 지극히 진부한 생각을 하게 합니다. 그런데 이야기가 진행되면서 뭔가 이상한 점들이 하나씩 튀어나옵니다. 나중에 밝혀진 진실은 (여기서부터는 스포일러입니다) 뒤틀리고 식어버린 관계를 끝내고자 연인이었던 남자에 대한 모든 기억을 지우는 일을 선택했던 여자와, 여자의 선택을 안 뒤 자기도 기억을 지워버린 남자의 이야기였습니다.

그들 바람과는 달리 기억은 지워져도 사랑은 남아 있었습니다. 영화 시작 부분에 나오는 그들의 기차 안 첫 만남은 진정한 의미에서 첫 만남이 아니었습니다. 이유를 알 수 없는 끌림으로 출근조차 포기한 채 달려가는 그곳은 그들이 처음 만난 장소였고, 아프고 힘들었던 기억과 소중했던 기억이 모두 지워진 상태로 다시 만난 그들은 사랑에 빠집니다.

소설가이자 철학자인 에밀리오 체코니(Emilio Cecconi)는 니체의 말을 이렇게 해석합니다.

> 때로 좋은 일이든 나쁜 일이든 기억하는 것은 당신을 불행하게 할 수 있다. 기억 속에서 너무 많은 시간을 보내는 것은 과거를 향한 열망이나 과거에 대한 분석을 하게 해서 과거를 흘러가도록 내버려두지 않게 하기도 한다. 그래서 잊어버리는 것은 마음을 더 가볍게 하고 세상을 경험하는 보다 단순한 방법을 선사한다.

영화 속의 그들은 자기가 어떤 선택을 했는지 알게 된 후에, 기억을 지우는 클리닉에서 만들었던 녹음테이프를 듣습니다. 그 안에는 상대방에 대한 자신의 이야기들이 날것으로 들어 있습니다. 어떤 게 지긋지긋하게 싫었는지, 왜 이렇게 극단적인 선택까지 하게 된 것인지……. 이걸 함께 듣는 바람에 서로 깊이 상처받고 다시 시작한다는 것이 두려워졌지만, 남자는 떠나려는 여자를 붙잡습니다. "당신은 곧 나를 거슬려할 테고, 나는 당신을 지루해할 테고." 이렇게 말하는 그녀에게 남자는 "괜찮아, 괜찮아"라고 말해줍니다.

기억이 지워진다고 사람이 달라지지 않습니다. 남자도 여자도 모두 똑같은 한계를 지닌 똑같은 사람이기 때문에, 익숙하지만 새로운 관계를 시작하는 그들에게는 '괜찮다'라는 위로의 말이 절실했습니다. 둘 사이에는 이내 안도의 눈물과 웃음이 터져 나옵니다. 이 영화가 뻔한 키스 장면 등으로 끝나지 않은 것이 다행이라는 생각도 들었습니다. 이런 이야기들을 나누는 것이 어떤 육체적인 접촉보다 더 깊은 친밀감을 만들어낸다는 것을 잘 보여주었기 때문입니다.

그런데 말입니다. 실수까지 잊어버리는 것을 정말 '복'이라고 할 수 있을까요? 똑같은 상처투성이 결론으로 끝나지 않으려면 실수를 통해 배우는 게 좋지 않을까, 하는 노파심이 계속 따라붙습니다. 한편으로 그들이 또다시 새로운 관계를 시작할 것이라는 점을 고려할 때 '자신의 실수를 잊지 않는' 것이 더 큰 복이라는 생각도 들었습니다. 결국, 이 영화는 니체의 경구에 전면적인 반기를 들고 있는 셈입니다. 망각하는 게 복이 아니고, 실수조차 잊는 것은 더더욱 복이 아니라고 말입니다.

그들의 관계가 꼬이고 엉키는 장면과 아픈 일을 잊는 것은 좋지만 소중하고 설레던 추억들까지 한꺼번에 잊는 걸 보면서 안타까운 생각이 들었습니다. 그렇지만 가장 안타까웠던 것은 그들이 처음부터 끝까지 내내 잊고 있는 게 있다는 사실이었습니다. 기억을 지워주는 클리닉에 찾아가기 전부터 그들이 잊고 있었던 것이 있습니다. 그것은 바로 '서로에게 부탁하는 것'입니다.

녹음테이프 속에서 여자는 남자가 지겹다고 말합니다. 그 사람과 함께 있는 동안 자기가 많이 변했고, 그런 자신이 싫어졌다고 고백합니다. 비굴하고 미안해하는 미소는 꼴도 보기 싫다고 말합니다. 녹음테이프 속에서 남자는 여자가 똑똑하지만 교양이 없고, 어휘도 딸려서 창피하다고 말합니다. 온갖 색깔로 머리를 염색하면서 장난치는 게 한심해 보이고, 섹스로 애정 결핍을 채우려는 게 싫다고 말합니다. 둘 다 상대방이 자신에게 이런 이야기를 하는 걸 처음 듣는다는 듯 당황해 합니다. 물론 기억이 지워져서이기도 하겠지만, 영화 속 어디에도, 서로 사랑하는 순간에든 갈등하는 순간에든, 자기가 바라는 걸 이야기하며 진지하게 부탁하는 모습은 보이지 않습니다. 만일 그들이 관계가 꼬이기 시작할 때 이런 이야기를 나누었다면 어땠을까요?

"요새 당신이랑 있으면서 지루하게 느껴져서 힘들어. 나랑 조금만 더 활기차게 지내려고 노력해줄 수 있겠어?"

"당신이 머리 색깔을 왜 자꾸 바꾸는지 모르겠어. 좀 이상하다는 생각까지 든다니까. 왜 그런 선택을 하는지 이야기해 줄 수 있겠어?"

이렇게 상대방에게 부탁하는 게 말처럼 쉬운 일은 아닙니다. 그렇지만 관계가 어그러지고 끝나버리는 것은 부탁하는 것보다 훨씬 더 어렵고 고통스러운 일이므로 시도해볼 가치는 충분히 있습니다.

이것이 영화 속 이야기에 지나지 않을까요? 건강한 관계를 가꾸어가는 커플과 그렇지 않은 커플 사이에 가장 중요한 차이점은 서로 간에 이루어지는 의사소통입니다. 의사소통은 자기가 하고 싶은 말을 독백으로 부르짖는 것을 말하지 않습니다. 의사소통은 사람들이 서로에게 의미를 전달하는 역동적 과정이며, 친밀감을 얻는 중요한 열쇠로 작용합니다. 특히, 부부나 연인처럼 일대일 관계 가운데 최고의 친밀감을 추구해야 하는 관계 안에서는 의사소통 가운데 '솔직한 부탁'이 빠져서는 안 됩니다. 상대방에게 자신을 행복하게 할 수 있는 방법을 알려주고 그렇게 해달라고 정중하게 부탁하는 것은 건강한 관계를 위한 핵심이기 때문입니다.

Counseling
30

가까운 사람에게 지혜롭게 부탁하고 관계를 향상하는 비결

내담자

부부간에 소통을 잘하려면 어떻게 해야 하나요?

정신과 의사

3가지 노하우를 알려드릴게요. 첫째, 막연하고 추상적인 말을 피하고 구체적으로 부탁하세요. 둘째, 자신이 원하지 않는 것보다 원하는 것을 말하세요. 셋째, 말로 표현하기 전에 자신의 마음속을 들여다보세요.

부탁의 전제 조건은 그로 인해 삶이 풍요로워지는 건 결국 자기 자신임을 기억해야 한다는 것입니다. 남자친구가 더 자주 연락했으면 좋겠다는 건 결국 자기 마음이 더 편안해지기 원해서입니다. 또한, 자신이 연인에게 사랑받고 있음을 느끼기 위해서입니다. 이렇게 간단한 경우에는 자기 자신을 위한 부탁이라는 걸 알아차리기 쉽습니다. 그러나 우리 삶의 많은 부분이 그렇듯 쉽고 간단하지 않습니다. 자신을 위한 부탁이라는 걸 잊지 말아야 하는 것은 왜일까요? 우리가 상대방을 위해 부탁한다고 착각하는 경우가 종종 있기 때문입니다.

"당신, 술 좀 그만 마실 수 없겠어? 나를 위해서가 아니라 당신을 위해 부탁하는 거야."

얼핏 들으면 이 말은 그야말로 상대방을 위해 고결한 부탁을 하는 것처럼 들릴 수도 있습니다. 그러나 알고 보면 상대방보다는 자기 자신을 위한 부탁일 때도 드물지 않습니다. 상대방을 걱정하는 마음이 하나도 없다는 이야기는 물론 아닙니다. 그렇지만 백 퍼센트 상대방만을 위하는 건 아니라는 의미입니다. 자신도 편하고 좋은 부분이 있으므로 부탁하고 있다는 걸 알아야 합니다.

상대방만을 위해 부탁한다고 생각하면 그 사람보다 자신이 우월하고 잘난 위치에 있다는 착각에 빠지기 쉽습니다. 한마디로 교만해지기 쉬운 겁니다. 그리고 대다수 사람은 교만한 이들을 본능적으로 혐오합니다. 당신이 하는 부탁이 싫어서가 아니라 당신이 잘난 척하는 게 싫어서 '그를 위한 당신의 부탁'을 거절할 가능성이 큽니다.

가까운 사람에게 부탁을 잘하기 위한 몇 가지 요령이 있습니다.

첫째, 막연하고 추상적인 말을 피해야 합니다. 가능하다면 구체적으로 말하는 게 좋습니다. 남편이 아내에게 이야기합니다.

"집이 너무 엉망이잖아."

이 말을 들은 아내가 "네, 잘하겠습니다"라고 반응하는 경우는 거의 없을 겁니다. 공격당한다고 느끼면, 그 순간 자신을 지키기 위해서라도 맞대응이 시작됩니다. "그러는 당신은 뭘 얼마나 잘해서?"라는 식으로 역시 공격적으로 나올 가능성이 큽니다. 이때 "그래, 나도 잘 못 하니까 미안해!"라는 신사적인 답변으로 남편이 반응하기는 역시 쉽지 않습니다. 그러니 말의 첫 단추를 잘 끼워야 합니다.

이번에는 이 말을 "설거지가 나오면 그때그때 바로 했으면 좋겠어"라는 말로 바꾸면 상대방의 대답은 한결 부드러워질 겁니다. 비난하는 게 목표가 아니라 깨끗한 부엌 완성을 바라고 있다는 것이 명확히 드러나기 때문입니다. 그러니 구체적인 부탁을 해야 한다는 사실을 잊지 마세요.

둘째, 원하지 않는 것을 말하기보다 원하는 것이 무엇인지를 말해야 합니다. "이렇게 하면 싫어요"라는 표현보다 "이렇게 해주면 좋겠어요"라는 표현이 훨씬 전달력과 설득력이 높습니다. 여자친구에게서 "주말인데 집에서만 시간을 보내는 건 싫어"라는 말을 들으면 비난받고 있다고 생각하기 쉽습니다. "영화라도 보러 나가면 좋겠어"라고 말한다면 듣는 사람은 비난받는다는 느낌에서 벗어나게 될 뿐만 아니라 영화를 보러 나갈지 말지 결정할 자유를 얻습니다. 커플이 민감하게 생각하는 부분이라면 긍정적인 표현을 좀 더 적극적으로 사용해야 합니다. 어떤 커플에게 돈 문제가 그들의 민감한 부분이라면, "돈을 그렇게 쓰면 안 된다고"라는 말과 "돈을 이렇게 쓰면 좋겠어"라는 말의 차이는 하늘과 땅 차이와 같습니다.

우리 신체에서도 민감한 부분은 살짝만 건드려도 통증으로 느끼기 쉽습니다. 눈에 속눈썹이 들어간 적 있으시죠? 가느다란 속눈썹이 들어간 것에 불과한데, 커다란 막대기로 눈알을 찔리는 것처럼 고통스럽게 느낍니다. 이처럼 가까운 사이에서 이야기 나눌 때는 민감한 주제일수록 상대방이 '통증'으로 경험할 것이라는 점을 고려하여 표현하는 게 좋습니다. 상대방을 위해서도 그렇지만, 통증으로 인식한 상대가 반격해 오면 예기치 않게 불필요한 상처를 입을 게 뻔한 자기 자신을 위해서도 그렇습니다.

셋째, 말로 표현하기 전에 먼저 자신의 마음을 들여다보며 확인합니다. 많은 사람이 자기가 원하는 것이 무엇인지 모르고, 다른 이들에게 바라는 것이 무엇인지 몰라 좌절과 우울을 겪습니다. 영화 〈이터널 선샤인〉 속 커플이 서로에게 정말 바라는 건 무엇이었을까요? 쓸데없이 미안해하지 말고, 조금은 뻔뻔한 모습을 바란 거였을까요? 머리 염색 안 하고 자기 모습으로 당당하게 있기를 바란 걸까요?

영화 속 주인공들의 속마음을 추측하는 데에는 한계가 있습니다. 그렇지만 바로 옆에 있는 사람에게 바라는 것은 좀 더 분명해질 수 있습니다. "당신이 정말로 바라는 것은 무엇인가?"라는 질문은 심지어 정신건강을 챙기는 상담 시간에도 자주 던져집니다.

"어떻게 오셨어요?"

"우울증 때문에요."

여기에서 이야기가 끝나버리면 안 됩니다. 일단, 정말 우울증인지 아닌지도 확실하지 않을뿐더러 '우울증 때문이라고'

말한 그 사람이 정말 바라는 것이 무엇인지 확인해야 합니다.

우울증이라고 말은 했지만 자기가 정말 아픈지 여부를 확인하고 싶은 것인지, 혹은 우울해서 잠을 못 자니까 잠 좀 잘 수 있게 도와달라는 것인지, 혹은 가족들이 병원 좀 가보라고 하도 성화여서 하는 수 없이 오긴 왔는데, 바라는 건 그저 집에 빨리 가는 것뿐인지 정확히 알기가 어렵습니다. 사람마다 다 다른 사연만큼이나 그들의 바람도 제각각입니다.

우리나라처럼 정신과적 치료가 꼭 필요한 사람의 15퍼센트 정도만 전문의를 찾는 상황에서, 넘기 어려운 정신건강의학과 문턱을 넘으려고 마음먹었을 때 상담할 내용을 준비하지 않는 사람은 많지 않을 겁니다. 그렇게 준비하고 이야기한다고 하더라도 정작 자신이 무엇을 바라는지가 빠지기 쉽습니다. 그러므로 커플 관계 안에서 어려움을 겪는 사람이 그 정신없는 와중에 자신이 무엇을 바라는지를 확인하기란 더욱 어려운 일입니다. 당신 옆에 있는 사람에게 이 질문을 던지기 전에 당신 자신에게 다음과 같이 던져야 합니다.

'내 삶이 풍요로워지기 위해 내가 이 관계에서 바라는 건 무엇이지?'

외국 출장 갔다가 돌아오는 남편에게 선물을 사다 달라고 말할 수 있는 아내는 부탁을 상당히 잘하는 사람입니다. 아무 말도 하지 않은 채 가만히 있다가, "왜 내 것은 아무것도 안 사왔어?" 하는 식으로 시비를 거는 것보다 확실히 의사 표시를 하는 것이 훨씬 낫습니다. 끝까지 아무 말도 하지 않지만 속으로 원망을 쌓으면서 '어디 두고 봐라, 나중에 늙으면 다 갚아줄 테다' 하는 식으로 이를 가는 사람보다 훨씬 낫습니다. 그렇지만 그런 사람도 자신이 정말 바라는 것은 무엇인지 자기 마음속을 들여다볼 필요가 있습니다. 아내는 남편이 자신을 출장지에서도 기억해주기를 바란 것이었을까요? "잡은 물고기에는 먹이를 주지 않는다"라는 세속의 농담이 사실이 아님을 확인하고 싶었던 걸까요? 남편이 없는 동안 혼자서 아이들 돌보고 직장 다니며 힘들게 해냈던 일들을 칭찬받고 싶었던 걸까요? 자신이 무엇을 원했는지 아는 것은 상대방에게 하는 모든 부탁이 다 받아들여질 수 없다는 현실 때문에도 필요합니다.

자기만족을 위해 여자친구에게 살 뺄 것을 부탁하는 남자를 생각해봅시다. 여자친구가 흔쾌히 그러겠노라 한다면 그나마 다행일 겁니다. 그러나 이 부분에 무척 민감한 사람이라면 커다란 마음의 상처를 입을 수도 있습니다. 게다가 노력한다고 다 빠지는 살이 아니기 때문에도 그렇습니다. 다행히 여자친구는 자존심 상해하거나 하지 않고 나름대로 노력한다고 했는데, 살은 단 1킬로그램도 빠지지 않았습니다. 이 시점에서 남자가 자신에게 묻습니다. '내가 정말 바란 것은 무엇일까?' 자신이 절실하게 바란 것이 날씬한 여자친구였다면 하나도 살을 빼지 못한 여자친구 때문에 아쉽기도 하고 짜증이 났을지도 모릅니다.

그런데 그가 바란 것이 '자신의 이야기를 귀담아듣고 노력하는 여자친구의 모습'이라든가, '자꾸 함께 술을 마시다 보니 건강에도 좋지 않고 돈도 쓸데없이 쓰는데, 서로 건강을 생각해서라도 좀 더 바람직한 생활로 바꾸려는 시도'의 차원이었다면 비록 감량에는 실패했더라도 실망에서 그치지는 않을 겁니다.

마지막으로, 당신이 상대방에게 바라는 것이 부탁이었는지 강요였는지 확인하는 작업이 필요합니다. 앞에서도 이야기했듯이, 부탁과 강요는 엄연히 다릅니다. 진정한 부탁이라면 상대방이 부탁에 응하지 않아도 공감해주는 반응으로 마무리될 수 있습니다. 이렇게 되기 위해서는 '부탁은 자기 자신을 위한 것'임을 잊지 말아야 합니다. 자기 좋자고 한 부탁인데, 상대방이 해주지 않으면 아쉽기는 하겠지만 "그래, 알겠어. 그렇게 하고 싶지 않은 네 마음 이해 가" 하고 접을 수 있습니다.

그런데 이렇게 공감 어린 반응이 아닌 비판이나 비난으로 반응하게 된다면 아무리 그럴듯한 부탁 같아 보였다 해도 실제로는 강요에 불과합니다. 아, 물론 부탁했을 때 거절당한다고 해서 무조건 포기해야 한다는 뜻은 아닙니다. 단지 상대방이 거절한 이유를 충분히 공감하고 이해하기까지는 상대방을 설득하거나 강요하지 않을 거라는 뜻입니다.

사람들은 자기가 부탁받는 것인지 강요받는 것인지 금방 알아챌 수 있는 '촉'을 가지고 있습니다. 강요라고 느껴지면 일부러 더 뻗대며 튕겨 나갈 것을, 부탁을 통해 서로가 윈-윈 하는 기회로 만들 수도 있습니다.

자기가 원하는 걸 얻기 위해 다른 사람의 행동을 바꾸려는 것이 부탁의 목적은 아닙니다. 부탁의 목적은 솔직함과 공감에 기반을 둔 연결, 즉 친밀한 관계 형성이며, 더 나아가 당신과 당신의 짝, 두 사람 모두의 욕구를 충족하는 것입니다. 그렇게 할 힘은 다른 사람 아닌 당신 안에, 당신의 말에 달려 있다는 사실을 기억해야 합니다.

Counseling

31

당신이 던진 '말 폭탄'은 수십 배 더 강한 무기가 되어 돌아온다

내담자

남편 하는 짓이 너무 꼴 보기 싫고 미워서
한바탕 욕을 퍼붓고 싶을 때가 많아요.
그럴 땐 어떻게 해야 하나요?

정신과 의사

독은 독을 낳습니다. 그것도 그냥 독이 아니라 수십 배 농도 짙은 치명적인 독이 되어 돌아옵니다. 그렇게 몇 번 독한 대화가 반복되다 보면 두 사람 모두 돌이킬 수 없는 치명상을 입고 관계도 파탄 납니다. 독한 말 내뱉기를 참고 또 참아야 하는 건 그래서입니다.

“그사이 어떻게 지내셨어요?”

(남편과 아내, 모두 침묵을 지킵니다.)

“힘든 일이 있으면 여기에서 말씀하면서 털고 가기로 하셨으니까, 말씀을 좀 해보세요.”

남편: “또 그랬죠 뭐.”

아내: “항상 그래요. 대단한 일이 아니었는데, 또 엄청 싸워서……. 그릇이 막 날아다니고. 사네 못 사네, 이야기가 나오고…….”

“어떻게 되셨는데요?”

아내: “사소한 말다툼을 하는데, 갑자기 숨이 막히더라고요. 제가 신경안정제라도 먹어서 속을 가라앉혀야겠기에 잠깐 그만 좀 하자고 말했어요. 그런데 남편은 저한테 그만 살려면 지금 당장 짐 싸서 나가라고 소리를 질렀어요.”

남편: “그런데 전, 아내가 약을 먹으려고 그런다는 걸 정말 몰랐다고요. 알았으면 설마 제가 그렇게까지 말했겠어요, 저도 사람인데……? 제가 아내 감정을 상하게 한 건 알지만, 그래도 아내는 한술 더 뜨더라고요. 당신은 이 집 사는 데 돈도

얼마 못 보탠 작자니까 당신이 꺼지라고."

아내: "그럼 제가 뭐라고 대납해야 되겠어요? 숨은 턱턱 막히는데, 붙잡고 늘어져서 꼼짝도 못하게 하는 사람한테. 길에서 사람이 숨넘어가 쓰러진다고 해도 그렇게는 못할 거예요."

커플 문제로 상담받을 때는 각자 따로 만나는 시간과 둘이 함께 상담에 들어오는 시간이 다 필요합니다. 혼자서 상담받을 때의 모습과 함께 있을 때 보이는 모습이 다를 수 있기 때문이죠. 다툼의 원인이 외도나 폭력처럼 '큰 사건'이 아니라면, 대개는 '작은 일'들을 갖고 다투기 시작하다가 일이 커지는 바람에 큰 문제가 되는 경우가 많습니다. 이럴 때는 더 답답하고 안타깝습니다. 한쪽은 대체 무엇 때문에 이렇게 화를 내는지 도무지 이해를 못 하는데, 반대쪽은 어쩌면 저렇게 무신경해서 화낼 만한 일을 자신이 저지른 것조차 모르느냐며 따질 수도 있습니다. 그리고 많은 경우 이 '작은 일'들은 별생각 없이 막 내뱉은 말일 가능성이 큽니다.

사람이 화가 나고 상처받으면 그 순간에는 그야말로 눈에 뵈는 게 없기 마련입니다. 자신이 지금 이렇게 행동하거나 말을 하면 저 사람이 상처받겠다, 힘들겠다, 이런 생각은 전혀 들지 않습니다. 어떻게 하면 좀 더 상처를 줄까, 심지어는 어떻게 해야 다시는 회복되지 못할 타격을 입힐까 하는 생각마

저 듭니다. 대개 이런 생각들은 아주 짧은 시간에 끓어올라서 정신을 차려보면 이미 엎질러진 물과 같은 상황이 되기 쉽습니다. 무언가를 던진다거나 누군가를 때리는 일처럼 입 밖으로 말을 내뱉는 일도 순식간에 일어납니다. 문제는 독을 담아 내뱉은 말이 저절로 없어지지 않는다는 데 있습니다. 물건을 던져도 상대방이 안 맞으면 다치지는 않습니다. 누군가를 때리려다가 그 사람이 도망치면 그렇게 상황이 일단 종결됩니다. 그러나 독을 품은 채 마구 쏟아낸 말들은 상대방이 피하려야 피할 재간이 없습니다.

자, 이제는 상대방이 자신의 상처와 분노로 행동을 취할 단계입니다. 아차, 하는 사이에 독을 품은 말들은 당신이 던졌던 세기와 무게보다 몇 배나 강한 힘을 가지고 당신에게로 되돌아옵니다. 당신 자신도 성인군자가 아니니 상당한 독기의 말 폭탄에 강력하게 반응할 수밖에 없습니다. '나를 아프게 했으니 나도 이렇게밖에는 할 수가 없다'라고 생각하게 됩니다. 자신이 받았다고 느끼는 통증의 수십 배로 갚아주겠다는 독한 마음이 부글부글 끓어오릅니다. 이렇게 강력한 상승 작용을 일으키는 독을 담은 말들은, 어느 한쪽이 지쳐 떨어지거나 그 독에 쓰러질 때까지 브레이크 고장 난 기관차처럼 질주하기에 십상입니다.

이런 상황에서 어떻게 대응해야 할까요? 독을 품은 말로 인생을 엉망으로 만들지 않으려면 어떻게 해야 할까요?

만일 앞에서 상담하던 내담자들이 건강한 관계의 커플이라면 어떻게 듣고 반응할지 머릿속에 그리면서 함께 생각해보면 좋겠습니다. 우선, 두 사람이 다투던 그 자리로 돌아가봅시다. 사소한 말다툼을 하던 바로 그 장면 말이지요.

"아니, 건강한 커플이라면서요. 그런 사람들이 다투기는 왜 다투겠어요?"

그렇진 않습니다. 건강한 커플이라고 해서 전혀 다투지 않는 건 아닙니다. 가끔 어떤 커플은, 건강하고 원만한 관계를 유지하는 사람들이라면 다투지 말아야 한다는 일종의 강박관념에 사로잡혀 있는 것처럼 보일 때가 있습니다. 그러나 그것은 사실이 아닙니다. 건강한 부부일수록 각자 당당히 자기 목소리를 내고, 그 목소리가 서로 다를 수 있다는 점을 인정합니다. 티격태격하면서도 함께 같은 방향을 찾을 수 있다는 신뢰를 잃지 않습니다. 무릇 그래야 진정한 의미에서 건강한 부부라고 할 수 있습니다.

아내: "사소한 말다툼을 하는데, 갑자기 숨이 탁 막히더라고요. 그래서 말했죠. 여보, 나 숨 막혀!"

남편: "그 말을 들으면서 아내 얼굴을 보는데, 실제로 얼굴이 무척 괴로워 보이더라고요. '숨 막혀? 지금?' 이렇게 말했

어요."

아내: "남편이 제가 숨 막힌다고 말하는 게 무슨 뜻인지 잘못 알아듣는 것 같았어요. 그래도 최소한 제가 괴로워하고 있다는 건 알아채는 것 같더라고요. '응. 숨 막혀서 죽을 것 같아. 잠깐만 좀 이따가 말하자고' 하니까……. '그래, 알았어. 조금 이따가 다시 이야기하자. 먼저 숨 좀 돌려라' 하고 말해줬죠. 그런데 그다음에 남편이 제게 한 말이 확 다가왔어요."

남편: "내가 뭐라고 했지?"

아내: "'물 한 잔 마실래?' 했잖아, 여보. 저한테는 그 말이, 제가 얼마나 힘든지 남편이 알고 이해한다는 걸로 들렸어요. 물 한 잔 마셔도 그만이고 안 마셔도 그만인데, 남편이 헤아려준다고 하는 게 저에게는 그렇게 절실히 와닿을 수가 없더라고요."

그렇습니다. 독은 독을 낳습니다. 그것도 수십 배 농도 짙은 독을 낳습니다. 그 독은 또다시 독을 낳기 마련입니다. 연쇄 반응을 끊기 위해서는 가능하면 초기에, 독이 너무 짙어지기 전에 잘라내는 것 외에는 다른 방법이 없습니다. 그리고 독을 끊는 데 있어서 가장 중요한 것은 상대방의 마음을 함께 느껴보는 일, 즉 '공감하기'입니다. 이렇게 안 해보던 사람이 갑자기 이걸 실천하기란 쉽지 않습니다. 수영 한 번 안 해봤던 사람이 물에 뛰어든다고 갑자기 멋진 수영 자세를 선보이면서 물살을 가르기가 쉽지 않은 것과 마찬가지입니다.

처음에는 물에 빠지지 않고 살아남는 게 중요합니다. 미리부터 겁먹고 어푸어푸하면 오히려 물만 더 들이켜기 쉽습니다. 그래서 처음에는 물에 몸이 닿는 그 순간 잠시 숨을 참는 것부터 시작합니다. 독한 말을 너무 쉽게 주고받는 관계 안에서도 마찬가지입니다. '입으로 독화살 쏘기' 경주가 시작될 때 잠시 한숨 참아보면 상황은 완전히 달라질 수 있습니다. 그 자리에 잠깐 멈추어 선 채로 당신이 느끼는 감정이 무엇인지, 상대방은 어떤 느낌일지 조용히 바라보는 겁니다.

상대방이 너무 밉살스러워서 도저히 그렇게 하지 못하겠다고요? 마구 쏘아붙여야 속이 시원해질 것 같다고요? 그러나 이렇게 잠시 멈추어보는 것은 상대방보다는 당신 자신을 위해 반드시 선택해야 할 행동입니다. 왜냐하면, 독을 품어 내뱉은 말은 절대로 사라지지 않기 때문입니다. 반드시 몇 배 더 강한 독성을 품은 말이 되어 자신에게 되돌아오기 때문입니다.

Counseling

32

자기감정을 잘 표현하는 일에서 좋은 부부관계가 시작된다

내담자

부부간의 대화에서 자기감정을 표현하는 일이 왜 중요한가요?

정신과 의사

부부가 대화할 때 '감정적'이 되지 않는 선에서 자기감정을 명확히 표현할 줄 알아야 합니다. 자기 안의 감정을 밖으로 표현하지 않고 자꾸 감추거나 억누르기만 한다면 문제는 점점 더 커지고 관계도 점점 더 악화하기 때문입니다.

"말이 안 통해요."

"그 사람과 얘기하면 벽에 대고 얘기하는 듯한 기분이 들어요."

"이제는 말하고 싶은 생각도 없어요."

부부 가운데 한 명이 먼저 상담실을 찾아옵니다. 엉망이 된 부부 관계를 어떻게든 추슬러보려고 하지만 뜻대로 되지 않고 힘드니까 토로하는 말들입니다. 이런 이야기들이 나올 때면 저 역시 벽에 부딪히는 느낌이 들면서 가슴이 답답해집니다. 오죽 말이 안 통하면 병원까지 찾아와서 하소연하고 싶어 했을까요? 그렇지만 더 안타까운 것은 이미 이분들은 '그 사람은 안 돼. 그 사람하고는 안 돼'와 같은 결론을 내리고 있는 경우가 많다는 것입니다.

부부 사이만큼 말로 인해 꼬인 실타래를 겹겹이 가진 경우도 많지 않을 겁니다. 그만큼 부부는 긴 시간을 함께하며 그 시간 동안 내내 이야기를 나누어온 사이이기 때문입니다. 대판 싸우고는 말 안 한 지 3년이라고요? 침묵도 의사소통 방법 중 하나입니다. 대개 상대방에게 벌을 주기 위해 사용하는 방법이기는 하지만 말입니다.

의사소통만큼 결혼 생활의 행복 여부를 판가름하는 중요한 수단도 없습니다. 인리치 코리아(ENRICH KOREA, 대표 나희수 목사)가 의사소통에서 나타나는 행복한 부부와 불행한 부부의 강점을 비교한 연구 결과를 보면 재미있습니다. 그에 따르면, 행복한 부부는 의사소통 방식에 만족하는 비율이 95퍼센트에 달하지만, 불행한 부부는 그 비율이 15퍼센트에 그친다고 합니다.

의사소통을 평가할 때 확인하는 영역은 다섯 가지입니다. '의사소통 방식에 만족하는지', '상대방이 자신의 기분을 잘 이해하는지', '자신의 기분을 쉽게 표현할 수 있는지', '상대방은 내 이야기를 잘 들어주는지', '상대방은 나를 무시하고 깎아내리는 말을 하지 않는지' 등입니다. 의사소통을 통해 상대방에게 전달해야 하는 것은 자신이 하는 생각과 느끼는 감정입니다.

"아니, 그렇게 당연한 말들을 꼭 해야 할 필요가 있나요?"라고 묻고 싶을 수도 있습니다. 그렇습니다. 꼭 필요합니다. 왜냐하면, 자기가 지금 하는 생각과 경험하는 감정을 표현하는 것은 생각만큼 쉬운 일이 아니기 때문입니다. 때로 '상대방에게 걱정을 끼치고 싶지 않아서' 당신의 생각을 표현하지 않는 경우도 있습니다. '말할 필요가 없으니까'라고 판단하고 말하기를 건너뛰기도 합니다. '말하기가 어려워서', '어떻게 말해야 할지 알지 못해서' 등의 이유도 등장합니다.

감정을 표현하는 것은 생각을 표현하기보다 더 어렵습니다. 배가 고파도 부른 척, 기분 나빠도 괜찮은 척하는 게 습관이 된 문화권에서 자라난 우리에게는 자신의 기분이 좋은지 나쁜지 표현하는 게 어렵게만 보입니다. 그렇지만 자신이 경험하는 감정을 분명하게 확인하는 것, 여기서 한발 더 나아가 이러한 감정들을 바로 옆에 있는 사람에게 표현하는 것은 바람직한 관계를 위해 필요한 과정입니다. 감정에는 우울, 불안, 분노, 죄책감, 수치심 같은 부정적인 감정들이 포함됩니다. 흥분, 경악, 짜증 같은 인정하고 싶지 않은 감정도 있습니다. 자랑스러움, 즐거움, 행복함 같은 긍정적인 감정도 빠뜨려서는 안 됩니다.

자기가 느끼고 있는 감정이 무엇인지 판단이 잘 안 된다면 당신의 몸은 지금 어떤 상태인지 주의를 기울여보는 게 도움이 됩니다. 상습적으로 어깨와 목덜미가 뭉치는 사람은 자신이 스트레스받고 있다는 걸 깨달아야 합니다. 만일 온몸이 묵직하다면 우울하거나 실망스럽다는 뜻일 수도 있습니다.

부부 사이의 의사소통에 어려움이 생기면 앞에서 이야기한 확인 영역 5가지에 걸쳐 골고루 문제가 생깁니다. 문제가 있다고 답한 부부의 경우, 상대방이 자신에게 감정을 더 나누어 주기를 바라는 비율이 무려 76퍼센트에 달합니다. 그들은 자기가 원하는 것을 배우자에게 요청하기 어렵고, 상대방이 자신의 기분을 이해하지 못한다고 생각하며, 문제가 생길 때 상대방이 그 이야기를 하기보다 피하려 하고, 자신을 무시하고 깎아내리는 말을 한다고 대답합니다.

당신이 해야 할 일은 자신의 기분을 명확히 표현하는 것입니다. 물론 상대방이 당신의 기분에 관심을 기울여주고, 아프고 힘들다는 찡얼거림에 '우쭈쭈~'로 반응하면 좋겠지만, 설령 코웃음밖에 치지 않는 부정적인 상황이라 하더라도 당신의 기분을 적극적으로 표현해야 합니다. 왜냐하면, 그렇게 했을 때 적어도 상대방은 "자기감정 표현은 잘하더라"라고 하면서 당신에 대해 부정적인 평가를 할 가능성이 줄어들기 때문입니다.

더불어, 당신은 상대방에게 무엇을 바라는지 분명하게 알려달라고 요구할 수 있어야 합니다. 이에 대해서는 '구체적으로 요구하기' 편을 함께 읽어보면 도움 될 겁니다. 당신은 상대방의 감정을 잘 이해하고 살피려 노력하면서, 동시에 상대방 역시 당신의 감정을 좀 더 잘 이해해주고, 당신과 이야기 나누는 걸 피하지 않기를 바랄 겁니다.

Counseling
33

프리페어 인리치 의사소통 유형 4가지

내담자

부부가 전혀 싸우지 않으면 건강한 관계인가요?

정신과 의사

그렇지 않습니다. 전혀 싸우지 않는다고 해서 그들의 관계가 건강하다고 말할 수는 없습니다. 살아 있는 관계는 갈등이 있게 마련입니다. 그러므로 갈등이 없는 상태가 목표가 되어서는 안 됩니다. 그보다는 갈등을 지혜롭게 다루는지가 더 중요합니다.

여기에서는 의사소통의 유형을 간략히 살펴보고 넘어갑시다. 의사소통의 유형을 나누는 데에는 다양한 관점이 있지만, 프리페어 인리치(PREPARE-ENRICH) 커플 관계 검사 및 상담 프로그램에서 분류한 의사소통 유형에 따라 설명하고자 합니다. 이 프로그램만큼 핵심적인 통찰을 날카롭게 보여주는 것도 많지 않습니다.

사람들은 매우 다양한 방식으로 의사소통합니다. 간혹, 직장에서 사용하는 방식과 집에서 사용하는 방식이 다를 때도 있습니다. 그러나 그 사람이 주로 사용하는 방식에서 크게 벗어나지 않는 경우가 더 많습니다. 의사소통의 유형에는 대략 4가지가 있습니다.

첫 번째 유형은 '수동적 의사소통'입니다. 자기 이야기를 하기보다는 그저 듣는 데 그칩니다.

[질문] "이번 주말에는 뭐 하고 싶어?"

[수동] "음, 글쎄. 생각이 잘 안 나는데……. 당신이 하고 싶은 걸 하자."

이렇게 대답한 사람의 마음속에 무엇이 있을지 짐작이 가시나요? 저도 전혀 알 수가 없습니다. 수동적으로 의사소통하는 사람들은 자기 의견을 말하지 않고 언제나 다른 사람들에게 묻어가려고 합니다. 이들은 자기감정을 쉽게 표현하지 않고, 자신이 바라는 것도 말하지 않습니다. 이들은 다른 사람의 기분을 상하게 하지 않고 문제를 일으키지 않는 데 초점을 맞춥니다. 그러나 이들이 자신의 속마음을 '말로' 표현하지 않는 동안에도 은연중 표현하는 것이 있습니다. '내 의견을 내세워서 다른 사람들에게 부담을 주고 싶지 않아', '혹시 내가 틀린 말을 하면 어떻게 해' 같은 생각들이 그것입니다. 겉으로 말하지 않는 동안 그들은 어쩌면 '나는 당신보다 중요하지 않은 사람이야' 같은 말을 마음속으로 하는지도 모릅니다. 수동적 의사소통을 하는 사람 가운데에는 자존감이 낮은 사람이 많습니다. 말을 안 하는 동안 자존감이 더 낮아지는 악순환의 고리가 돌고 있을 가능성이 큽니다. 게다가 낮은 자존감으로 자기주장을 하지 못하는 동안 그들의 약한 부분을 밟고 들어오는 사람들이 있으면 그들의 자존감은 더 낮아집니다. 그래서 "그것 봐. 말 안 해도 이런데, 말했으면 어쩔 뻔했어" 같은 자기 파괴적인 결론에 도달할 가능성도 있습니다.

두 번째 의사소통 유형은 '공격적 의사소통'입니다. 이들은 자기 이야기를 하기는 하되 너무 지나치게 합니다.

[질문] "이번 주말에는 뭐 하고 싶어?"

[공격] "왜, 또 자기 마음대로 하려고? 말했잖아, 난 피곤해서 오늘 아무 데도 못 가."

이 유형의 사람들은 자기 마음대로 말하고, 자기 하고 싶은 대로 살 수는 있겠지만, 이런 식의 대화를 통해 서로 신뢰하거나 친밀감을 느끼기는 어려울 것입니다. 이렇게 말하는 사람 옆에는 아무도 안 남아나기 쉽기 때문입니다. 이들은 다른 사람의 생각과 감정을 모두 무시하고, 자신의 욕구와 바람을 충족하고 싶어 합니다. 이들은 다른 사람이 자기 생각과 다른 내용을 이야기하는 걸 들을 인내심이 부족합니다. 심지어 자신과 같은 이야기를 하더라도 자신을 떠받들기 위해 하는 이야기가 아니라면 그 말을 듣고 있을 최소한의 인내심도 갖추지 못합니다. 무슨 수를 써서라도 자기가 맞는다는 것을 보여주고 싶어 하고, 무조건 이기려고만 합니다. 다른 사람을 자주 비난하고 지배하려고 합니다. 이들이 전달하는 메시지는 뚜렷합니다.

'내가 원하는 것이 당신이 원하는 것보다 중요하다.'

공격적인 의사소통을 하는 사람 중에는 뜻밖에도 자존감이 낮은 사람이 많습니다. 큰소리를 버럭버럭 지르는데 자존감이 낮다니, 이상하게 들릴 수도 있겠지만 이것은 사실입니다.

사람을 동물에 비유해서 안됐지만 "시끄럽게 짖는 개는 짖지 않는 개보다 오히려 겁이 많다"라는 말이 있습니다. 이런 사람들은 일종의 갑각류처럼, 연약한 속살을 보호하기 위해 딱딱하고 뾰족한 껍질을 뒤집어쓰고 있는 셈입니다. 자기와 다른 의견을 가지는 사람을 받아들일 만한 내적 공간이 없으므로 이를 갈며 덤비는 이들이야말로 안타까운 존재가 아닐 수 없습니다.

세 번째 유형은 '수동 공격적 의사소통'입니다. 겉으로 드러나게 자신의 바람을 주장하지는 않지만, 함께 오랜 시간을 같이하다 보면 그들이 품고 있는 분노와 불평이 교묘한 복수의 형태로 전달됩니다.

[질문] "이번 주말에는 뭐 하고 싶어?"

[수동 공격] "이번 주 내내 혼자 집안일을 너무 많이 해서 몸이 피곤하네. 좀 쉬기는 해야 할 것 같지만, 당신이 어디 가자고 하면 갈게."

의도적으로 수동 공격 성향을 띠기란 쉬운 일이 아닙니다. 이 말을 뒤집어서 생각해보면 수동 공격형 의사소통을 하는 사람들은 자기가 그렇게 하고 있다는 것을 잘 깨닫지 못한다는 의미입니다. 자기 스스로 가장 큰 피해자인 것처럼 생각하고 행동하지만, 실제로는 그들이 원하는 대로 주변 사람들이 좌지우지되는 경우가 많습니다. 그들은 상대방 앞에서는 수동적으로 말하고 행동하지만, 상대방이 없는 자리에서는 화를 내거나 공격적인 모습을 드러내기도 합니다. 수동적으로 꼬리를 내리고 접근함으로써 갈등을 피하려 하는 것처럼 보여도, 결국 자신이 원하는 대로 상대방이 움직이게 만듭니다. 그들이 전달하는 메시지는 '나는 협력적인 사람으로 보이지만 실제로는 당신이 내 방식대로 모든 것을 따라주어야만 한다'입니다.

수동 공격형으로 대화하는 사람들 역시 자존감이 낮은 편입니다. 자신이 앞에 나서서 당당히 의견을 말하면 그것이 먹힐 거라는 생각을 하지 않는 겁니다. "내가 뭘, 나 같은 사람이 뭘" 하면서 말끝을 흐리는 그들의 마음속에는 온통 원망과 억울함이 가득합니다.

마지막 네 번째는 건강한 유형으로, '자기주장적 의사소통'입니다. 혹시 '자기주장이 왜 건강한 거지? 이기적인 것 아닌가?' 하며 의아해하는 사람이 있다면 자신의 마음속을 들여다보면 좋겠습니다. 사람은 기본적으로 뼛속 깊이 이기적인 존재입니다. 자기 자신만 바라보면서 이기주의로 똘똘 뭉쳐 있다면 문제지만, 다른 사람에게 피해를 주거나 폐가 되지 않는 선에서 '일단 내가 나를 위하고 챙기는' 성향은 모두가 함께 살아가는 세상에서도 꼭 필요한 부분입니다. 다른 사람들을 위한다는 핑계로 자신의 희생을 아무렇지도 않게 생각하거나 희생한 만큼의 대가를 기대하다가 뜻대로 되지 않을 경우에 한을 품고 달려드는 것보다는, 차라리 자기 안에 이기심이 있음을 있는 그대로 바라보고 받아들이는 편이 백배 건강합니다.

[질문] "이번 주말에는 뭐 하고 싶어?"

[자기주장] "난 오전에는 좀 쉬었으면 좋겠어. 한주 내내 바빠서 좀 지친 것 같아. 당신은 어떻게 하고 싶어?"

자기주장적인 의사소통은 다른 사람과 진실한 관계를 맺는 방법입니다. 당신의 이야기를 들으면서 상대방은 자기 자신도 얼마든지 이야기해도 된다고 느낍니다. 이 과정을 통해 두 사람의 욕구와 바람이 서로에게 이해되고 자연스럽게 연결됩니다. 자기주장적인 의사소통은 자기감정과 바람을 허심탄회하게 표현하지만, 자신의 권리를 주장하면서도 다른 사람의 권리를 침해하지는 않습니다. 자신이 바라는 것을 직접적이고 구체적으로 요청하면서 다른 사람이 원하는 것에 대해서도 진지하게 고려합니다.

이들이 전달하는 메시지는 "당신과 나는 둘 다 중요합니다.

당신이 바라는 것과 내가 바라는 것 모두 중요합니다. 우리는 우리 두 사람의 바람을 모두 충족시킬 방법을 함께 찾아볼 것입니다"와 같은 의미를 담고 있습니다. 자기주장적인 의사소통을 하는 사람은 자존감이 높습니다. 옆에 있는 사람을 밟아주어야 올라가는 자존감이 아닌, 있는 그대로 충분한 자존감으로 가득합니다. 그렇기에 자신을 받아들이고 상대방을 받아들일 수 있습니다.

의사소통 유형이 부부관계에 미치는 영향은 매우 큽니다. 역시 인리치 코리아의 연구에 따르면, 부부가 사용하는 의사소통 유형은 부부의 친밀감 수준에 절대적인 영향을 미칩니다. 아래의 표는 인리치 코리아 연구팀이 잘 정리해놓은 것을 인용했습니다.

한 사람	또 한 사람	관계 특징	결과	친밀감 수준
의사소통 유형				
수동적	수동적	활기 없는	둘 모두 패자	낮음
수동적	공격적	지배적인	한 사람은 패자, 한 사람은 승자	낮음
공격적	공격적	갈등 있는	둘 모두 패자	낮음
자기주장적	수동적	실망스러운	둘 모두 패자	낮음
자기주장적	공격적	적대적인	둘 모두 패자	낮음
자기주장적	**자기주장적**	**활기찬**	**둘 모두 승자**	**높음**

만일 두 사람이 모두 수동적인 의사소통 유형을 하고 있었던 경우라면, 그들은 내면에 해결되지 않은 갈등과 표현되지 않은 바람으로 속을 끓이면서 소중한 관계의 시간을 낭비하고 있을 겁니다.

'계속 이렇게 있으면 안 되겠다'라고 결심한 사람이 먼저 변화를 시도함으로써 이야기는 달라질 수 있습니다. 물론 한 사람의 변화만으로는 충분하지 않습니다. 표를 유심히 보면 알 수 있듯이, 수동적 의사소통을 하는 두 사람의 관계가 생명을 잃어가는 '활기 없는(Devitalized)' 상태였다면 한 사람이라도 먼저 자기주장을 시작할 때 그들의 관계는 '실망스러운(Frustrated)' 상태로 바뀌게 됩니다. 활기가 없는 거나 실망스러운 거나 거기서 거기다 싶으신가요? 그렇지 않습니다.

'정서적 이혼 상태'라는 말을 들어보신 적 있나요? 서로 싸우다가 지쳐서 이제는 한 지붕 두 가족처럼 일종의 동거인(同居人) 상태로 지내면서, 서로를 향한 아무런 관심도 감정도 없는 두 사람을 가리키는 말입니다. 더 싸우지 않는다고 해서 그들의 관계가 건강하다고 말할 수는 없습니다. 살아 있는 관계는 갈등이 있게 마련입니다. 갈등이 없는 상태가 목표가 되어서는 안 되며, 얼마나 갈등을 잘 다루는지가 더 중요합니다. 한 사람이 먼저 자기주장을 시작하면 상대방은 실망하고 좌절감을 겪을 수 있지만, 이 관계는 이런 '갈등'을 통해서라도 죽어가던(Devitalized) 상태에서 깨어나게 됩니다. 심장마비 환자에게 전기 충격을 가함으로써 다시 생명의 불꽃을 되살리려 시도하는 것과 비슷합니다. 이러한 변화를 시작할 힘이 당신 안에 이미 들어 있음을, 태생적으로 자기주장을 하고 싶어 하는 성향이 당신이라는 존재 안에 깃들어 있음을 볼 수 있기를 바랍니다.

Counseling
34

강점 상승 대화법의 4가지 유형

내담자

말을 잘하고 싶은데, 어떻게 하면 되나요?

정신과 의사

말을 잘하는 건 중요하지만, 그보다 더 중요한 게 있습니다. 상대방의 말에 정확하고도 적절하게 반응하는 것이 그것입니다. 되도록 상대방의 말에 '적&건', 즉 적극적이고 건설적인 반응을 보여주세요.

가끔 어떻게 하면 말을 잘할 수 있느냐고 묻는 사람들을 만납니다. 누군가 당신에게 이 질문을 던진다면 어떤 대답을 해야 할까, 고민되시나요? 그건 저 역시 마찬가지입니다. 그런 면에서 정신건강의학과 의사의 좋은 점 중 하나는, 바로 대답을 하지 않고 또다시 질문을 던져도 괜찮다는 것입니다. 그렇지만 말문이 막힌다고 아무 질문이나 막 해서는 당연히 안 되겠죠. 상대방이 자신의 마음속을 들여다볼 수 있는 좋은 질문을 던져야 합니다.

"말을 잘해야 한다는 생각을 왜 하게 되셨는데요?"

좋은 질문을 던지면 그때부터 질문에 대한 그 사람의 설명이 시작됩니다.

"아내에게 이런저런 말을 했더니 잔뜩 화가 나서 방에서 나가버리더라고요."

"남자친구가 저랑 다시는 말하기 싫다고 했어요. 왜 그런지 말해달라고 해도 아무 대답도 안 해줬고요."

"친구들이랑 놀 때 제가 말하는 순간만 되면 어쩐지 썰렁해지는 것 같아서요. 다른 애들이 말하면 다 웃는데, 제가 말하면 아무도 안 웃거나 갑자기 애들이 딴생각에 빠지는 것 같아요."

말을 잘하는 건 중요합니다. 그렇지만 그저 말을 '잘'하는 것만으로는 충분하지 않습니다. 우리 모두 말을 굉장히 잘하는, 소위 능변가의 일장 연설 앞에 기가 질려버린 기억이 있지 않나요? 그래서 이번 꼭지에서는 말을 잘하는 것보다 더 중요한 점을 함께 짚고 넘어가고자 합니다. 대화의 아이디어가 잘 떠오르지 않아서 어떻게 말해야 할지 난감한 사람이라면 지금 다루는 내용이 특히 더 도움이 될 겁니다. 핵심은 간단합니다. 다른 사람의 말에 정확하고 적절하게 반응하는 것이죠.

"그렇게 쉬운 대답이 어디 있어요? 누가 몰라서 못 하나?"

이렇게 대꾸하는 사람은 지금 '적&파'로 반응하는 중입니다. '적&파'라니, 무슨 이야기인가 아리송하죠? 긍정심리학에 관심을 가진 사람이라면 한 번쯤 들어봤을 용어이기도 하고요. 긍정심리학자들은 긍정적인 의사소통의 다양한 양상들을 유심히 관찰한 끝에 누군가에게 어떤 일(특히 좋은 일)이 생겼을 때 사람들이 반응하는 4가지 유형이 있다고 했습니다. 이른바, '강점 상승 대화법'인데요. 긍정심리 강점연구소 '스트렝스 가든'의 프로그램 북에는 4가지 반응 양식이 이렇게 소개되어 있습니다.

- 적극적이고 건설적인 반응(적&건) : 열광적인 지지를 보냅니다.
- 소극적이고 건설적인 반응(소&건) : 지지하기는 하지만 약간은 절제된 지지를 보냅니다.
- 소극적이고 파괴적인 반응(소&파) : 지금 발생한 긍정적인 사건들을 무시합니다.
- 적극적이고 파괴적인 반응(적&파) : 부정적인 요인들을 지적합니다.

아까 아내를 화나게 해서 그녀가 밖으로 나가버리게 했던 내담자의 이야기를 좀 더 들어볼까요?

"느닷없이 아내가 성질을 부린 건 아니었어요. 몇 달 전부터 아내가 손수 만든 작은 장신구들을 인터넷에서 팔기 시작했거든요. 아는 사람들만 조금씩 주문하거나 하는 경우가 대부분이었는데, 그날따라 전혀 모르는 사람들이 관심을 보이며 주문한 양이 꽤 됐나 봐요. 그래서……."

자, 여기까지 이야기를 들어보면 이 분이 자기 아내에게 어떻게 반응했을지, 왜 아내가 토라져서 나가버렸는지 어느 정도 상상이 갈 겁니다. 추측을 토대로 하여 4가지 반응 양식을 조금 더 구체적으로 표현해보겠습니다.

- 적&건 반응이었다면 : 와, 잘 됐다! 이렇게 날로 번창하면 진짜 좋겠는걸?
- 소&건 반응이었다면 : 응, 잘 됐다.
- 소&파 반응이었다면 : 오늘 저녁은 뭐 먹을까?
- 적&파 반응이었다면 : 그런 사소한 돈벌이에 신경 쓰느라 애들 챙기는 게 엉망이 되면 어쩌려고 그래?

각각의 반응에 대하여 보이는 아내의 모습이 어떨지 머릿속에 선명하게 그려지시나요? 짐작한 바대로, 적극적이고 건설적으로 반응하는 커플의 결혼 생활은 만족도가 높습니다. 대화와 상호작용 가운데 나머지 반응들(소&건, 소&파, 적&파)이 차지하는 비율이 높으면 높을수록 결혼 만족도는 떨어지게 마련입니다.

이것은 비단 결혼 생활에만 국한된 법칙은 아닙니다. 친구들과 소통하는 데 애를 먹는 학생이라면 자기가 친구들에게 어떻게 반응하고 있는지 점검해보는 것도 의미가 있을 것입니다. 지난주에 새로 장만한 운동화를 자랑하는 친구가 있다면 어떻게 반응할 수 있을까요?

- 적&건 반응이라면 : 우와, 멋지다! 발 편하겠다. 좋아 보여!
- 소&건 반응이라면 : 응, 좋네.
- 소&파 반응이라면 : 영어 숙제해왔어?
- 적&파 반응이라면 : 얘, 그 색은 너한테는 전혀 안 어울려.

4가지 반응 형태마다 각각 다른 상대방의 얼굴빛이 연상될 수도 있습니다. 적절하게, 제대로 잘 반응하는 것은 그저 상대방의 비위를 맞추기 위함이 아닙니다. 사람들에게는 다른 사람들의 반응 때문에 자신의 가치를 결정하는 기본적인 성향이 있습니다. 칭찬을 들으면 자신이 괜찮은 사람인 것 같고, 비난을 들으면 자신이 형편없는 사람이라는 생각이 들게 마련입니다. 다른 사람들이 말하는 내가 '진짜 나'가 아니라는 걸 깨닫기 위해서는 많은 노력이 필요합니다. 그러한 노력 끝에 '그래, 나는 나 자신의 존재만으로도 충분히 소중한 사람이야!'라는 결론에 도달한 사람조차 칭찬을 들으면 어쩐지 으쓱하고 비난을 들으면 괜히 마음이 섭섭할 수 있습니다.

사람이란 원래 그런 존재입니다. 다른 사람에게 영향받고, 나도 모르는 사이 다른 사람에게 또 영향을 주는 존재입니다. 그러므로 다른 사람의 말에 적절히 잘 반응하는 것이 중요합니다. '누가 뭐라고 해도 난 괜찮은 사람이야!'의 단계에 도달한 사람들은 생각보다 그리 많지 않기 때문에 우리 주위에 있는 대부분 사람은 다른 사람들의 말에 크게 영향받게 되어 있습니다.

당신이 적극적이고 건설적인 반응을 보여주는 것은 상대방이 지금 막 꺼내놓은 '그 일'이 당신에게 중요한 의미가 있다는 것을 보여주는 것입니다. 실제로 그것이 얼마나 좋은 일이고 멋진 사건이냐를 떠나서 말이지요. 상대방이 한 이야기에 적극적이고 건설적으로 반응하는 것은 그 사람이 당신에게 중요한 사람임을 확인해주는 것입니다. 대화를 나눌 때 상대방이 자신을 중요하게 생각하는지 아닌지는 금방 전달될 뿐 아니라 즉각적인 효과가 나타납니다. 자신을 중요하게 대하는 사람에게 사람들은 더 진지한 반응을 보이게 되니까요.

Counseling
35

말하기보다 중요한 듣기

— 적&건 반응 · 적&파 반응 · 소&파 반응

내담자

소통을 잘하기 위해, 좀 더 나은 인간관계를 맺기 위해
가장 중요한 것 한 가지만 꼽으라면
무엇을 꼽으시겠어요?

정신과 의사

'듣기'입니다. 상대방의 말을 잘 들어주는 것만으로도
어느 정도 마음의 상처가 치유되고 문제 해결의
실마리가 보이기 시작합니다. 감정에 전염성이 있듯이
대화에도 전염성이 있습니다. 긍정적인 말을 하면
상대방도 그 말에 긍정적인 영향을 받아 대화의 질이
높아지고 관계가 발전합니다.

직업이 정신건강의학과 의사이다 보니 "온종일 이야기를 많이 하시겠네요?" 같은 이야기를 자주 듣습니다. 게다가 제가 말을 굉장히 잘할 거라고 넘겨짚는 분들도 종종 만납니다. 그렇지만 '내가 말을 많이 하는가?', '내가 말을 잘하는가?' 하고 곰곰이 돌아보면 언제나 그렇지 않다는 결론에 도달합니다. 그러나 그렇더라도 문제 될 건 전혀 없습니다. 정신건강의학과 의사에게는 말하기보다 듣기가 훨씬 중요하기 때문입니다.

가끔은 상담하러 왔는데, 뭐 하나라도 건져가야 한다면서 '좋은 말씀 한마디'를 부탁하는 사람도 있습니다. 그러나 정신건강의학과 의사는 '좋은 말씀'을 하는 사람이 아닙니다. 믿기 어려울지 모르지만, '환자들에게 충고하면 안 되는 7가지 이유'가 전문의 시험 문제로 나온 적도 있을 정도입니다. 답을 달달 외워서 써야 했기 때문에 아직도 또렷이 기억납니다.

다음 상담 시간까지 꼭 붙들고 지내고 싶은 '그 한 말씀'을 들려달라는 분들을 겨우 설득해서 보내려고 하면 여간 서운해하시는 게 아닙니다. 한편으로 잘 들어주는 것만으로 치료가 된다니, 과연 그게 가능할까 이상하게 여겨질 수도 있습니다. 그러나 상담을 받아본 경험이 있는 사람이라면 그게 무슨 이야기인지 금방 와닿을 겁니다. 당신이 하는 이야기를 세상에서 가장 중요한 이야기라도 되는 듯 귀 기울여 들어주는 사람 앞에서 마음이 봄눈 녹듯 녹아내리지 않을 사람은 별로 없을 겁니다.

아, 물론 듣는 게 중요하다고 해서 한 마디도 말하면 안 된다는 뜻은 아닙니다. 게임을 하다가 말을 하면 안 되는 벌칙이라도 받은 사람처럼 입을 꼭 다물고 있다면 참 우스꽝스러운 장면이 될 테니까요. 이는 아픈 마음이 세밀히 어루만져지는 제대로 된 상담과는 거리가 멀어도 한참 멉니다. 그래서 상담하는 사람은 열심히 귀 기울여 듣되 적절한 반응, 앞에서 나온 방식으로 말하자면 적극적이고 건설적인 반응을 하면서 듣습니다. 당신이 하는 이야기에 '적&건 반응'하는 사람이 앞에 있다면 신기하게도 마음이 열리고 입이 열립니다.

"아무에게도 하지 못했던 속 이야기를 하는 건 처음이에요."

그렇게 해서 자기 안에 쌓여 있던 생각들이 흘러나옵니다. 세상으로 나와 햇빛을 보고 싶어 했던 온갖 종류의 생각들이 '말'이라는 형태를 띠고 쏟아집니다. 그 과정에서 신나게 이야기하게 될 수도 있고요. 깊은 감정이 실린 이야기가 나온다면 갑자기 눈물이 핑 돌거나 울컥할 수도 있습니다. 정신없이 바쁘게 굴러가는 삶을 살다 보면 자기 마음은 어떤지, 자신은 무슨 생각을 하면서 사는지, 자기 내면의 깊은 속사람은 안녕한지 등을 살필 겨를도 없이 무작정 달려가기 쉽습니다. 그러다가 갑자기 멈추어 서서 자기 자신을 돌아보는 시간을 가지라는 권유를 받게 됩니다.

처음에는 어떻게 해야 하는지 도무지 알 수 없어 어리둥절하기만 할 겁니다. 자기 안의 생각을 들여다본다는 것이 영 어색하고 이상하게 느껴지기 쉬울 겁니다. 그렇지만 아까 들었던 격려들, 즉 '적&건 반응'들 때문에 당신의 속마음은 자신을 드러낼 힘과 용기를 낼 수 있습니다. 귀담아들으면서 딱 필요한 만큼만 '적&건 반응'하는 사람이라면 자기가 어렵게 꺼내놓는 내밀한 이야기들이 거절당하거나 무시당하지 않을 거라는 생각에 용기를 내는 겁니다.

이게 꼭 상담실 안에만 국한된 이야기일까요? 그렇지 않습니다. 부부관계, 친구 사이처럼 개인적인 관계 안에서도 '적&건 반응'은 중요합니다. 심지어 사업 때문에 만나는 사이에서도 이 반응만큼 잘 먹히는 게 없을 정도입니다. 상대방이 하는 이야기에 가만히 귀를 기울여보고, 그가 하는 이야기에 할 수 있는 한 열심히 적극적이고도 건설적으로 반응해보세요. 그를 위한 반응인 동시에 바로 당신 자신을 위한 반응이 된다는 것을 피부로 느끼게 될 겁니다.

자, 이제 마지막으로 확인해야 할 것이 있습니다. 실제 '나는 다른 사람들에게 어떻게 반응하고 있는가' 하는 점입니다. 물론 누구나 머리로는 '적&건 반응'이 가장 이상적이고 건강하다는 걸 잘 압니다. 그런데도 그렇게 하지 않고 있다면 왜 일까요?

가장 흔한 이유는 '에너지가 많이 들어서'입니다. 그렇습니다. 적극적이고 건설적으로 반응하는 데에는 상당한 힘과 에너지가 필요합니다. 그렇지만 "힘들면 안 되는데?" 하면서 얼른 꼬리를 뺄 필요가 없는 것이 '적&파 반응'에도 에너지가 많이 들기는 마찬가지이기 때문입니다.

화내고 싸워본 사람이라면 누구나 알겠지만, 그럴 때 사용하는 에너지는 상상을 초월할 정도입니다. 문제는 버럭 화를 내는 그 순간에는 에너지를 소모하고 있다는 걸 미처 느끼지 못하기 쉽다는 점입니다. 그러고는 그 일이 다 지나고 난 뒤 에너지를 너무 많이 소모하여 기진맥진해지는 겁니다. 싸움이 치열하면 치열할수록 돌아서서 오는 발걸음이 얼마나 허탈했는지 기억을 더듬어보세요.

이와 반대로 '적&건 반응'은 막상 반응하기 전에는 '힘들 것 같아!', 심지어는 '내가 왜 그렇게까지 해야 하는데?' 하는 생각이 들기 쉽습니다. 그러나 막상 뚜껑을 열어보면 결과는 전혀 다릅니다. '적&파 반응'에서는 말하는 사람이 가진 에너지를 그저 쏟아버리기에 십상입니다. 그에 반해, '적&건 반응'에서는 말하는 사람이 지니고 있던 에너지로 자신은 물론이고 상대방에게서도 더 깊은 에너지를 끌어올립니다.

상대방은 물론이고 자기 자신에게도 도움이 되는 상생의 대화를 하기 위해서는 상황에 맞게 적절한 반응이 따라주어야 합니다. 그래도 끝내 '왜 나만 그렇게 해야 하지?' 생각하며 '소&파 반응'을 보이는 사람이 있다면, 이 점 한 가지만은 꼭 기억해두라고 권유해주고 싶습니다. 감정에 전염성이 있듯이 대화에도 전염성이 있습니다. 누군가에게 욕을 들으면 거의 자동으로 욕이 튀어나가듯 대화는 상호적일 수밖에 없습니다. 당신이 먼저 보여주는 '적&건 반응'은 상대방에게서도 '적&건 반응'을 끌어낼 가능성이 큽니다.

상대방이 그래도 끝까지 '적&건'으로 반응하지 않았다고요? 그래도 괜찮습니다. 당신의 대화를 지켜보고 있었던 사람들이 당신의 노력을 인정하고 긍정적으로 평가할 테니까요.

Counseling

36

성공을 위해 반드시 길러야 할 습관, 의사소통

내담자

의사소통을 잘하는 비법을 알려주시겠어요?

정신과 의사

저명한 정신과 의사 데이비드 번스가 제시한 3가지 비법을 알려드릴게요. 첫째, 자기감정을 있는 그대로 솔직하게 표현하세요. 둘째, 상대방의 말에 방어적 태도를 보이지 말고 귀를 기울여보세요. 셋째, 화가 나거나 속이 상해도 일단 참고 상대방을 존중하기로 해보세요. 이 3가지만 명심하며 대화하면 소통이 한결 원활해지고 관계도 좋아질 겁니다.

"저기, 잠깐 드릴 말씀이 있는데요."

이런 이야기를 들었을 때 '아, 이제 즐거운 의사소통이 시작되는구나!' 하면서 기분이 막 좋아지는 사람이 있을까요? 아마도 대다수 사람이 '뭔가 심각한 이야기를 하게 되겠구나. 십중팔구 불편한 이야기들일 거고. 어떻게 반응하는 게 좋을까? 이거, 벌써 머리가 복잡해지네!' 식의 심란한 생각을 할 가능성이 큽니다.

그러나 대화는 이어져야 하며, 의사소통을 위한 노력도 꾸준히 진행되어야 합니다. 대화가 부족하고 말이 안 통해서 생기는 우리 삶의 수많은 문제를 제대로 다루기 위해서는 적절히 의사소통하는 것 외에는 다른 좋은 방법이 없기 때문입니다.

"당신, 아까 그게 뭐야?"

의사소통을 해보도록 권했을 때 부인 쪽에서 맨 먼저 꺼낸 말입니다. 남편은 얼른 보기에도 찔끔하는 모습이었습니다.

"의사소통을 시도하는 대사로 '당신, 아까 그게 뭐야'라는 말씀을 선택하셨네요. 그렇게 하신 이유가 있나요?"

“특별한 이유는 없어요. 아까 병원에 오는데, 남편이 무슨 이야기인가 하려다가 말더라고요. 남편이 하는 말에 제가 관심이 없어 보여서 그랬는지는 몰라도. 그래서 그 이야기를 한 건데요.”

“이번에는 남편분께 여쭤볼게요. 부인의 이야기가 어떻게 들리셨나요?”

“……음. 무슨 이야기를 하다 말았나, 그런 건 기억이 안 나는데요. 이제 또 시작이구나. 이번엔 또 뭘 갖고 트집을 잡으려나. 이런 생각을 하게 되는걸요.”

“혹시 부인께서 선생님의 말씀에 관심이 없어 보인다는 생각도 하셨어요?”

“아뇨. 그 반대예요, 실은…….”

그는 약간 망설이면서 자기 아내의 눈치를 힐끔 본 뒤 말을 잇습니다.

“아내는 저한테 온 신경을 다 곤두세우고 있는 것 같아요. 어떨 때는 차라리 저한테 신경을 좀 덜 썼으면 좋겠다 싶을 때가 있다니까요. 그런 이야기가 있잖아요. 여자를 행복하게 하는 100가지 방법. 선물을 사준다, 예쁘다고 칭찬한다, 돈을 준다, 어깨를 주물러준다 등등. 남자를 행복하게 하는 한 가지 방법. 가만히 놔둔다.”

저까지 세 사람 모두 웃고 말았지만, 남편도 그의 아내도 지혜롭게 의사소통하지 못하고 있다는 것만은 분명해 보였습니다. 미국의 기업인이자 투자가로 유명한 워런 버핏은 한 인터뷰에서 성공의 초석을 놓기 위해 반드시 길러야 할 습관으로 '의사소통'을 꼽았습니다. 의사소통 능력이 부족해서 자기 생각을 잘 전달할 수 없다면 자신의 소중한 잠재력을 개발하지 않은 채 내버려 두는 일과 같습니다.

의사소통하되 '좋은' 의사소통을 하기 위해서는 연습이 필요합니다. 정신과 의사 데이비드 번스에 따르면, 좋은 의사소통에는 3가지 조건이 있습니다.

첫째, 자기감정을 있는 그대로 솔직하게 표현할 수 있어야 합니다. 굳이 달콤한 포장지로 감정을 감싼 채 드러낼 필요는 없습니다. 속상하면 속상하다고, 혼란스러우면 혼란스럽다고 이야기하면 됩니다. 자신의 속마음을 이야기하므로 이를 자기주장이라고도 합니다.

둘째, 상대방이 말할 때 방어적 태도를 보이는 대신 귀를 기울일 수 있어야 합니다. 상대방이 엉터리 같은 소리를 하더라도 그 사람의 말 가운데 아주 조그만 진실이라도 숨어 있지 않은지 귀를 쫑긋한 채로 듣는 겁니다. 공감은 마음을 기울여 듣는 최상의 상태를 말합니다.

셋째, 화가 나거나 속이 상해도 일단 참고 상대방을 최대한 존중해주어야 합니다. 상대방이 답답하고 짜증스러울지 모르지만, 친절하고 배려하는 태도로 그 사람을 대하는 것이 목표입니다. 그렇지만 존중해주라고 해서 화난 걸 숨기라거나 아닌 체하라는 뜻은 아니지요. 그저 상대방에게 수치와 모욕을 주지 않은 채 자기감정을 품위 있게 알리면 됩니다.

나쁜 의사소통은 그와 반대입니다. 자기감정을 보여주기보다 공격적으로 드러내거나, 귀를 기울이지 않고 자신을 변호하는 데 급급하면서 상대방이 틀렸다고 주장하거나, 배려와 존중 대신 싸움을 걸어 상대방을 거꾸러뜨리려고 합니다.

아래 표는 데이비드 번스의 저서 『관계 수업』에 토대를 둔 것으로, 의사소통에서 우리가 쉽게 범할 수 있는 오류를 정리한 것입니다. 당신이 하는 말들 가운데 얼마나 많은 오류가 숨어 있는지 한번 점검해보고 넘어가는 것은 어떨까요?

물론 우리는 자신의 잘못을 보기보다 다른 사람의 잘못을 보는 게 훨씬 쉬운 존재입니다. 자기 눈에 대들보가 들어 있어도 다른 사람 눈의 티끌이 더 잘 보인다는 말이 괜히 있겠습니까? 그렇다 보니, 오류 점검표 같은 것을 보아도 자신의 오류보다는 다른 사람의 오류가 눈에 더 잘 들어오기 쉬울 겁니다. 하지만 우리는 철저히 자기 자신부터 점검하고 넘어가기로 할 필요가 있습니다. 자기 마음을 바꾸는 게 가장 쉽다는 이야기는, 다른 사람의 마음을 바꾸는 건 그만큼 어렵고 어쩌면 거의 불가능할 수도 있기 때문입니다.

오류의 종류	부부 사이 의사소통의 오류로 예를 들자면
진실 따지기	당신이 아까 그렇게 말한 건 말도 안 되는 소리야. 비보 같은 말이라고.
탓하기	다 당신 때문에 우리가 이렇게 싸우는 거라고.
방어적 태도	내가 뭘 잘못했다고? 나는 아무 문제 없다고.
순교자 노릇하기	당신 때문에 내가 이 모양 이 꼴로 사는 거지. 이렇게 살다 죽는
깎아내리기	당신이라는 인간이 그렇지.
낙인 찍기	한심한 인간 말종 같으니라고.
비꼬기	오죽 똑똑하셔? 박사님 나셨네.
회피하기	그 얘기 들으니 생각난 건데, 당신이 이전에 ~했던 거 말야. 나는 뭐 괜찮았는 줄 알아? 그 얘기부터 하고 넘어가자고.
자기 탓	그래, 당신이랑 살고 있는 내가 XX이지.
희망 버리기	이제는 기대도 안 해. 다 포기했어.
도와주기 선수	조용히 하고 잠깐 내 말 좀 들어봐. 이렇게 해보면 다 된다니까.
수동적 공격	(아무 말 없이 입만 삐쭉거리다가 문을 쾅 닫고 나가버림.)

Counseling
37

공격적인 상대를 단숨에 무장 해제하는 대화 기법

내담자

제가 하는 말마다 딴죽을 걸고, 빈정거리고,
종종 공격적으로 대하는 사람에게는
어떻게 대처해야 할까요?

정신과 의사

일단, 상대방의 말을 가만히 귀 기울여 들어보세요.
그래야 '무장 해제 기법'을 사용할 수 있으니까요.
다 들은 다음, 상대방의 말 중
1퍼센트의 진실을 붙들어 그에게 이야기하세요.
맞받아치거나 역공하는 용도가 아니라
그의 말을 인정하고 수긍하는 말이어야 합니다.

좋은 의사소통 조건들 가운데 자기 감정을 있는 그대로 표현하는 것이나 공감하기는 이미 다른 장에서 깊이 있게 다루었습니다. 이번 꼭지에서는 '결코 그러고 싶지 않은 마음 상태라 하더라도' 상대를 존중하는 몇 가지 요령을 짚고 넘어가려고 합니다.

펄쩍 뛰면서 화를 내는 상대방이 당신 앞에 서 있습니다. 그는 당신에게 바보라는 둥 돼먹지 못한 사람이라는 둥 듣기만 해도 화가 치솟는 말들을 쏟아붓습니다. 도대체 이 상태에서 어떻게 상대를 존중할 수 있느냐고요? 존중하라는 말이 상대방에게 번지르르한 말을 늘어놓거나 그 앞에 엎드려 절하라는 의미가 아니기에 얼마든지 가능합니다. 단지 상대를 존중하면 되는 거니까요. 상대를 존중하며 대화하기 위한 3가지 방법을 소개합니다.

첫 번째는 '무장 해제 기법'입니다. 이는 상대방의 말을 가만히 귀를 기울여 듣는 것으로부터 시작합니다. 아, 물론 그 사람이 내뱉는 말들의 태반은 정말이지 말도 안 되는 이야기라는 건 잘 알고 있습니다. 그래도 가만히 귀 기울여 들어보는 겁니다. 그래야 '무장 해제 기법'이라는 놀라운 테크닉을 사용할 수 있으니까요.

자, 다 들으셨다면 딱 1퍼센트라도 좋으니 그가 한 말 가운데 한 토막의 진실을 붙들어 그것을 그에게 다시 이야기해주세요. 단, 맞받아치는 용도로 사용하지 말고 그의 말을 인정하면서 이야기해야 합니다. 예를 들면, 당신을 가리켜 바보에다 돼먹지 못한 사람이라고 말하는 사람에게 "그래, 내가 좀 바보 같기는 했어"라고 수긍하며 이야기하는 거죠. 그 얘기를 듣고 너무 놀란 상대방은 자기가 들고 있던 무기를 떨어뜨리게 될 겁니다. 그래서 이 방법을 '무장 해제 기법'이라고 부릅니다. "아니, 내가 바보도 아닌데, 왜 바보라고 인정해야 합니까?"라고 화를 내며 따지고 싶은 사람이 있을 수도 있습니다.

한번 생각해보세요. 바보가 아니라고 박박 우기는 사람의 모습이 어떻게 보이시나요? 그 모습이야말로 바보스러운 모습이 아닐까요? 더구나 당신 앞에서 이렇게 길길이 날뛰는 사람이 당신과 마음을 나누는 특별한 관계의 사람이라면 말입니다. 예컨대, 배우자이거나 친구라면 말이지요. 그 사람을 당신 곁에 두기로 한 것이 과연 현명한 선택이었다고 생각하시나요? 만일 그 사람이 당신과 마음을 나누는 관계의 사람이 아니고, 그저 우연히 오다가다 만난 사이라고 하면 "x이

더러워서 피하지 무서워서 피하는 게 아니"라던 선조의 말씀을 가슴 깊이 새기며 그 자리를 물러나는 게 제일 나은 선택입니다.

밉든 곱든 계속 얼굴 맞대고 살아가야 하는 사람이라면, 그 사람의 말도 안 되는 이야기 가운데 1퍼센트, 만일 1퍼센트가 어렵다면 0.01퍼센트의 진실이라도 찾아보려고 시도해보면 좋겠습니다. 바보 같다고는 도무지 인정하고 싶지 않은 사람이라면, 0.01퍼센트의 진실을 찾기 위한 노력으로 "그럴지도 몰라"라는 표현을 권해주고 싶습니다. 예를 들면, "그래, 어쩌면 내가 돼먹지 못한 사람일지도 몰라"라고 말하는 겁니다. 이것만으로도 '무장 해제'는 위력을 발휘하기 시작합니다.

두 번째는 '확인 질문을 던지기'입니다. 상대방이 쏟아낸 이야기들은 그가 하는 생각과 그가 느끼는 감정들로 가득 차 있습니다. 이를 확인하는 질문을 상대방에게 던지는 겁니다. "내가 틀렸다고 생각해서 기분이 나쁜가 보다, 내가 맞게 본 건가?" 하는 식으로 말입니다. 자기감정을 주체하지 못해 길길이 날뛰는 그 사람은 좋은 의사소통 가운데 공감이나 존중을 전혀 실천하지 못하고 있습니다. 그러나 최소한 한 가지 요소－즉 자기감정을 있는 그대로, 직접 표현하는 것을 충실히 하는 중입니다. 그 사람이 간직한 최소한의 진실을 읽었다면 당신이 과연 그걸 맞게 읽었는지 다시 한번 확인하면서 질문합니다.

이때 조심해야 할 것이 있습니다. 제아무리 감정이 상하고 기분이 나쁘다 못해 더러워서 울컥하기 일보 직전이라 하더라도 그 사람을 향한 최소한의 연민을 담으려고 노력해야 합니다. 자칫 잘못해서 그 사람에게 비아냥거리는 말이 튀어나간다면 그런 질문은 안 한 것만 못 하게 되니 말입니다. "자존심이 상해서 어쩔 줄을 모르시는구먼, 내 말이 맞지?"와 같은 말은 상대방을 존중하기 위한 확인 질문이라기보다는 상대방의 마지막 인격을 짓밟는 야비한 확인 사살에 해당합니다. 앞에서 전제한 대로 확인 질문을 던지는 것은 상대방을 존중하는 과정의 하나입니다.

사람을 존중하는 것은 그를 위해서이기도 하지만, 더 중요하게는 당신 자신을 위하는 일이라는 사실을 잊으면 안 됩니다. 확인 사살을 통해 박살이 나버린 사람과는 따뜻한 관계 형성은커녕 그 무엇도 기대할 수 없습니다. 관계를 끝내기로 작정한 게 아니라면 한 번 더 냉철히 생각해보아야 합니다.

마지막 세 번째는 '상대방을 달래기'입니다. 너무 당연한 이야기에 혹시 맥이 빠진 건 아니지요? 사실, '달래기' 기법은 심오한 뿌리를 가졌습니다. 번스 박사에 따르면, '달래기'는 20세기 위대한 신학자 마르틴 부버의 연구에 기초한다고 합니다. 부버는 우리가 인생에서 두 가지 다른 관계를 경험한다고 했습니다. 하나는 '나와 그것(나-그것)'의 관계입니다. 여기서 '그것'은 수동적 존재로, 나는 '그것'을 주도적으로 다룰 수 있습니다. '그것'은 나의 인격과 충돌할 소지가 있는 어떤 인격도 가지지 않습니다. '그것'은 당신에게 온전히 수동적인 것으로 존재하며, 당신이 하기 나름이어서 당신이 철저히 '그것'을 관리하고, 다루고, 자르고, 부수고, 깨고, 변형시킬 수 있습니다.

대개의 사물과 맺는 관계는 당신과 그것의 관계입니다. 예를 들면, 눈앞에 있는 휴대폰은 그 자체로는 어떤 인격도 가지지 않은 수동적 존재입니다. 당신은 휴대폰의 주인이자 신으로, 당신이 원하는 방식으로 휴대폰을 사용할 수 있습니다. 휴대폰으로 전화를 걸든, 문을 노크하는 데 사용하든, 만지작거리는 즐거움을 느끼기 위해 손에 쥐고 있든 다 당신 마음입니다.

부버가 이야기한 또 하나의 관계는 '나와 너(나-당신)'의 관계입니다. '너'는 능동적이며, 자신만의 목표가 있고, 열정이 있습니다. '너'는 자기주장도 있어서 무엇이 진리이고, 무엇이 진리가 아닌지 주장하기도 합니다. 나는 '너'를 내 뜻대로, 내 의지대로 다룰 수 없습니다. 심지어 '너'는 나를 비판하며 공격도 할 수 있습니다.

나와 다른 사람의 관계는 '나와 너'의 관계가 되어야 하는 것이 마땅합니다. 그러나 생각보다 많은 경우, 인간관계에서조차 '나-그것'의 관계를 맺고 있다는 것을 깨닫게 됩니다. 아이에게 꾸지람할 때를 생각해보시면 금방 이해가 갈 겁니다. "아빠가 얘기하는데, 어디서 말대꾸야?" 이렇게 말하는 순간, 이 아빠는 자기 앞의 아이와 '나-너' 관계가 아닌 '나-그것'의 관계를 요구하는 겁니다. 자기 앞에서 그저 수동적인 존재로, 자신의 주도권 아래 복종하면서, 자신과 충돌할 수 있는 주체적인 인격은 꿈도 꾸지 않도록 부르짖고 있으니까요.

'나-너'의 인격적인 관계라면 자기 앞에 있는 사람이 자신보다 한참 어린 사람이든 자신이 키워서 여기까지 온 자기 자식이든 간에 자신만의 주장을 갖고, 무엇이 옳은지 그른지 하는 (그게 정말 맞느냐 틀리느냐는 그다음 문제입니다) 자기만의 논리를 가진 채로, 당신 말에 토를 달고 말대꾸하며 온몸으로 반항 의지를 보여주는 것을 받아들일 수 있어야 합니다. '나-너' 관계에서는 상대방을 품위 있는 존재로 존중하기를 선택합니다. 지금 당장은 답답하고 화가 치밀지만, 어떻게든 더 친밀하고 더 나은 관계로 발전하고 싶다는 욕구를 바탕으로 합니다.

내가 상대방을 '나-그것'으로 대하는지, '나-너'로 대하는지는 상대방의 다음 반응을 보면 좀 더 확실히 알 수 있습니다. 상대방을 당신 마음대로 하려고 하면서 경멸하고 박대하면 상대방은 당신에게 짜증을 부리며 맞받아칠 것입니다. 상대방을 존중하려고 시도하면 상대방도 자신과 다른 당신의 감정과 견해에 대해 귀 기울이고자 할 것입니다. 자, 이 가운데 당신이 받고 싶은 반응은 무엇인가요? 당신이 이야기의 주도권을 쥐고 있다면 당신의 선택은 더욱 분명해집니다. 당신이 받고 싶은 반응을 토대로 당신이 할 수 있는 선택을 하면 되니까요.

당신이 만나게 될 사람들이 선천적인 불평쟁이들이라면 무장 해제 기법과 확인 질문은 더욱 중요하게 활용됩니다. 불평쟁이들은 말 그대로 불평으로 가득 찬 사람들이라서 아무도 그들의 말에 귀를 기울이고 싶어 하지 않습니다. '또 시작이로군. 이번에는 또 뭘 갖고 투덜거리려나?' 이는 불평쟁이 주변에 있는 사람들이 자주 하는 생각입니다. 불평하면 할수록 그들 옆에는 아무도 남지 않게 됩니다.

역설적인 이야기지만, 바로 그 사실 때문에 '무장 해제 기법'이 빛을 발합니다. 무장 해제를 위해서는 상대방의 말에 귀 기울여야 하므로, 불평쟁이들로서는 처음으로 '자기 말을 열심히 들어주는 사람'을 만나는 순간이 되는 겁니다. 거기다가 자기 말이 옳다고 맞장구까지 쳐주다니요! 그야말로 입이 딱 벌어진 채 불평이라는 그들의 무기를 땅에 떨어뜨리게 하는 효과적인 방법입니다. 그리고 빈손이 된 상태로 듣게 되는 달래는 말은 더욱 효과적으로 필요한 부분들을 채워줍니다.

이야기의 앞에 등장했던 부부 이야기로 다시 돌아가볼까요? 자기 아내가 이것저것 불평이 너무 많다면서 투덜거렸던 남편이 지금까지 듣는 둥 마는 둥 하던 아내의 말에 귀를 기울이고 "당신 말이 맞아, 여기는 서비스가 불친절하기는 하네"라고 이야기하는 순간, 아내의 표정은 믿을 수 없다는 얼굴이 되었습니다. 여기까지만 하면 좋았을 것을, 배웠던 대로 해본다며 무리하게 자충수를 둔 꼴이 되고 말았습니다. "성격 좋고 착한 당신이 참아. 당신은 훌륭한 사람이잖아"라고 말하며 달래려는 시도는 좋았지만, 칭찬이 지나쳐서는 안 된다는 걸 잊어버리는 바람에 남편은 아내로부터 "당신, 지금 나 약 올리는 거야? 엉?"과 같은 대꾸를 듣고야 말았기 때문입니다.

무장 해제 기법은 공격적인 상대가 그야말로 단숨에 무장 해제하게 하는 효과적인 커뮤니케이션 방법이면서 동시에 좀 더 나은 관계를 유지하도록 도와주는 기법입니다. 그러나 모든 일이 그러하듯 남용해서는 안 되며, 상황과 현실에 맞게 분별 있고 지혜롭게 사용해야 합니다.

?!
세상에 하는 말!
타인과
힘들다
지쳐 아휴
돌겠네

CHAPTER

05

타인과 세상에 하는 말

Counseling 38

상대방을 편안하게 해주는 대화기법 익히기

내담자

다른 사람과 대화할 때 상대방을
편안하게 해주고 싶은데, 그게 너무 어려워요!
좋은 방법을 하나만 알려주시겠어요?

정신과 의사

처음 만난 사람에 대해 몇 가지 질문을 던져보세요.
그 질문에 대한 그의 답변에 귀 기울이다 보면
당신에게도 말할 소재가 생길 거예요. 그리고 상대방은
당신을 매력적인 대화 상대로 생각할 겁니다.

“안녕하세요~! 저는 ○○○입니다.”

여기까지 말을 하고 나면 앞으로 더 할 말이 전혀 떠오르지 않고 머릿속이 하얘지시나요? 그렇다면 놀랄 일이 아닙니다. 부끄러워할 일도 물론 아니고요. 극소수 사람들을 제외하고, 저를 포함한 많은 이들이 종종 경험하는 일들이기 때문입니다. 함께 있는 시간이 쌓이면 편해지게 되리란 걸 알지만, 당장 느끼는 어색함이 무척 불편한 건 일반적인 현상입니다.

그러나 제아무리 흔한 현상이라 하더라도 소현 양에게는 대화의 첫 시작보다 더 어려운 것은 세상에 없는 것 같습니다. 그도 그럴 것이, 소현 양은 소문난 왕따 출신이었기 때문입니다. 그녀는 초등학교 때부터 왕따에 시달렸습니다. 나중에는 견디다 못해 이름까지 바꾸고 전학을 갔습니다. 중학교에 진학하면 조금 나을까 했지만 상황은 비슷했습니다. 모둠을 만들어 활동해야 하는 시간에는 언제나 외톨이로 남았습니다. 학교 차원에서 친구 만들기 프로그램을 진행해서 다른 반 친구를 한 명 만났지만 그 친구와도 좋은 관계를 유지하기가 쉽지 않았습니다. 오랫동안 왕따를 경험하는 과정에 마음에 남은 상처와 흉터 때문이었습니다.

왕따 피해자들에게는 왕따를 당할 만한 이유가 있는 것 같지만, 실은 아무런 이유가 없는 경우가 더 많습니다. 그런데도 왕따 피해자들은 자기도 모르게 '나에게 뭔가 문제가 있어서 왕따를 당했겠지', '내가 너무 못생겨서/예뻐서/공부를 못해서/공부를 잘해서 그랬겠지' 같은 생각을 하게 됩니다. 이에 더하여 자신에게 호감을 느끼고 다가오는 친구들조차 '분명히 저러다가 내 뒤통수를 치게 될 거야' 식의 두려움을 품은 채 경계심을 가지고 바라보기도 합니다. 왕따를 당하는 기간이 한 달일 수도 있고 1년일 수도 있지만, 마음의 흉터는 그보다 훨씬 오래가기 마련입니다.

올해 소현 양은 고등학교에 진학했습니다. 친구 사이에 상처를 주고받는 건 고등학생 때도 마찬가지로 일어나는 일이지만, 그나마 조금이라도 기대해볼 수 있는 건 이때부터는 다른 사람의 처지를 생각하는 일이 가능해지기 때문입니다. 초등학교 학생이나 중학교 저학년 학생까지는 자신이 한 행동으로 상대방이 입을 상처를 예측하기가 어렵습니다. 그러므로 이들은 또래들에게 가장 잔인해질 수 있습니다. 기대에 부응하기라도 하듯 소현 양은 '드디어 친구와 밥을 먹었다'라는 빅뉴스를 가지고 왔습니다. 그런데 생각보다 얼굴이 그리 밝지 않았습니다.

"저한테 말을 걸어오는 애가 있어서 그 애랑 같이 밥을 먹기는 했는데요. 걔가 저랑 친구 하고 싶은 건지도 잘 모르겠더라고요. 친구 하고 싶으면 저한테 말을 좀 시켜야 하잖아요. 그런데 그 애는 저한테 말을 전혀 안 시켰단 말이에요. 둘 다 밥만 먹다가 급식 시간이 끝났는데, 제가 그 애랑 또 밥을 먹어야 할까요?"

자, 당신은 어떻게 생각하시나요? 이제 막 왕따의 그림자를 벗어나 친구들과 어우러지는 사회 속으로 걸어 들어가려는 소현 양에게 가장 필요한 것은 무엇일까요? 소현 양과 주고받은 이야기를 조금 더 들어보는 동안 생각해보시기 바랍니다.

"소현아, 그러면 소현이는 그 친구한테 말을 걸었니?"

"……아뇨. 어떻게 말을 걸어야 할지, 얘기하면 무슨 얘기부터 해야 할지 알 수 없어서 밥 먹는 내내 아무 말도 안 하고 있었어요."

처음 만나는 사람과 대화할 때 어색함이 느껴져 소통하기 힘든 사람이라면 간단한 해결 방법을 소개합니다. 뭐, 특별한 비법은 아닙니다. 그저, 당신과 이야기 나누는 상대를 편하게 해주면 됩니다. 너무 뻔한 이야기라서 놀라셨나요?

"당연한 얘기잖아요. 그걸 몰라서가 아니에요. 저도 앞에 앉은 사람을 편하게 해주고 싶은데, 도대체 어떻게 하면 편하게 해줄 수 있을지 그걸 모르니까 문제죠."

'고양이 목에 방울 달기'처럼, 방법을 몰라서가 아니라 어떻게 해야 할 것인가, 그리고 구체적으로 자신은 어떤 역할을 할 것인가 하는 생각에 암담해지는 순간입니다. 그러면, 함께 차근차근 이 점에 대해 생각해보기로 해요.

먼저, 자신에게 질문을 던져보세요. '나는 처음 만나는 사람이 나에게 어떻게 해주었을 때 편안함을 느꼈나?'라고. 실제로 이런 일을 경험해본 적이 있다면, 그때 기억을 떠올려보면 됩니다. 만일 그런 적이 없었다면 한번 상상해봐도 좋습니다. 당신은 상대방이 어떤 이야기를 꺼냈을 때 대화에 몰입할 수 있을까요?

이 질문에 대해서도 얼른 대답이 떠오르지 않는다면 어떻게 해야 할까요? 날씨와 국제 정세로부터 편안한 대화를 위해 반드시 피해야 할 주제라는 정치와 종교에 대한 이야기까지 머릿속이 시끄러워지기만 하고 헤매고 있다면 '동화 속 파랑새'로 시선을 돌려보면 좋겠습니다. 『파랑새』는 벨기에 작가 마테를링크가 쓴 희곡이 원작입니다. 아픈 딸을 위해 행복을 의미하는 파랑새를 찾아달라는 부탁을 받고, 틸틸과 미틸 남매는 꿈속에서 파랑새를 찾아 헤맸지만 손에 넣을 수 없었습니다.

한데, 아침에 일어나 보니 꿈속에서 그리도 애타게 찾아 헤맸던 파랑새는 바로 그 집의 새장 안에서 얌전히 지내고 있던 바로 그 새였습니다. 만일 파랑새가 사람처럼 사리판단을 할 수 있었다면, 먼 곳만 찾으며 헤매는 남매를 바라보면서 참 안타까웠을 겁니다. 그렇듯 행복은 바로 우리 집 안뜰, 바로 자기 앞에 있는 법입니다.

상대방을 편안하게 해주는 대화 주제도 결코 멀리 있지 않습니다. 당신과 마주 앉은 바로 그 사람이 당신 이야기의 주제가 될 때 그 사람은 당신과 이야기하는 것을 편안하게 느낄 겁니다.

무슨 말을 해야 할지 잘 모르겠고 막막하다면, 처음 만난 상대방에 대한 질문을 몇 가지 던져보세요. 질문에 대한 그 사람의 답변에 귀 기울이다 보면 당신에게도 말할 소재가 생길 것이고, 상대방은 당신을 매력적인 대화 상대로 생각할 것입니다.

"정말요? 저는 무슨 이야기를 준비해가야 하나 골치가 아팠어요."

"새로운 친구들이랑 대화를 나눠볼 기회가 많지 않았으니까 잘 몰랐을 거야. 소현이가 그 친구 보면서 혹시 궁금한 게 있었니?"

"네, 왜 저한테 밥 먹자고 했는지 궁금했어요."

"하하. 그랬구나! 그런데 그 이야기를 하는 건 엄밀히 말하자면 그 친구에 대한 이야기라기보다는 자기 자신에 대한 이야기도 포함하는 거니까. 그 친구한테 초점을 맞추어서 이야기할 거리를 찾아보자."

"음. 그렇다면…… 그 친구가 어디 중학교를 나왔나, 집이 학교에서 먼지 가까운지, 그런 걸 물어보면 될까요?"

당신이 소현이의 급식 친구라면 자기가 어디 학교를 나왔는지, 집에서 학교까지 거리가 먼지 가까운지 물어보는 친구가 어떻게 보일 것 같나요? 어떤 대답이 나올지를 떠나 두 가지는 확실할 겁니다. 소현이가 하는 질문에 이 친구는 대답할 거리가 충분히 있으며, 소현이가 자신에게 호감을 느꼈다는 걸 알게 될 겁니다.

Counseling
39

상대방이 대답하기 좋아하는 질문을 하고 그가 자신의 성취를 말하게 유도하라

내담자

어떻게 하면 질문을 잘할 수 있을까요?

정신과 의사

데일 카네기의 말에 답이 있습니다.
"상대방이 대답하기 좋아하는 질문을 하라.
그가 이룩한 자신의 성취에 대하여 말하도록 유도하라.
사람은 본래 100만 명을 희생시킨 중국의 기근보다
자신의 치통이 더 중요한 법이다."

영국 총리였던 벤저민 디즈레일리는 이렇게 말했습니다.

"사람들에겐 그들 자신에 관한 것을 말하라. 그러면 그들은 몇 시간이고 당신의 말을 경청할 것이다."

미국 작가이자 강사로, 자기계발 및 인간관계 전문가인 데일 카네기는 이렇게 말했습니다.

"상대방이 대답하기 좋아하는 질문을 하라. 그가 이룩한 성취에 대하여 말하도록 유도하라. 사람은 본래 100만 명을 희생시킨 중국의 기근보다 자신의 치통이 더 중요한 법이다."

그렇지만 한 가지 조심해야 할 것이 있습니다. '질문하되 수사반장처럼 해서는 안 된다'라는 것입니다. 소현이가 바라는 건 친구가 되는 것이지, 이 친구의 배경을 조사하는 것이 아닙니다. 그 사람에 대해 질문하되, 그것이 그 사람에 대한 호감을 반영하고 있다는 것을 가능하면 적극적으로 보여주면서 다가가야 합니다.

호감, 이라는 말에 대해 조금 더 생각해보고 넘어갈까요? 호감은 말 그대로 좋은 느낌입니다. 지금 자기 가슴속에 친구를 향한 기분 좋은 느낌이 가득하다면, 그 느낌을 솔직하게,

있는 그대로 표현해보면 좋겠습니다. 자신의 느낌, 즉 감정을 표현한다는 것은 '자기감정을 들여다보고 읽기, 그대로 말하기' 파트에서 자세히 다루었기에, 여기에서는 '솔직하게' 표현하기에 집중해보려고 합니다.

자신의 느낌이 어떤지를 있는 그대로 표현한다는 것은 누구에게든 쉬운 일이 아닙니다. 좋은 감정이어도 그렇고, 나쁜 감정이면 더욱 그렇습니다. 좋아한다고 호감을 그대로 표현한다는 건 누군가에는 자칫 경악할 만한 일이 될지도 모릅니다. 불안하고 겁난다고 표현하는 건 생각만 해도 아찔한 일이 될지 모릅니다. 그러나 감정이 빠진 채로 이야기하는 건 그야말로 '조사원' 내지는 '수사반장'에 지나지 않을 것이기에, 자기가 할 수 있는 범위로 수위를 조절하더라도 감정에 대한 표현은 꼭 포함되어 있어야 합니다. 담배 피우다가 걸린 학생을 야단치는 선생님의 경우를 생각해볼까요?

"너는 학생이니까 담배 피우면 안 돼."

"학생인 네가 담배를 피우니까 선생님은 걱정된다/화가 난다/속상하다."

선생님의 감정이 어떤지 표현하면서 야단친다면, 심지어는 "화가 난다"라는 표현이라 하더라도 학생에게 전달될 때의 느낌은 다를 수밖에 없습니다.

부정적인 감정이라 드러내고 싶지 않은 경우일수록 일부러 좀 더 적극적으로 드러내 보이는 것이 도움이 될 수 있습니다. 사람들 앞에서 유난히 긴장하고 불안해하는 사회 불안증이라는 병을 가진 사람을 치료할 때 사용하는 방법으로 '광고 기법'이라는 것이 있습니다. '광고 기법'은 자신의 증상을 숨기려 하는 대신 남들에게 과감히 드러내고 광고하는 것을 의미합니다. 자신이 힘들어하는 증상을 숨기려 하지 않기 때문에, '내가 불안해하면 어쩌지? 내가 불안해하는 게 드러나 보이면 어쩌지?'같은 예기 불안을 감소시키는 효과가 있어서 실제 수행은 더 잘할 수 있게 됩니다.

광고 기법은 많은 사람이 일상의 어려운 상황 가운데 사용하고 있는 방법입니다. 〈연예 대상〉 같은 프로그램에서 무대에 서는 게 직업인 연예인들조차 수상 소감 발표를 하면서 "이 자리에 서니 많이 떨리네요"라고 이야기하는 걸 들어본 적이 있을 겁니다. 이렇게 자기가 떨린다는 걸 광고하고 나면, 얼마든지 떨어도 된다는 일종의 허락을 받은 것처럼 좀 더 편하게 자기가 해야 할 것(수상 소감일 수도 있고, 강의나 발표일 수도 있습니다)에 집중할 수 있게 됩니다.

부정적인 감정을 다루는 것도 광고 기법을 응용해볼 수 있습니다.

"제가 화날 것 같아서 말씀드리는 건데요."

"네가 어떻게 생각할까 좀 긴장이 되기는 하는데……."

만일 당신이 상대방에게 보여주어야 하는 것이 긍정적인 감정이라면, “웃는 얼굴에 침 못 뱉는다”라는 속담을 기억하면서 당신의 솔직한 속마음을 드러내보세요. 소현이가 이런 권유에 어떻게 반응했을지 한번 들어보시죠.

“그런데요, 선생님. 제가 먼저 그 친구에게 호감이 있다는 걸 표현하면 그 친구가 저를 이용할까 봐 걱정돼요.”

“그래, 선생님도 그건 걱정이 된다(걱정되는 감정이 표현되었다는 점을 주목해보세요. 무조건 괜찮을 거라고 이야기하지 않았습니다). 그런데 선생님 생각에는, 정말 그 친구가 소현이를 이용할 생각이 있다면 소현이가 자기한테 호감이 가든 관심이 없든 얼마든지 이용하려고 들 것 같은데……. 소현이 생각은 어떠니?”

“……네. 그렇긴 하네요. 저는 제가 밑지고 들어가는 거라는 생각이 들어서 좀 불편했어요(소현이도 자기감정을 서투르지만 표현했습니다).”

“그러게. 먼저 호감을 표현하는 게 밑지고 들어가는 거라는 생각이 들었구나. 그런데 선생님은 소현이가 친구를 사귀고 그 애들이랑 잘 지냈으면 좋겠거든. 소현이도 친구들이랑 어울리는 즐거움을 누렸으면 하는 마음이야.”

“그건 저도 마찬가지예요.”

“그렇지? 그래서 선생님은, 설령 소현이가 ‘밑지고 들어가는’ 것 같다고 느껴지더라도 먼저 호감을 표현하는 용기를 내봤으면 하는 거야. 그리고 많은 경우에 자기 느낌은 진짜가 아닐 수도 있거든. 이게 진짜 느낌인지 가짜 느낌인지는 드러내서 확인하지 않으면 잘 몰라."

"엥? 선생님, 아까는 느낌을 표현하라고 하셨잖아요. 근데, 느낌이 진짜가 아니라니 그건 또 무슨 뜻이에요? 여기서부턴 막 헷갈려요."

소현이만이 아니라 헷갈리기 시작한 독자들을 위해 좀 더 자세히 설명해드리겠습니다. 지금 기분이 어떤지, 어떤 감정을 담고 있는지, 무엇을 느꼈는지 표현하는 것은 자기 자신을 인정해주는 일로, 세상 사람들과 건강한 관계를 만들기 위해 꼭 필요한 과정입니다. 당신이 인정해주지 않은 당신의 감정은 당신을 제외한 그 누구도 알 수 없기에, 심지어는 당신 자신조차 잘 모를 수 있기에, 다른 사람에게 인정받기란 더욱 먼 이야기가 됩니다.

그러나 이 과정에서 한 가지 기억해야 할 것이 있습니다. 자신이 어떠어떠하게 느낀다고 하여 그것이 항상 진실은 아닐 수도 있다는 점입니다. 흔히 우리는 자신의 느낌과 감정을 토대로 진실을 판단하지만, 느낌은 그야말로 느낌일 뿐 진실이 아닌 경우도 종종 있습니다. 당신이 절망적이라고 느끼고, 도저히 해낼 수 없을 거로 생각한다고 해서 정말로 당신이 절망적인 상황에 놓여 있거나 도저히 해낼 수 없는 건 아닐 수 있다는 뜻입니다. 이러한 부류의 착각을 '감정적 추론(Emotional Reasoning)'이라고 합니다. 타당성이 없는 감정인데도 불구하고 사실이라고 믿게 되는 현상을 말하지요.

그러나 이것은 어디까지나 사실이 아닙니다. 죽을 것 같은 느낌이 드는 것과 실제 죽는 것이 전혀 다른 것과 마찬가지입니다. 감정적인 추론은 마음속에서 꺼내지지 않은 채 빙글빙글 돌고 있을 때는 제법 그럴듯하게 보입니다. 무능하다는 느낌이 들 때 "나는 내가 무능하다는 생각이 들었어"라고 혼잣말이든 친구에게 거는 말이든 말로 꺼내보거나 어딘가에 기록해보면, 조금이라도 객관성을 확보하게 되므로 자신이 무능한 게 실제 사실이자 불변의 진리가 아닐지 모른다는 생각이 들게 됩니다. 그러나 이런 과정을 전혀 거치지 않고 이 느낌을 그저 머릿속에 묻어둔다면 마치 자신이 정말 무능한 사람인 것 같은 생각이 들 수도 있습니다. 또한, 생각대로 따라가기 쉬운 우리 몸의 특성은 실제로 무능한 반응을 보이기에 이릅니다.

소현이의 생각을 다시 들여다볼까요? 여러분도 소현이처럼 먼저 호감을 표현하는 건 밑지고 들어가는 거로 생각하시나요? 세상의 무수한 인간관계 법칙 가운데에는 사실인 것도 있지만 그렇지 않은 것도 있습니다. 호감을 표현하지 않아도 밑지고 들어가는 경우도 있고, 호감을 표해보니 서로 마음이 맞았다는 걸 알게 되는 경우도 있습니다. 소현이가 처음 만나게 된 친구 사귀는 기회들을 얄팍한 인간관계 법칙들로 놓치지 않고, 소중한 만남을 시작해보는 용기를 내봤으면 좋겠습니다. 그러면 소현이뿐 아니라 지켜보는 사람들 모두가 기쁨을 느끼게 될 것입니다.

Counseling
40

귀를 기울여 듣기
몸을 기울여 듣기

내담자

상대방의 말을 잘 듣는 비결을 알려주세요.

정신과 의사

다른 사람의 말을 잘 듣고 제대로 이해하려면,
첫째 그가 말하는 동안 '침묵'을 지켜야 합니다.
말을 하면서 동시에 상대방의 말을
잘 들을 수는 없으니까요.
잘 들으려면 상대방의 말에 귀를 기울이고
몸을 기울여야 합니다.

말하는 것과 듣는 것으로 이루어지는 대화에서, 다른 사람의 말을 잘 듣는 건 그 자체로 매우 큰 의미가 있습니다.

> 누군가의 이야기를 들어주는 행위는 타인을 위로하는 것 이상의 의미가 있다. 우리는 타인의 말을 들어줌으로써 그를 최고의 상태에 이르게 할 수 있다.

스테디셀러 『느리게 산다는 것의 의미』의 저자인 프랑스 철학자 피에르 쌍소의 말입니다.

그런데도 '말하기'에 비해 '듣기'의 중요성이 상대적으로 떨어지는 것처럼 보이는 이유는 무엇일까요? 아마도 얼른 보기에 말하기는 어려워 보이지만 듣기는 쉬워 보이기 때문이 아닐까 싶습니다. 말할 때는 입을 움직이고, 목소리를 내고 하는 식으로 금방 눈에 보이는 활동을 해야 합니다. 이와는 달리, 들을 때는 귀를 움직일 필요가 없죠. 말하는 시늉을 하기는 불가능하지만, 듣는 시늉은 얼마든지 할 수 있습니다. 조금만 노력하면 아주 잘 듣는 흉내까지도 낼 수 있을 정도입니다. 고개를 끄덕이거나, '으흠' 등의 소리를 내거나 하면서 말이죠. 그러나 듣는 흉내는 어디까지나 흉내일 뿐 사람의 마음을 움직이는 듣기로부터는 멀어도 한참 멀리 떨어져 있습니다.

'잘 듣는다'라는 것을 한자로는 경청(傾聽)이라고 합니다. '기울 경'에 '들을 청' 자를 씁니다. 경사로(傾斜路) 할 때 쓰는 '경' 자이니, 기울인 채로 듣는다고 풀이하면 될 것입니다. 기울인다면 무엇을 기울여야 할까요? 물론 귀를 기울여야 합니다. 그러나 귀를 기울이는 것은 시작에 불과합니다. 우리 몸에서 소리를 모으는 첫 단계인 귓바퀴는 신체 구조 가운데에서도 독특하게, 앞을 향해 우묵한 모습으로 자리 잡고 있습니다. 앞으로 약간 기울어진 귓바퀴를 보면, 우리 몸은 이미 소리를 잘 들을 준비를 하고 있다는 생각이 듭니다.

잘 듣기 위해서는 귀만 기울여서는 부족합니다. 누군가의 이야기를 집중해서 들으면 자연스럽게 몸이 상대방 쪽으로 기울어집니다. 상대방에게 관심을 가지면 자동으로 열성적인 자세를 갖추게 됩니다. 샘 혼과 같은 커뮤니케이션 전문가는 일부러 열성적인 자세를 갖추고 듣는 연습을 해보라고 권합니다. 몸을 앞으로 기울이고, 눈을 빛내며, 듣는 내용을 열심히 받아 적으려고 노력하면서 말이지요. 지루하고 재미없는 강의를 듣는다 상상하고 의자에 뒤로 늘어진 채 연신 하품을 해대면서 듣는 경우와는 차원이 달라집니다.

우리 마음은 의외로 몸을 따라가는 경우가 많아서, 열성적인 자세를 취하기만 해도 상대방의 말에 조금 더 관심이 가게 됩니다. 만일 대화하는 그 장면이 조금은 불편한 자리라면, 몸을 기울여 열심히 듣는 자세는 마음이 안정되는 데에도 많은 도움을 줍니다. 상대방을 향해 몸을 기울인 자세는 그에게 관심이 많다는 것을 보여주는 데 그치지 않고, 당신 관심의 초점을 당신 자신이 아닌 상대방에 맞추도록 돕습니다. 준비가 잘되지 않았다든가 긴장했다든가 하는 당신의 부족함이 아닌, 상대방이 하는 이야기에 집중하는 동안 당신이 느끼는 불안감과 산만함은 조금씩 줄어들게 됩니다.

기울이는 것 가운데 가장 중요한 것은 물론 '마음'이겠지요. '들을 청(聽)' 자의 부수인 귀 이(耳), 임금 왕(王), 열 십(十), 눈 목(目), 하나 일(一), 마음 심(心)을 모아서 "귀는 왕이 하는 말을 듣듯이 듣고, 눈은 열 개의 눈이 집중하듯 진지하게 바라보면서, 마음은 하나로 모은 상태"라고 풀이하는 것을 들어보았는데, 꽤 그럴듯하다는 생각이 들었습니다.

자, 그러면 잘 듣기 위해 가장 중요한 기술을 소개하겠습니다. 그것은 바로 '침묵'입니다. 요새는 휴대전화 기술이 매우 발전해서 상대방의 소리를 들으면서 말하는 게 그리 이상하지도 않지만, 당신이 말하는 동안 상대방의 소리가 들리지 않는 경험을 해본 적이 있을 겁니다. 휴대폰으로 나누는 대화뿐 아니라 실제 대화 역시 근본 원리는 똑같습니다. 상대방의 이야기에 귀를 기울여 들으려면 자신은 침묵을 지켜야 합니다. 자기가 말하는 동안에는 상대방의 이야기를 잘 들을 수가 없기 때문입니다.

어린아이들에게 예의범절을 가르치는 엄마들이 "다른 사람이 말할 때 중간에 끊으면 안 돼!" 같은 내용을 가르치는 걸 종종 볼 수 있습니다. 아이들이 살아갈 세상이 대화를 통해 연결되는 사회이기 때문에, 다른 사람이 말하는 동안에는 입을 닫고 있다가 그 사람의 이야기가 끝난 다음에야 말할 수 있음을 가르치는 건 매우 중요합니다. 그런데 아이들에게 이런 규칙을 가르치는 어른인 우리는 이 규칙을 얼마나 잘 지키며 살아가고 있을까요?

상대방의 이야기를 잘 듣고 그에 반응하는 것과 같은 고난도의 대화는 말할 것도 없고, 상대방이 말할 때 중간에 치고 들어가지 않는 기본적인 약속조차 지켜지지 않는 경우를 우리는 자주 봅니다. 상대방이 자신을 비난하는 것과 같은 상황에서는 더욱 그렇습니다. 끝까지 다 듣기도 전에 치고 들어가 "내가 언제 그랬어? 엉?" "허 참, 그건 그게 아니라니까~. 내 말 좀 들어 봐봐" 같은 이야기들을 하고 싶어 하는 겁니다.

이렇게 중간에 끊고 들어가기가 너무 심한 경우라면, 커플 상담 시간에 '발언권'을 사용해야 할 때도 있습니다. 예를 들어 연필이나 인형 같은 작은 물건을 준 다음, 그 물건을 가진 사람만 말할 수 있게 하는 겁니다. 한 사람이 너무 오래 '발언권'을 갖고 있으려 들면 치료자가 중재해야 하는 경우도 있습니다. 너무 화가 나서 '발언권' 연필을 던져버렸다가, 상대방이 그 연필을 집어 들고는 하고 싶었던 말을 다 쏟아내는 바람에 더 억울해하던 내담자도 있었습니다.

다시 한번 말하지만, '귀를 기울여 듣기', '몸을 기울여 듣기'는 말처럼, 생각처럼 그리 녹록한 일이 절대 아닙니다. 상당한 수준의 인내와 끈기가, 그리고 상대방에 대한 깊은 이해와 공감과 배려가 뒷받침되어야만 가능한 경지입니다. 그러나 상대방의 말을 '귀 기울여 듣고 몸을 기울여 듣는 것'은 비록 힘들더라도 꾸준히 갈고닦고 습관으로 만들 만한 가치가 있는 일입니다. 이것 하나만으로도 커뮤니케이션의 질이 달라지고 관계가 달라지기 때문입니다. 더 나아가 인생이 달라지기 때문입니다.

Counseling

41

상대방의 말을 듣는 동안 당신이 할 말을 준비하지 마라

내담자

의사소통을 잘하기 위해 상대방이 말하는 동안 머릿속으로 그다음에 제가 할 말을 생각하는 건 괜찮은 방법인가요?

정신과 의사

그렇지 않습니다. 의사소통에 자주 실패하는 사람들이 가장 빠지기 쉬운 함정이 바로 그거예요. 상대방이 말하는 동안 자기가 할 말을 준비하면 더 잘 소통할 수 있을 것 같지만, 오히려 그 반대예요. 상대방의 중요한 말을 놓쳐 자칫 엉뚱한 대답을 하기 쉽고, 논점에서 벗어나 대화를 망치기에 십상이기 때문이죠.

다른 사람이 말하는 동안에 끊지 않고 끝까지 듣는 건 어렵기는 하지만, 그래도 연습하면 비교적 쉽게 익힐 수 있는 기술입니다. 그러나 이것만으로는 충분하지 않습니다. 상대방이 말하는 동안에 침묵을 지키는 궁극의 경지는, 다른 사람의 말을 듣는 동안 당신이 할 말을 준비하지 않는 데 있습니다. 자기 딴에는 잘 듣는다고 나름대로 애쓰다가 실수하는 많은 사람이 빠지는 함정이 바로 이것, '듣는 동안에 할 말 준비하기'입니다. 서로에게 깊이 빠져 있는 연인처럼 상대가 무슨 말을 하든 온몸과 마음으로 들을 태세를 갖추고 있는 경우라면 또 모를까. 상대방의 이야기를 듣는 동안 '뭐라고 말을 해줄까', '어떻게 반박해줄까', '어떻게 상대방의 생각을 뜯어고칠까'와 같은 생각으로 가득 차 있다면 귀 기울여 잘 듣기는 물 건너가기에 십상입니다.

"잘 듣는 건 중요하니까 그렇다 쳐요. 그런데 내가 해야 할 말을 준비하지 않은 채 멍하니 듣다가 상대방이 말을 마쳐버리면? 아무 할 말 없는 채로 있는 나는 묵사발이 되는 거 아닌가요?"

이런 이야기들이 충분히 나올 수 있습니다. 게다가 머릿속으로 치열하게 자신이 해야 할 다음 말들을 생각해야 하는 대화란 대개 만만치 않은 장면이므로 더 받아들이기 어려울 것입니다. 그렇지만 분명하게 말씀드릴 수 있는 것이, 잘 들어야 오히려 더 잘 말할 수 있다는 사실입니다. 듣는 뇌와 말하는 뇌의 상호작용 때문인데요. 여기에서 언어를 이해하는 우리 뇌의 비밀을 한번 짚고 넘어가면 도움이 될 것 같습니다.

언어의 이해는 3단계로 이루어집니다. 첫 번째로는 음성학적 처리 과정으로 모음과 자음 같은 각각의 소리가 전두엽에서 인식됩니다. 예를 들어, "사과"라고 말하는 소리를 들을 때 'ㅅ+ㅏ+ㄱ+ㅘ'로 인식하는 겁니다. 입술 모양을 읽을 수 있거나 천천히 말하는 경우, 혹은 이해할 수 있는 실마리가 주어지는 경우 인식의 정도는 더욱 개선됩니다. 시장에서 과일 파는 사람이 하는 이야기라면 과일의 한 종류인 사과라는 걸 좀 더 신속하게 알 수 있을 겁니다.

다음 단계는 '어휘 처리 과정'입니다. 이 단계에서는 이 소리가 단어인지 아닌지를 결정하고, 음성학적 자극들을 개인의 기억 속에 들어 있는 소리나 인식된 단어와 연결하는 과정입니다. '사과'라는 소리가 '사과'라는 단어로 연결되는 시점입니다. 마지막 세 번째 단계는 '어의적 처리 과정'으로, 단어를 의미와 연결짓습니다. 이 역할은 주로 측두엽에서 이루어진다고 알려져 있습니다.

어의적 처리를 통해 활성화된 뇌는 개념적인 내용의 심상을 뇌피질 전반에 걸쳐 불러일으킵니다. '사과'의 경우라면 사과의 모양이 떠오를 수도 있고, 맛이 기억날 수도 있고, 사과와 관련된 기억들이 되살아날 수도 있고 하는 식으로 말입니다. 만일 이 단계를 담당하는 뇌에 이상이 생긴 사람이라면 단어를 이해하거나 자발적으로 말을 하지는 못하더라도 다른 사람의 말을 따라 할 수는 있습니다. 소리를 듣고 단어로 받아들일 수는 있는데, 이해는 하지 못하기 때문입니다.

대부분의 경우, 언어 중추는 좌뇌가 담당합니다. 오른손잡이인 사람의 경우에는 99퍼센트가 좌뇌 우선이고, 왼손잡이인 사람의 67퍼센트도 좌뇌가 담당한다고 합니다. 그렇다고 좌뇌만 언어에 중요한 역할을 하는 것은 아닙니다. 억양이나 몸 언어(Body Language)를 이해하는 것은 우뇌의 역할입니다. 과거의 어떤 연구에서는 남자들의 경우 음성학적 처리 과정 동안 좌측 뇌만 활성화되고, 여자들의 경우 양측 뇌가 다 활성화된다고 했습니다. 한데, 이게 구체적으로 어떤 의미를 담고 있는지는 명확하지 않다고 하는군요.

언어를 듣고 이해하는 데 활약했던 뇌 회로들은 말을 할 때는 정반대로 움직입니다. 들을 때는 전체 뇌 피질이 맨 마지막에 움직였다면 말할 때는 전체 뇌 피질로부터 시작됩니다.

이를 단어로 만든 뒤 실제로 소리를 내거나 글씨로 쓰는 식으로 표현하게 됩니다. 우리 뇌는 아주 복잡다단한 회로들로 연결되어 있어서, 많은 경우 동시다발적인 작업을 하는 것에 능합니다만, 듣는 것과 말하는 것을 동시에 하는 것은 주행과 역주행이 동시에 일어나는 것과 마찬가지입니다. 대개는 큰 사고 없이 진행되겠지만, 주행과 역주행이 한꺼번에 동시다발적으로 쏟아져 나왔다가는 극심한 정체나 사고를 일으킬 수도 있음을 기억해야 합니다.

그러니 상대방이 말할 때는 침묵을 지켜야 합니다. 입술만 닫는 게 아니라 마음속의 시끄러운 소리도 꺼놓고 들어야 합니다. 상대방의 말에 온전히 집중하면서, 이 사람은 이 상황을 이렇게 보고 있구나 하는 데 온 마음을 기울여야 합니다. 이쯤에서 아까 제기됐던 반론에 관해 이야기하는 게 좋겠습니다.

"잘 듣는 건 중요하니까 그렇다 쳐요. 그런데 내가 해야 할 말을 준비하지 않은 채 멍하니 듣다가 상대방이 말을 마쳐버리면? 아무 할 말 없는 채로 있는 나는 묵사발이 되는 거 아닌가요?"

공개적으로 공격당하는 자리에서 상대방의 이야기를 침묵한 채 듣는 것은 분명 쉬운 일이 아닙니다. 그런데 그 자리로 다시 돌아가보죠. 당신이 상대방의 말에 완벽한 반론을 제기한들 그 상황이 해결되겠습니까? 상대방의 코를 납작하게 해주었다고 잠깐 신이 날지는 몰라도, 코가 납작해진 상대방은 당신을 공격할 처음의 의도를 전혀 바꾸지 않은 채 그대로 있을 게 뻔합니다. 어디 그뿐입니까? 당신이 현란하게 쏘아붙인 말들 때문에 감정이 상해서, 더욱 거세게 당신을 공격하려고 들지도 모릅니다. 그러니 상대방이 지금 왜 당신을 공격하고 있는지, 당신에게 이런 이야기를 퍼부어대는 이유가 대체 무엇인지 가만히 귀 기울여보세요. 상대방의 처지와 시각에서 상황을 바라보자는 뜻입니다. 많은 경우, 사소한 갈등들은 온전히 집중하는 것만으로도 해결됩니다.

참, 하나 더. 할 말을 준비하지 말라고 해서 '멍하니' 들으라는 말이 아닙니다. 귀담아들은 이야기들을 토대로, 앞서 다룬 바 있었던 "상대방의 이야기들을 요약해서 다시 확인해주는" 방법을 사용할 수 있습니다. "그러니까 당신 이야기는 ~라는 거죠?"와 같이 정리해서 확인하는 동안, 이제는 말을 하기 위해 활동하는 뇌 흐름이 순주행된 상태에서, 당신이 해야 할 말들을 얼마든지 자유롭게 구상할 수 있습니다. 상대방이 말을 다 마치고 나서 당신이 바로 되받아쳐야만 이긴다는 규칙은 없습니다.

마지막으로, '나는 뭐라고 말을 해줄까', '어떻게 반박해줄까', '어떻게 상대방의 생각을 뜯어고칠까'와 같은 생각들로 분주했던 사람이라면 하나씩 짚어보죠.

• **나는 뭐라고 말을 해줄까** — 나는 누군가 했던 말이 가슴에 깊이 와닿아서 피가 되고 살이 됐던 경험이 있나요? 아쉽게도, 어떤 말을 듣고 깊은 상처가 남은 기억들은 흔하지만 당신이 들었던 이야기가 두고두고 마음에 울림이 되었던 기억은 지금까지 살아오면서 몇 순간 안 될 겁니다. 그 몇 순간을 당신이 꼭 만들어주어야만 한다는 강박관념에서 벗어나세요. 이와 반대로, 상대방이 당신 이야기에 온 존재를 다 기울여 들어주는 따뜻함은, 그게 무슨 이야기를 나누고 있던 순간인지 하는 걸 다 잊더라도 남는 감정입니다. 상대에게 좋은 것을 주고 싶어서 궁리하는 중이라면, 좋은 말 대신 좋은 귀를 주면 좋겠습니다.

• **어떻게 반박해줄까** — 반박은 양날의 칼입니다. 잘 쓰면 좋겠지만, 상대방이 찔리는 만큼 당신도 찔려서 피 흘리게 되어 있습니다. 세게 내리치다가 도로 튀어 오르는 경우도 있겠지요. 반박할 말을 궁리하느라 상대방에게 허를 찔리는 것도 모르는 경우도 자주 있습니다. 반박해야 할 경쟁과 싸움의 대상이라면, "지피지기 백전불태(知彼知己 百戰不殆)"의 기본으로 돌아가 그가 하는 말들에 귀 기울여보세요. 어쩌면 그 스스로 자신의 허점을 드러내는 순간을 포착할지도 모르니 말입

니다.

• 어떻게 상대방의 생각을 뜯어고칠까 — 상대방의 생각을 뜯어고치는 것은 사람들의 생각과 감정을 다루는 정신건강의학과 의사들이 가장 먼저 포기하는 것이기도 합니다. 섣불리 상대방을 뜯어고치려고 달려들다가는 지쳐 떨어져서 자신의 마음 건강부터 흔들려버릴 수도 있기 때문입니다. 아, 물론 생각은 고칠 수 있습니다. 그러나 절대로 다른 사람이 대신해주지는 못합니다.

상담 시간 동안 사람들은 자신이 갖고 있던 오류와 모순, 상처와 희망을 보게 됩니다. '그래, 나는 이제 달라져야 되겠구나'라고 생각하게 될 때까지 기다려주었던 상담자는 달라지고 싶어 하는 사람의 손을 잡고 함께 걸어갈 수 있습니다. 가끔 힘이 빠져 다리가 비틀거린다면 힘내라고 응원해줄 수 있겠죠. 어쨌든 그 사람이 달라질 수 있는 것은 오롯이 자신의 힘으로만 가능합니다. 그러니 당신도 다른 사람의 생각을 뜯어고칠 욕심을 버리고, 당신이 바꾸어야 할 당신의 생각들은 무엇인지 들여다본다면 좋겠습니다.

Counseling 42

갓난아기가 '말하기'보다 '듣기'를 먼저 배우는 이유

내담자

대화와 소통에서 '듣기'가 왜 중요할까요?

정신과 의사

잘 듣는 사람이 말도 잘할 수밖에 없습니다. 듣기의 중요함은 갓난아기가 차츰 자라가면서 말을 배우는 과정을 살펴보면 좀 더 잘 이해됩니다. 세상에 갓 태어난 아기는 말하기부터 배우지 않잖아요. 1년 가까이 한마디도 못 하고 듣기만 하지요. 갓난아기가 세상에 태어난 지 1년쯤 지나 말을 배우고 잘할 수 있게 되는 건 그 1년여 동안 잘 들었기 때문에 가능한 거랍니다.

웅변 학원, 스피치 훈련 코스, 말하기 기법 연습 등등. 말하기에 대해서는 각종 훈련이 다양하게 준비된 것처럼 보입니다. 그렇지만 듣기에 대해서는 어떤가요? '잘 듣기 학원?' 이런 건 아마 들어본 적도 없을 겁니다. 듣는 건 어떻게 보면 아주 쉬워 보입니다. 말 그대로 듣기만 하면 되는 것 같으니까요. 말을 하려면 입을 움직여야 하지만, 다행스럽게도(?) 듣기 위해 귀를 움직이거나 할 필요는 없습니다. 그러나 말하기는 듣기에서 시작합니다.

언어의 두 영역인 '말하기'와 '듣기'를 시작하던 맨 처음 그 자리로 돌아가보면 어떨까요? 아주 멀리 찾아갈 필요는 없습니다. 갓 태어난 아기들이 어떻게 언어를 배우고 익히기 시작하는지 지켜보면 되니까요.

세상에 태어난 지 얼마 안 된 아기는 듣기부터 시작합니다. 큰 소리에 깜짝 놀라는 반응이 듣기 중에서도 맨 처음 나타나는 반응입니다. 아기들은 6개월이 되기 전까지 말소리를 듣고 미소로 반응하기를 배웁니다. 겁주는 목소리, 화난 목소리, 다정한 목소리를 구별할 줄 알고, 자기 이름을 듣고 반응

합니다. 언어 표현, 즉 미래의 말하기는 언어 이해(듣기)보다 조금 더 천천히 갑니다. 옹알이를 시작하지만 아직 의미를 담지는 못합니다. 태어난 지 7개월이 넘어가면 "안 돼!", "뜨거워!" 같은 소리를 구별하고 자기 이름도 인식합니다. 그렇지만 아직 말을 하지는 못하고, 고개를 저어서 싫다는 표현 정도만 할 뿐입니다. 돌이 지나면 자기 몸의 명칭이나 흔한 사물의 이름을 이해하기 시작합니다. 18개월이 되면 대략 150개 정도의 단어를 이해합니다.

말하기의 발달은 듣기보다 한발 늦게, 그러나 꾸준히 진행됩니다. 듣는 것을 어느 정도 할 수 있게 되어도 말을 하려면 좀 더 기다려야 합니다. 첫 단어를 말하는 시기는 대략 생후 11~12개월이며, 18개월 정도 된 아기들은 20개가량의 단어를 말할 줄 압니다. 두 살짜리 아기들이 듣고 이해하는 단어 150여 개와 말할 수 있는 단어 20여 개 사이의 차이에 주목해야 합니다. 어쩌면 성인이 되어 경험하는 의사소통의 온갖 문제들은, 듣기보다 말하기에 급급해서 생기는 문제가 아닐까요. 마치 빨리 달리려고 튀어나가다가 급한 마음에 다리가 꼬이는 바람에 그만 넘어져 버리는 것과 같이 말입니다.

다른 사람이 이야기할 때 제대로 듣는 것은 말을 제대로 하고, 또 잘하기 위한 가장 중요한 요소이자 기본입니다. 특히, 우리나라 말은 끝까지 듣지 않으면 전혀 엉뚱한 이야기가 되기 쉽다고 하지 않나요? 그런 만큼 문장 맨 끝에 부정문이 있을지 긍정문이 있을지 잘 귀담아들어야만 합니다. 다른 사람이 하는 말을 제대로 듣는 게 중요하다는 걸 알면서도 그게 잘 안 된다면 방해하는 무언가가 있어서 그렇다고 생각해봐야 합니다.

이 '무언가'에는 여러 가지가 있을 수 있지만, 그중에서도 꼭 짚고 넘어가야 할 게 있습니다. 그것은 바로 '왜곡된 생각들의 행진'입니다. 좀 더 익숙한 용어로 표현하자면, '편견'과 '선입견'입니다. 그리고 그보다 조금 더 전문적인 용어를 사용하자면, '인지 왜곡(Cognitive Distortion)'이라고 할 수 있습니다. 본래 인지 왜곡은 우울증의 핵심 원인 가운데 하나로 꼽히는 현상입니다.

인지 왜곡은 우울을 유발하는 도식(Schema, 부딪히는 모든 경험을 체계화하고 해석하는 방식)으로 표현할 수도 있습니다. 조금은 어렵게 들릴지 모르지만, 내·외부적인 정보들을 인식하는 방식 자체가 뒤틀려 있다는 뜻으로 이해하면 될 것 같습니다. 마치 시커먼 선글라스를 쓰고 실내에 들어가면 방 안이 전체적으로 어두워 보이는 것과 같은 이치입니다. 반대로, 그 사람이 핑크빛 선글라스를 쓰고 있다면 세상은 온통 밝은 꽃분홍색으로 물들어 보일 것입니다.

왜곡된 인지를 바로잡아줌으로 우울증과 같은 정서장애를

치료하는 방법을 처음으로 고안한 사람은 아론 벡(Aaron Beck)이라는 미국의 정신건강의학과 의사입니다. 그는 우울증의 3대 인지 요소로 ① 자신에 대한 부정적인 시각과 ② 세상을 적대적인 곳인 동시에 벅차고 힘든 곳으로 바라보는 시각과 ③ 미래를 괴로움과 실패로 가득할 거라고 바라보는 시각을 꼽았습니다. 이 가운데 우리가 주목할 것은 두 번째입니다. 세상 모든 사람이 자신을 향해 으르렁거리고 있고, 온통 어렵고 힘든 일만 가득하다고 인식하는 생각이 어떻게 다른 사람들의 말을 제대로 듣는 걸 방해하는지 살펴보겠습니다.

지나친 일반화(Over Generalization)는 한 번 일어난 일이 계속 반복해서 일어날 것으로 생각하는 '인지 왜곡'입니다. 결정적인 순간에 배신당한 경험이 있는 사람이 자신은 앞으로도 영원히 누군가에게 배신만 당할 거로 생각한다면 그것은 왜곡입니다. 다른 사람의 말을 들을 때 이런 왜곡이 작용하면, 누가 무슨 말을 하든 그의 말이 자신에게 상처를 줄 거라고 지레 겁먹은 채 움츠러드는 식으로 반응할 수 있습니다. 당신이 사람들에게 상처받은 적이 있다는 생각조차 왜곡이라고 말하지는 않겠습니다. 불완전하고 문제 많은 세상에 살다 보면 상처의 기억이 없을 수 없기 때문입니다. 그렇지만 당신이 만나는 모든 사람이 당신에게 상처를 주기로 작정하고 덤벼드는 게 아니라면, 당신이 움츠러드는 바람에 잃어버리는 것이 훨씬 더 많을 수도 있음을 기억하면 좋겠습니다.

정신적 여과(Mental Filter)는 어떤 상황에서든 부정적인 면만 골라 그것만 염두에 두는 바람에 전체 상황을 부정적으로 인식하는 인지 왜곡입니다. 계곡에 놀러 가서 시원한 물에 발 담그고 재미있게 지낸 뒤, 내려오는 길에 맛없는 음식점에 들러 식사를 한 사람이 있습니다. 그가 자신의 하루를 '역시 나는 되는 일이 없다. 여기까지 와서 재수 없게 엉터리 음식점에 들어갔다. 이런 외출은 하는 게 아니었다'로 평가하는 게 바로 '정신적 여과'입니다. 다른 사람의 말을 들을 때 이 왜곡이 작용하면 그 사람 입에서 나온 부정적인 단어 한마디, 그 사람 얼굴 위로 지나간 부정적인 표정 하나에 그야말로 '꽂혀서' 다른 생각은 전혀 하지 못하게 됩니다.

지나친 비약으로 결론 내리기(Jumping to Conclusions)는 사실과 상관없이, 자기 마음대로 결론으로 치달아 사실과는 다른 결론을, 그것도 아주 부정적인 결론을 내리는 인지 왜곡입니다. 여기에는 독심술의 오류(Mind Reading)와 점쟁이 오류(The Fortuneteller Error)가 속합니다. 앞에서도 여러 번 이야기했듯이, 실제 상대방의 마음이 어떤지 읽을 수 있는 사람은 없습니다. 그런데도 독심술의 오류가 작동하는 사람은 상대방이 자신을 싫어하고, 무시하고, 심지어 저주하기까지 한다는 생각에 사로잡힌 채 상대방의 이야기를 듣게 됩니다. 자신을 싫어하는 사람의 이야기가 잘 와닿을 리 없지요. 그러니 무슨 이야기를 하든 당신에게는 저주와 무시, 혹은 욕설로 들릴 것입니다.

'점쟁이 오류'는 미래를 내다보는 수정 구슬을 들여다보고 있는 사람을 연상하면 됩니다. 만일 수정 구슬이 낯설다면 타로나 점쟁이의 괘를 떠올려봐도 됩니다. 미래는 알려지지 않았다는 이유로 누구에게나 호기심과 두려움의 대상이기 쉽습니다. 당신이 뽑는 괘마다 족족 불길한 예언으로 가득하다면 그 말을 믿든 믿지 않든 불쾌하긴 마찬가지일 것입니다.

그런데 만일 그 괘들 가운데 처음부터 좋은 이야기는 하나도 없었다면요? '점쟁이 오류'는 그런 식으로 작동합니다. 아직 말도 꺼내지 않은 상대방이 자신에 대해 좋지 않은 이야기들을 늘어놓을 거로 생각하고, 미리 마음 상하고 고통스러워할 준비를 하고 있습니다. 드디어(?) 상대방이 부정적인 이야기를 하면 준비되어 있던 고통을 흠뻑 느끼느라 그의 말을 잘 못 듣게 되고, 긍정적이거나 중립적인 이야기를 하면 그 말에 귀 기울이기보다는 '자, 언제쯤 본론이 나오려나?' 하며 마음 졸이느라 정작 중요한 듣기를 제대로 못 하고 맙니다.

마지막으로 잘 듣는 걸 방해하는 인지 왜곡 가운데 낙인찍기(Labeling)가 있습니다. 나 자신에게 낙인을 찍는 경우도 있고, 타인에게 낙인을 찍기도 합니다. 자기 자신을 구제 불능의 한심한 인간이라고 낙인찍은 사람이라면 다른 사람이 건네는 칭찬이나 격려의 말들이 제대로 들릴 리 없습니다. 다른 사람에게 '저 사람은 나쁜 인간이야!'라는 낙인을 찍었다면, 그가 무슨 말을 하든 좋게 들릴 리 없습니다.

자, 이제 맨 처음에 하던 이야기로 돌아가봅시다. 다른 사람의 말을 잘 들어야만 당신이 해야 할 말을 잘할 수 있으므로 상대방이 무슨 말을 하려고 하는지 귀를 기울이고 마음을 기울여야 한다고 했지요? 그런데 다른 사람이 하는 말을 '있는 그대로' 듣기 위해서는 생각보다 많은 노력이 필요합니다. 그러니 쉽게 되지 않는다고 해서 이상하게 여길 것은 없습니다. 앞에서 일관되게 소개한 인지 왜곡들은 말 그대로 '왜곡'입니다. 이 왜곡들은 누구에게도 도움이 되지 않습니다. 당신에게도 마찬가지이고, 당신에게 말을 하는 상대방에게도 그렇습니다.

인지 왜곡은 세상을 일그러진 시각으로 바라보는 데 기여합니다. 만일 당신이 이 왜곡들의 존재를 인식하고 이를 내려놓음으로 왜곡이 망가뜨리지 않은 온전한 형태의 말을 들을 수 있다면 의사소통은 훨씬 편안해질 수 있습니다. 다행인 점은, 이 왜곡들이 당신 안에 잠재해 있다는 사실입니다. 다른 사람 안에 들어 있는 왜곡까지 바로잡아줄 수 있다면 참 좋겠지만, 이것은 당신의 것을 바로잡는 일보다 몇십 배는 더 힘들고 어려운 일이니 우선은 당신 내면부터 주목하는 게 순서입니다. 이 단계에서 또다시 지나친 일반화, 낙인찍기 같은 왜곡을 작동시켜서 당신 자신에게 또다시 짐을 얹어주지 않기로 할 필요가 있습니다. 예를 들면 '역시, 내가 생각하는 건 다 틀렸을 줄 알았다니까.', '그래, 저 사람들에게는 아무런 잘못도 없어. 바보 같은 내가 천사 같은 사람들의 의도를 왜곡하고 있었지.', '나란 인간이 무슨……. 내가 다른 사람 말을 잘 듣고 내가 해야 할 말을 잘할 수 있다고? 다른 사람들은 몰라도 나에게는 불가능한 일이야' 식의 왜곡을 다른 각도에서 적용하지 않기로 하는 겁니다. 왜곡을 완전히 사라지게 하기는 어렵겠지만, 적어도 오늘 달라지기 위해 노력하는 당신은 어제와 분명 다른 사람이기 때문에 이 노력은 충분한 가치가 있습니다.

Counseling
43

함부로 말하는 사람들과 상처받지 않고 대화하기

“

내담자

만날 때마다 말로 끊임없이 상처 주는 친구를 어떻게 상대하면 좋을까요?

정신과 의사

이런 방법들을 써보시면 어떨까요. 첫째, 자신을 괴롭히는 고통과 스트레스의 책임은 상대방이 아닌 자기 자신에게 있다는 점을 인정하는 겁니다. 상처 주는 사람은 상대방이지만, 그것을 상처로 받아들일지 아닐지는 자신의 선택입니다. 둘째, 상대방이 넘지 말아야 할 경계, 자신이 받아들일 수 있는 경계를 명확히 알게 해주어 조심하게 하는 겁니다. 셋째, 상대방의 험한 말과 행동 때문에 아프고 고통스럽다는 것을 정확히 표현하여 알게 해주는 겁니다.

”

어떻게 하면 제대로 말할 수 있을까, 고민하는 사람들을 가만히 들여다보면 재미있는 현상을 발견할 수 있습니다. 보통은 자기가 사랑하는 사람, 자신에게 소중한 사람들에게 제대로 말하려고 노력할 것 같지요? 그렇지 않습니다.

사실, 말에 대한 고민 끝에 책을 읽거나 상담하는 사람들이 염두에 두는 사람들은 대부분 자신을 아프게 하는 사람들입니다. 아, 물론 이 두 가지 항목은 겹칠 수도 있습니다. 당신이 사랑하고 당신에게 소중한 그 사람이 당신을 아프게 하는 경우 말이죠. 가끔 한두 번 그러는 사람이라면 그래도 넘어가기가 좀 쉬울 겁니다. 그러나 그야말로 '상습범'인 경우라면 견디기가 참 힘듭니다. 가까운 사이일수록 상대방이 입히는 상처는 더 깊게 파이기 마련이기 때문입니다.

『적을 만들지 않는 대화법』으로 유명한 저자 샘 혼은 상처를 주는 사람을 3가지 유형으로 나눕니다. 첫째, 자기가 상처를 준 것을 아예 모르는 유형. 둘째, 알고는 있지만 말해주어야 문제를 인식하는 유형. 셋째, 알면서도 문제로 인식하지 않는 유형입니다.

"○○야, 할까 말까 망설이다가 하는 이야기야. 전에 네가 나한테 했던 말, 말이야. 너 왜 그러고 사느냐고. 그 말이 나한테 상처가 됐어. 이 말 안 하고 넘어가면 너에게 계속 맺힌 채로 남아 있을까 봐 말하는 거야."

이렇게 말하는 사람에게 대답하는 3가지 유형의 친구들을 소개하겠습니다. 첫 번째 유형은 이런 친구입니다.

"(전혀 생각도 못 한 일이라는 듯 순진무구한 표정으로 눈을 깜빡이며) 엉? 내가 그랬어? 언제?"

두 번째 친구는 그보단 조금 낫습니다.

"그래? 미안하다! 너한테 그 말이 상처가 될 줄은 미처 몰랐어."

세 번째 친구는, 음, 이걸 낫다고 말할 수 있을까요?

"내가 너 그럴 줄 알았어. 그런 말에 상처를 받고 그러냐. 그렇게 약해빠져서 험한 이 세상을 어떻게 살아가려고. 상처니 뭐니 하는 말도 다 네가 약하다는 증거라고."

마지막 친구의 이야기에도 당신을 향한 애정이 없는 건 아니지요. 그러므로 더 아플 수도 있습니다. 그 친구의 말이 맞는 부분도 있지만, 당신을 소중하게 생각한다면 당신이 느끼는 통증 역시 중요하게 생각해야 하지 않을까, 하는 기대감 때문에도 더 아프게 느껴지는 겁니다.

당신을 아프게 하는 사람들과 대화를 나눌 때 기억해야 할 첫 번째 원칙은 자기가 겪는 고통에 자신의 책임이 있다는 점입니다. 이 이야기에 자동반사적으로 발끈하는 분, 있으시죠?

"가뜩이나 시달려서 힘든데, 이게 왜 내 책임이라는 거죠?"

이렇게 반응하는 사람들의 주변에는 분명 아픈 곳을 마구 찔러대는 한두 명 혹은 그 이상의 사람들이 있을 겁니다. 한 발 더 나아가 피해의식과 상처로 가득한 반응을 보이는 분도 있을지 모릅니다.

"내가 모자란 구석이 있으니까 그런 사람을 곁에 두고 있는 거라는 소리군."

그래요, 그렇게 들릴 수 있습니다. 당신이 느끼는 아픔에 당신 책임이 있다는 말은 지친 당신을 달래기는커녕 상처에 소금을 뿌리는 일이 될 수도 있습니다. 그렇지만 이 말은, 당신에게 상처를 준 그 사람이 당신 삶에 들어온 것이나, 그 사람이 당신에게 한 말과 행동이 전적으로 당신 책임이라는 말은 아닙니다. 우리는 상처를 '상처'로 받아들이는 일에 대해서 책임져야 한다는 뜻입니다. 당신에게 상처를 주고자 작정하고 달려든 사람이 온전한 판단력으로 심사숙고한 끝에 말을 했을 리는 없겠지요.

그러니 그 사람이 했던 말들이 당신을 스쳐 지나가도록 내버려 둘 필요가 있습니다. 그 말들을 끌어당겨 귀에 담고 가슴에 묻을 필요가 전혀 없습니다. 상처가 되는 말이라고 해도 사람마다 와닿는 건 다 다릅니다. 여기에 "사람이 왜 그러냐?" 같은 말을 들은 사람이 있습니다. 그래도 자신이 비교적 괜찮은 편이라고 생각하는 사람이라면, 사람이 왜 그 모양이냐고 하는 얘기가 들려오더라도 흘려보내기 쉬울 겁니다. 듣는 순간에는 기분이 좀 나쁘긴 하겠지만요. 그런 이야기를 들으면서 기분이 좋다면 피학성이 높은 사람일 테니까요. 그렇지만 그 말을 곱씹고 묵상하면서 '그래, 나는 대체 왜 이 모양일까?' 같은 자책 모드에 들어가지는 않을 겁니다. 이것이 상처를 상처로 받아들이는 데 있어서 당신이 감당해야 할 역할입니다. 당신 영혼에 피가 되고 살이 되는 말이 아닌 바에는 당신을 지나 흘러가버리도록 옆으로 비켜설 필요가 있습니다.

상처를 상처로 받아들이는 당신의 책임 외에 당신이 져야 할 책임이 하나 더 있습니다. 그것은 바로 다쳐서 쓰러진 그 자리에서 일어나야 할 책임입니다. 우리가 살면서 만나는 그 어떤 상처보다 당신이 훨씬 더 큽니다. "나를 죽이지 못하는 것은 나를 강하게 한다"라고 철학자 니체가 말했던가요? 적어도 당신에게는 말로 상처 주는 그 사람보다 당신 자신이 백배 천배 더 귀한 존재이므로 일어나서 다시 시작해야 할 책임이 있습니다.

상대방이 당신에게 말로 돌을 던졌을지라도 그 돌을 다 맞을 필요는 절대로 없습니다. 상대방이 돌을 던지지 못하게 하되 돌을 안 맞도록 노력하기를 동시에 진행해야 합니다. 어쩌면 온갖 노력에도 불구하고 돌에 맞을지도 모릅니다. 그렇더라도 돌에 맞은 것에만 머물러 있지는 않았으면 좋겠습니다. 물론 아프겠지요. 어쩌면 피가 날지도 모르고, 치료가 필요할 정도로 깊은 상처를 입었을지도 모릅니다. 그런 당신을 돌보고 격려하기로 하는 것이 '돌멩이 따위에 휘둘릴 내가 아니'라는 자기 선언의 시작입니다.

악의를 갖고 침범해 들어오는 사람들과 맞서기 위한 두 번째 원칙은 '당신이 받아들일 수 있는 경계가 어디까지인지를 분명히 알려주는 것'입니다. 이 경계는 사람마다 다를 수 있습니다. 상대가 욕을 하는 것을 '넘어서는 안 될 경계'로 삼는 사람이 있고, 상대방이 자신에게 이래라저래라 하는 것을 '명확한 경계의 침범'으로 보는 사람도 있습니다.

"아니, 당연히 욕하면 안 되는 거잖아요? 그런 이야기까지 하나하나 다 해주어야만 한다는 뜻인가요?"

네, 하나하나 다 해야 합니다. 상대방은 욕하는 것이 아무렇지도 않은, 당신과는 아주 다른 경계를 가진 사람일 수도 있습니다. 『마음을 열어주는 101가지 이야기』로 유명한 작가 잭 캔필드는 이렇게 말했습니다.

원하는 바를 요청할 수 있다는 것을 알기 전까지 나는 무지와 체념 상태로 살았다. 남들의 눈 밖에 나거나 껄끄러운 존재가 되지 않으려고 말없이 남들의 생각에 따랐다.

잭 캔필드처럼 사람들에게 동기부여를 하고, 자기 의견을 밝히는 방법을 가르치는 사람조차 자기 경계를 분명하게 밝히는 것이 어려웠다는 고백이 한편으로는 다소 위로가 됩니다.

경계를 넘어오는 사람에게 "여기서부터는 넘어와서는 안 되는 저만의 영역입니다"라는 말을 할 때는 최대한 간단하게 말하는 게 좋습니다. 설명이 길어지면 상대방이 더 잘 수긍할 거로 생각하시나요? 그건 지나치게 순진한 생각일지도 모릅니다. 당신의 경계를 잘 지켜서 상대방의 힘이 당신 쪽으로 넘어 들어오지 못하게 하는 건 주도권을 그에게서 당신에게로 가져오는 일이기도 합니다. 그러므로 힘겨루기가 들어가고, 여기서 이기기 위해서는 짧고 굵은 선언이 필요합니다. 경계를 지키기 위한 시도는 바로 다음에 나오는 세 번째 원칙인 '표현'과 연결됩니다.

상처를 주는 사람들과 제대로 소통하기 위한 세 번째 원칙은 '아프다는 것을 솔직하게 표현하는 것'입니다. 상대방이 경계선을 넘어 들어와서 당신이 아픔을 느낀다면 분명하게 말해야 합니다. 소리 내서 말하지 않으면 상황은 해결되지 않습니다. '에잇, 그냥 나 혼자 아프고 말래. 아무 말 안 하고 말지 뭐' 하면서 말하지 않기를 선택하면 당신 역시 자신을 아프게 하는 결정을 한다는 점을 생각해야 합니다.

사회 심리학 실험 가운데 사람들을 두 집단으로 나누어서, 차가운 물 속에 손을 넣는 것과 같은 방식으로 통증 자극을 주는 실험이 있습니다. 한쪽 집단에는 너무 아파서 실험을 중단하고 싶으면 언제든 아프다고 말하라고 귀띔합니다. 다른 쪽 집단에는 그런 이야기를 따로 하지 않습니다. 그저 통증을 주는 실험이라는 설명만 합니다. 두 집단 가운데 어느 쪽이 더 오래 통증을 버텼을까요?

당연히 아프다고 말할 수 있는 집단이 더 오래 견뎠습니다. 이유가 뭘까요? 아프다고 말하는 것으로 자신에게 통증을 조절할 힘이 있다는 사실을 알고 있기 때문입니다. 그 힘을 인식함으로써 그들은 통증을 더 오래 참을 수 있었습니다. 물론 이런 실험과는 달리, 우리는 세상을 살면서 아무리 아프다고 호소하고 하소연해도 아무것도 달라지지 않는 상황도 많이 만납니다. 그런데도 아프면 아프다고 말해야만 조금이라도 달라지는 상황을 기대할 수 있습니다.

당신의 책임을 통감하고, 경계를 분명히 정해서, 아프면 아프다고 표현하는 것까지는 다 되었다고 칩시다. 여기까지가 당신이 당장 할 수 있는 일입니다. 당신이 열심히 자신의 의견을 밝힌다고 해도 상대방이 들은 척도 하지 않을 수 있습니다. 당신이 하는 말에 반응하기보다는 코웃음을 치거나 못 들은 체하면서 그냥 자기가 해오던 대로 똑같이 할 가능성이 더 높을 수도 있습니다. 그런데도 그 사람에게, 당신이 당신의 경계를 침범당했다고 느낀다는 사실을 알게 해주어야 하는 건 그렇게 함으로써 당신이 명확히 자신 편에 설 수 있기 때문입니다.

어린아이가 학교에서 친구에게 짓궂은 놀림을 당하고 왔을 때, 엄마나 아빠가 나서서 그 친구와 아이를 화해하도록 도와주는 경우가 있습니다. 초등학교 고학년만 되어도 엄마 아빠가 끼어들기보다는 아이들끼리 풀어가도록 하는 게 좋습니다. 그러나 자기 의견과 생각을 말하는 게 어려운 어린아이들에게는 엄마 아빠의 도움이 절실히 필요할 수 있습니다. 이럴 때 엄마 아빠는 상대방 친구가 우리 아이에게 다시 그런 행동을 하지 않기를 바라면서 화해를 시도할 겁니다. 그러나 엄마 아빠의 그런 노력에도 불구하고 장난꾸러기는 똑같은 행동을 하게 될지 모릅니다.

그렇다면 엄마 아빠의 노력이 헛된 것일까요? 그렇지 않습니다. 엄마 아빠가 자기를 위해 나서서 도와주려는 걸 지켜본 아이에게는 '그래, 엄마 아빠가(한 걸음 더 나아가서 세상이) 내가 힘들다고 말하면 듣고 도와주는구나! 비록 그 친구는 똑같지만, 그래도 나는 혼자가 아니야. 우리 엄마 아빠는 내 편이야' 같은 식의 내적 위로가 되었을 것이기 때문입니다.

편들어주는 사람이 있어도 질 수 있지만, 최소한 마음은 덜 상할 겁니다. 당신 옆에 어떤 상황에서도 당신을 굳게 믿어주고 당신 편이 되어줄 사람이 많다면 정말 좋겠지요. 그렇지 않은 상황이라 하더라도 적어도 당신만은 당신 편을 들어주어야 합니다. 당신이 누군가에 의해 명백히 경계를 침범당했다고 느끼는 상황에 맞닥뜨리면 당신이 당신 자신을 위해 과감히 나서야만 합니다.

"지금 하신 말씀이 저에게는 좀 거슬리는데요."

"진심으로 하는 이야기가 맞으세요?"

"제가 잘못 들은 건 아니겠죠? 다시 한번 말씀해주시겠어요?"

등의 이야기들은 상대방이 '앗, 내가 이 사람의 발을 밟고 있구나!' 같은 생각을 하도록 유도하기에 충분합니다. 굳이 그 사람 발을 되밟아주지 않더라도 상대방이 당신 발 위에서 자기 발을 치우게끔 하는 말들입니다. "방금 뭐라고 하셨죠?"는 의사소통 전문가 샘 혼이 자신의 책 『함부로 말하는 사람과 대화하는 법』에서 적극적으로 추천한 대사입니다. 생활 영어 시간에 "How are you?"를 배웠기에 외국인과의 첫 만남에서 이 말을 꺼내면서 말문을 틀 수 있는 것과 마찬가지로, "방금 뭐라고 하신 거죠?" 같은 말은 외워두었다가 공격자와 대화하는 상황에서 유용하게 써먹을 수 있을 겁니다.

끝으로, 말로 깊은 상처를 입히는 사람과 대화를 나눌 때 주의할 점 두 가지를 소개합니다. 하나는 자기 자신을 잘 지키는 것이며, 또 하나는 그 사람과 똑같은 사람이 되지 않는 것입니다. 그러면 어떻게 자신을 지켜야 잘 지키는 걸까, 여기서부터 고민이 시작됩니다. 자신을 지키는 가장 확실한 방법은 '거리 두기'입니다. 만일 당신이 자주 가는 가게 주인이 당신에게 반복해서 말로 상처를 준다면 어떻게 해야 할까요? 가장 좋은 해결책은 그 가게에 가지 않는 겁니다. 그렇지만 상대방이 가게 주인이 아니라 얼굴 안 보고 지낼 수 없는 사이라면, 혹은 가게 주인은 가게 주인인데 도저히 찾아가지 않을 수 없는 가게 주인이라면 그 관계 안에 있으면서 자신을 지킬 궁리를 해야만 합니다. 도무지 거리를 둘 수 없는 사이라면, 단단히 준비한 채 상대방과의 대화 속으로 들어가야 합니다. 당신 자신을 잘 지키기 위해서는 방어를 잘해야 하는데, 공격이 최상의 방어임을 생각할 때 적절한 공격을 할 수도 있을 겁니다. 그렇다고 해서 당신이 입은 상처를 그대로 돌려주려고 하다 보면, 『로미오와 줄리엣』 이야기를 다시 이 시점에 반복하는 것과 다를 바 없습니다. 당연히 두 가문의 상처를 주고받는 역사를 통해 남은 사람이 아무도 없었던 과거를 되풀이하고 싶지는 않겠죠? 당신 자신을 지키기 위한 공격은 상대방에게 지금 하는 말이 부적절하고 받아들여질 수 없는 거라는 사실을 분명하게 이야기해주는 것으로부터 시작합니다.

입을 불쑥 내민 채 인상을 쓰거나 한숨을 푹 쉬는 것처럼 신체 언어로 이야기하고 싶다고요? 어쩐지 그게 더 효과적일 것 같고, 대놓고 말로 하기보다 좀 더 쉬울 것 같으니까 말입니다. 그러나 기대와는 달리, 아무 말도 하지 않은 채 뾰로통하고 있는 것은 아무런 도움도 되지 않습니다. 말을 안 하니까 당신이 얼마나 화났는지 잘 알 거로 생각하시나요? 아뇨, 전혀 그렇지 않습니다. 자기도 모르게 당신을 찌른 사람이든, 의지를 갖고 당신을 공격한 사람이든 상대방은 그냥 넘어갈 수 없는 상처를 당신에게 남긴 공격자입니다. 당신이 느끼는 고통에 공감하면서 "아프냐? 나도 아프다"라고 말할 수 있는 사람은 애초에 이런 식의 공격을 가하지 않았을 겁니다. 그렇기에 당신이 아무 말 안 한다는 사실을 아예 눈치채지 못하는 사람이 태반입니다. 또는 알아차렸다 하더라도 '이제는 내 말을 듣고 정신을 좀 차렸나 보군. 앞으론 제 맘대로 하지 못하겠지?' 같은 자기 멋대로의 생각을 하고 있을 가능성도 있습니다. 그러니 자기 생각과 감정을 최대한 또렷하게 표현해야 합니다.

이런 표현을 할 때 주의해야 할 점이 있습니다. 우선, 최대한 감정을 절제해야 하고 지혜롭게 조절할 줄 알아야 합니다. 물론 말처럼 쉬운 일은 아니지요. 울지 않으려고 해도 자꾸 눈물이 쏟아지거나 목소리부터 떨려 나올지도 모릅니다. 그러나 최대 효과를 기대한다면 감정을 제어하는 노력을 꾸준히 해야 합니다. 상대방이 태생적으로 강한 공격자라면 당신이 울거나 화를 내도 공격을 멈추기는커녕 더 강력한 공격을 가해올 가능성이 있습니다. 만일 즉각적으로 어떻게 반응해야 할지 판단하기 어렵다면 다음에 이런 일이 또 있을 때 어떻게 반응할지 미리 고민하고 대비해두는 것도 좋습니다. 반복적으로 공격을 가해오는 사람을 옆에 끼고 살고 있다면 준비나 예행연습은 필수적인 요소가 될 수밖에 없습니다.

상대방과 똑같이 돌을 던지는 사람이 되지 않겠다는 결심은 그 뒤에 따라옵니다. 니체는 이에 관해서도 우리가 항상 명심해야 할 멋진 말을 남겼습니다.

“괴물과 싸우는 사람은 그 싸움 속에서 자기 자신이 괴물이 되지 않도록 조심해야 한다.”

상처를 상처로 갚아주지 않겠다고 결심해야 합니다. “눈에는 눈, 이에는 이” 식의 이야기는 많이 들어봤을 겁니다. 언뜻 들으면, ‘내 눈 다쳤으니 네 눈도 다치게 하겠다? 잔인한 고대 법률 같으니라고!'와 같은 생각이 들지 모릅니다. 그렇지만 이 말의 유래가 된 성경 본문은 공격을 전제로 한다기보다는 '갚는' 일에 관해 이야기하고 또 권유하는 이야기로 보는 것이 맞습니다. 눈을 다치게 한 사람은 자기 눈을 다치게 함으로써 '갚는' 것입니다. '당신이 내 마음을 아프게 했으니 나도 당신 마음을 좀 아프게 하자!' 하고 덤비는 것이 아니라, '제가 당신 마음을 아프게 했군요! 그걸 알게 되니 제 마음이 너무 아프네요. 제 마음이 아픈 것으로 당신의 상처가 조금이라도 덜어질 수 있다면 좋겠습니다'라는 자세로 대한다면 마음이 녹아내리지 않을 사람이 있을까요? 당신에게 상처를 준 그 사람이 '아, 내가 말을 너무 엉망으로 하고 있었구나!'라는 깨달음 끝에 다시 그런 잘못을 저지르지 않으면 더할 나위 없겠지요.

그러나 우리가 사는 세상은 천국이 아니기에, 한 사람의 생각이 순식간에 바뀔 가능성은 그리 높지 않습니다. 상처를 주고받는 사람들과 한데 어우러져 인생을 사는 동안 자기 마음을 소중히 지키고 보호하면서 자기 자신과 다른 사람들을 위해 우리가 할 수 있는 최선의 노력을 다해야겠습니다.

저자 후기

말이 달라지면
관계가 달라지고 인생이 달라진다

"지구를 찾아온 외계인과 지구인들 사이에도 필요하고, 왕따 가해자였던 소년과 피해자였던 청각장애 소녀 사이에도 필요한 것은 무엇일까요?" 이 질문에 "그게 무슨 말이죠?" 하고 되묻는다면, 정확하게 짚으신 겁니다. 정답은 바로 '말'이니까요!

요즘 '말'을 주제로 하는 영화나 애니메이션이 대중에게 큰 관심을 모으고 있습니다. SNS 등을 통해 그 어느 때보다 많은 말이 넘쳐나는 것 같지만, 정작 소중하고 따뜻한 말은 사라져가는 세태를 반영하는 게 아닌가 싶습니다. 〈콘택트〉라는 제목으로 우리나라에 소개된 미국 영화 〈Arrival〉은 12대의 외계 비행물체가 지구를 찾아오는 것으로 시작합니다. 문어 비슷하게 생긴 외계인들은 기계음인지 잡음인지 구분조차 하기 어려운 이상한 소리를 내는데, 여주인공으로 나오는 언어학자 뱅크스 박사는 그들에게 말과 글을 가르치면서 적극적으로 소통을 시도합니다. 그들이 지구를 공격하려는 것인지, 아니면 지구인들을 이간질하여 서로를 공격하게 하려는 것인지 판단하기 어려울 정도로 긴박하게 돌아가는 상황에서 외계인들에게 '사람', '루이스(주인공 이름)' 같은 단어들을 가르치는 일이 시간 낭비이자 어리석은 짓 아니냐는 반론도 만만치 않습니다. 그런데도 결국 그 일이 가장 빠르고 효과적인 방법이라는 과학자들의 주장이 받아들여져서 외계인들에게 인간의 언어를 가르치고, 인간은 그들의 문자를 배우는 과정을 밟아갑니다.

애니메이션 〈목소리의 형태〉에는 청각장애로 왕따를 겪었던 소녀와 왕따 가해자로 시작해서 나중에는 자신이 왕따 피해자가 되는 소년이 나옵니다. 그들은 서로 깊은 상처를 주고받았지만, 차츰 서로의 상처와 트라우마를 보듬으면서 이야기를 풀어갑니다. 소리를 들을 수 없어서 고립된 소녀는 필담을 통해 소통을 시도하고, 소녀의 필담 노트를 빼앗아 물에 빠뜨렸던 소년은 소녀의 언어인 수화를 배우면서 한 발 한 발 다가갑니다.

외계인과의 조우나 왕따 사건처럼 극단적인 경우에만 '말'이 필요한 건 아닙니다. 우리가 살면서 만나는 모든 인생의 굴곡에 '말'이 있습니다. 세상에 태어난 아기들이 제일 먼저 배우는 것도 '말(옹알이)'이고, 세상을 떠나는 사람이 남기는 것도 '말(유언)'입니다.

지금까지 살아오면서 만났던 무수한 말, 말, 말들을 한번쯤 진지하게 돌아보면 어떨까요? 그중에는 본의 아니게 누군가에게 깊은 상처를 준 말이 있을 테고, 적잖이 위로가 되었던 말도 있을 겁니다. 무심코 내뱉고는 이불킥할 정도로 후회했던 말도 있을 테고, 두고두고 가슴 뿌듯한 말도 있을 겁니다. 별 생각 없이 내뱉은 말이 일파만파로 퍼져 나가 무척이나 곤란했던 경험이 있다면 말이 그 자체로 생명력을 갖는다는 데 동의할 겁니다.

말은 그 자체로도 의미가 있지만, 옆에 누가 있느냐에 따라 더 큰 의미를 지니게 됩니다. 당신의 마음속에 떠올랐던 말은 입 밖으로 나오면서 힘을 지니게 되고, 그 말을 전해 들은 사람들에게 또다시 막강한 영향력을 미칩니다. 자신은 여기에 머물러 있지만, 자신을 떠나 세상으로 나아간 말들은 독자적인 생명력을 갖고 살아남기도 하고, 안타깝게 스러져버리기도 합니다.

세상에 넘쳐나는 많은 말 가운데 자신이 한 말들을 돌아보는 시간을 가져본 적 있으신가요? 말로 가득 찬 삶을 살면서도 말의 소중함을 놓치다 보니 정작 말이 꼭 필요한 상황들에 놓일 때 어리둥절해지곤 하는 것이 우리 모습이 아닌지 모르겠습니다. 그래서 말이죠, 여러분을 '말들의 세계'로 초대하고 싶었습니다.

이 책을 읽으며 무슨 생각이 들었나요? 당신을 찾아온 말에는 어떤 것이 있는지, 당신이 한 말이나 들은 말 가운데 지금까지 생생하게 남아 있는 말에는 어떤 것이 있는지, 또 어떤 말을 어떤 자세로 들어야 할지 기대하며 이 책을 읽으셨다면 좋겠습니다.

지금까지 저는 이 책을 통해 여러분과 말에 관한 다양한 사례를 살펴보고 많은 이야기를 나누었습니다. 말에 관한 이야기로 이 책을 시작했지만, 다 쓰고 나니 그저 '말'에 관한 말들로 그치지는 않았던 것 같습니다. 말에 관한 이야기는 삶과 인생에 관한 이야기이기도 하고, 자기 자신과 세상에 관한 이야기이기도 합니다.

우리 마음속에 솟아오르는 다양한 생각들은 말이라는 형태를 띠고 세상으로 나옵니다. 수많은 말을 쏟아내는 수많은 사람 사이에 살다 보니 자신의 말 한마디쯤 드넓은 백사장의 모래 한 톨 정도로 여길지 모르겠지만, 한 줌 두 줌 모래라도 자꾸 집어 가다 보면 백사장이 황폐해질 수 있으므로 자연을 보존하자는 생각에서 돌 하나도 집어가지 않도록 권하는 세상입니다. 그렇듯 우리가 세상을 살아가면서 일상적으로 내뱉는 말들은 세상의 작은 한 부분에 지나지 않지만, 그것이 존재하는 이유는 분명합니다.

진료실에서 듣게 되는 이야기들 가운데 "세상에! 어떻게 그렇게 참담한 일이 일어날 수 있을까요?"와 같은 탄식이 저도 모르게 나올 것만 같은 일도 무수히 많습니다. 병원을 찾아와 자신의 힘든 현실을 허심탄회하게 털어놓기라도 하는 사람이라면 그래도 그나마 낫습니다. 자신이 처해 있는 환경이 너무도 비참하고 끔찍해서 고통 가운데 신음하면서, 상담을 권하는 사람에게 이렇게 말하는 사람들도 우리들 가운데 분명히 존재하기 때문이지요.

"말한다고 뭐가 달라지나요? 깨진 관계가 회복되나요? 잃은 건강이 되찾아지나요? 아니면, 죽은 자식이 살아 돌아오나요? 아무것도 달라지지 않잖아요!"

그렇습니다. 가슴 아프게도 이 말들은 모두 사실입니다. 이 세상에는 분명 아무리 열심히 이야기하고 바꿔보려고 애를 써도 전혀 달라지지 않는 것들이 존재합니다. 그럼에도 불구하고 "하나도 달라지는 게 없"지는 않다는 사실에 우리는 주목해야 합니다.

말을 하는 동안 당신이 겪은 사건을 바라보는 당신의 시각이 달라지고 관점이 좀 더 명확히 정리될 겁니다. 당신 자신에 대한 설명도, 당신의 주변 사람들에 대한 시각도 그때그때 달라질 수밖에 없습니다. 10여 년 전 당신과 오늘의 당신이 똑같을 수 없고, 어제의 당신과 오늘의 당신도 완전히 똑같지는 않으므로, 과거와 달라진 자신이 보는 상황은 크게 다를 수밖에 없습니다.

오늘 당신은 주위 사람들과 무슨 이야기를 나누고 싶으셨나요? 당신은 무슨 말을 하면서 오늘 하루를 살고 계신가요? 당신이 했던 말을 돌이켜보면 당신이 무슨 생각을 하며 살고 있는지 더욱 분명히 알게 됩니다. 당신이 만일 이런 점을 진지하게 고민한다면 그 일에 대해 달라지기 위한 전제조건을 갖춘 셈입니다.

이런 여러 가지 말을 하는 주체는 바로 당신 자신입니다. 당신이 하는 말이 달라진다는 것은 당신의 생각이 달라진다는 것입니다. 당신이 하는 말이 달라지면 당신과 당신 주변 사람들과의 관계도 달라집니다. 마치 나비의 작은 날갯짓으로 바람의 방향이 바뀌듯, 당신이 오늘 하는 말을 바꿀 때 당신의 삶이 달라집니다.

당신이 지금 누리는 삶에 만족하며 살고 있다면 이를 꿋꿋이 지키기 위해서라도 당신이 하는 말을 유심히 살펴보면 좋겠습니다.

만일 당신이 지금 처한 삶이 힘들고 고통스럽다면, 그 자리에 주저앉아 있지 말고 당당히 일어나 걸어가시기 바랍니다. 당신이 입 밖으로 내뱉는 말과 머릿속으로 하는 생각들을 곰곰이 돌아보시기 바랍니다. 왜냐하면, 당신은 소중한 사람이니까요!

참고 문헌

데이비드 번스 지음, 차익종 · 이미옥 공역, 『필링 굿』, 아름드리미디어

데이비드 H. 올슨 · 에이미 올슨 지그 · 피터 J. 라손 공저, 김덕일, 나희수 공역, 『커플 체크업』, 학지사

마틴 셀리그만 지음, 김인자 · 우문식 옮김, 『긍정심리학』, 물푸레

마셜 B. 로젠버그 지음, 캐서린 한 옮김, 『비폭력 대화』, 한국NVC센터

올리버 색스 지음, 조석현 옮김, 『아내를 모자로 착각한 남자』, 알마

이임숙 지음, 『엄마의 말공부』, 카시오페아

카민 갤로 지음, 유영훈 옮김, 『어떻게 말할 것인가: 세상을 바꾸는 18분의 기적 TED』, 알에이치코리아

헨리 클라우드 · 존 타운센드 공저, 전의우 옮김, 『NO!라고 말할 줄 아는 그리스도인의 대화의 기술』, 좋은씨앗

D. Greensberger, CA Padesky, 『Mind over mood』, Guilford Publication

Sadock, Benjamin J., M.D. & Sadock, Virginia A., M.D. & Ruiz, Pedro, M.D., 『Synopsis of Psychiatry(10th. edition)』, Kaplan & Sadock

〈엔리치 교재〉, 엔리치코리아 대표 나희수 강의

인터넷 인용

위키피디아, https://en.wikipedia.org/wiki/Mirror_neuron

사진 출처

https://commons.wikimedia.org/wiki/File:Makak_neonatal_imitation.png#/media/File:Makak_neonatal_imitation.png

정신과 의사에게 배우는

자존감 대화법

1판 1쇄 발행 2017년 8월 8일
1판 15쇄 발행 2023년 7월 17일

지은이 문지현
펴낸이 이재두
펴낸곳 사람과나무사이
등록번호 2014년 9월 23일(제2014-000177호)
주소 경기도 고양시 일산서구 강선로 141, 1602동 1504호
전화 (031)815-7176 팩스 (031)601-6181
이메일 jaedoori@hanmail.net
일러스트 니나킴
표지디자인 박대성
본문디자인 유경희

ISBN 979-11-955759-1-6 03190

이 도서의 국립중앙도서관 출판예정도서목록(CIP)은 서지정보유통지원시스템 홈페이지(http://seoji.nl.go.kr)와 국가자료공동목록시스템(http://www.nl.go.kr/kolisnet)에서 이용하실 수 있습니다.(CIP제어번호 : CIP2017017998)